GRAMMAIRE RAISONNÉE

DE LA

LANGUE ANGLAISE

ET

COURS DE THÈMES.

Ouvrages du même Auteur

Adoptés par l'Université.

ÉTUDE RAISONNÉE DE LA LANGUE ANGLAISE ou Grammaire raisonnée, Cours de Versions et Dictionnaire raisonné du texte dans l'ordre des matières. 4e édition, 1 vol. in-12.
3 fr. 50 c.

« Cet Ouvrage élève l'étude des langues à la hauteur de la science; l'anglais y est devenu une science. L'Étude raisonnée est un bon livre, et qui plus est, c'est une bonne action. » (Andrieux.)

— Le même ouvrage, sans partie grammaticale; 4e édition.
3 fr.

COURS DE THÈMES, pour servir d'application et de développement à la partie grammaticale de l'Étude raisonnée de la langue anglaise, 3e édition, 1 vol. in-12. 1 fr. 50 c.

Les ouvrages précédents sont également adoptés par l'École des Ponts et Chaussées, par l'École navale de Brest, par l'École spéciale du Génie maritime de Lorient, par le collège militaire de La Flèche, etc.

ÉTUDE DE LA POÉSIE ANGLAISE, ou Choix des plus beaux morceaux des plus grands poëtes de la Grande-Bretagne, par ordre chronologique, depuis le XIIIe siècle jusqu'à nos jours; précédé d'un Traité de Prosodie. 1 fort vol. in-12. 5 fr.

SUITE DE L'ÉTUDE RAISONNÉE DE LA LANGUE ANGLAISE ou Seconde série de Versions, tirées des meilleurs auteurs anglais, et suivies de Notes raisonnées qui en expliquent les idiotismes et les principales difficultés, 2e édition. 1 vol. in-12. 2 fr. 50 c.

ÉDITION classique DE THE SCHOOL FOR SCANDAL (École de la Médisance), DE SHERIDAN, précédé d'une Notice sur Sheridan, et de la Monodie sur sa mort, par lord Byron, d'une Critique sur cette comédie, de l'Ode à la Médisance, par Sheridan, et suivie de Notes explicatives. 2e édition. 1 vol, in-12. 1 fr. 50 c.

COURS D'IDIOTISMES ANGLAIS, ou Complément de toutes les Grammaires et de tous les Cours de Thèmes anglais. 1 vol. in-12. 1 fr. 50 c.

IMPRIMERIE DE DUCESSOIS,
quai des Augustins 55.

GRAMMAIRE RAISONNÉE

DE LA

LANGUE ANGLAISE

ET

COURS DE THÈMES

POUR Y SERVIR

D'APPLICATION ET DE DÉVELOPPEMENT,

PAR A. SPIERS,

PROFESSEUR D'ANGLAIS

À L'ÉCOLE ROYALE DES PONTS ET CHAUSSÉES, AU COLLÉGE ROYAL DE BOURBON, ET À L'ÉCOLE SPÉCIALE DE COMMERCE DE PARIS.

——

Ouvrage adopté par l'Université de France,
par l'École des Ponts et Chaussées, par l'École Navale de Brest,
par l'École spéciale du Génie maritime de Lorient, etc.

——

TROISIÈME ÉDITION.

——

PARIS

BAUDRY, LIBRAIRIE EUROPÉENNE,

RUE DU COQ-SAINT-HONORÉ, 9.

——

1840.

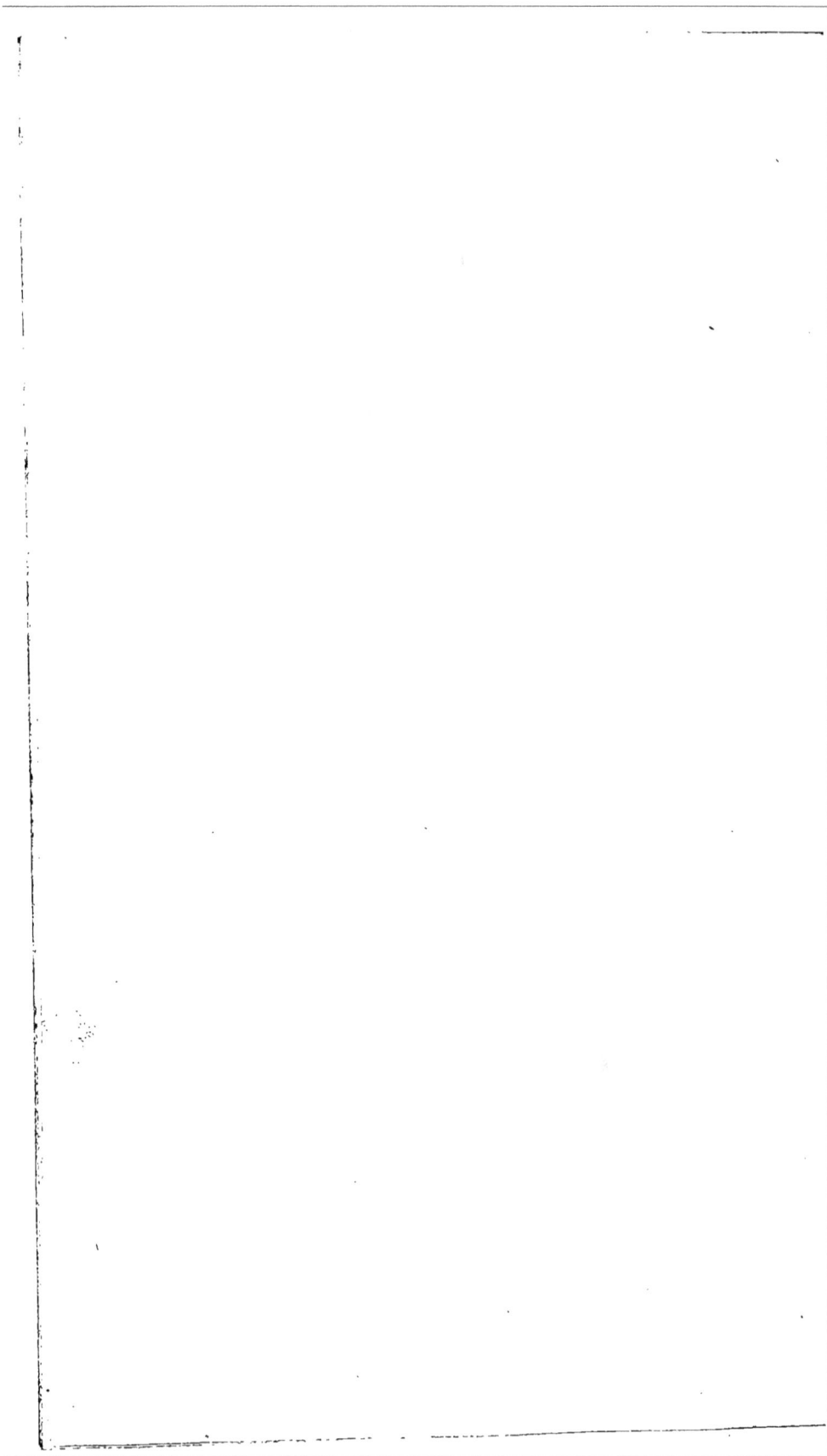

PRÉFACE.

Lorsque je publiai mon *Cours de Thèmes*, je crus qu'il pourrait être agréable à quelques personnes de posséder avec les *Thèmes* l'aperçu grammatical de l'*Étude Raisonnée*, sans être obligées d'acquérir ce dernier ouvrage; et je livrai au public les thèmes précédés de cet aperçu de grammaire sous le titre de *Grammaire Raisonnée de la langue anglaise et Cours de Thèmes*. Ce volume rivalisa bientôt de succès avec le *Cours de Thèmes*; de sorte que, faisant de nouvelles éditions des deux, je crois devoir en augmenter l'utilité en en changeant les dimensions et la disposition.

J'ai développé la partie grammaticale, et par conséquent les thèmes, au point de rendre la partie grammaticale des éditions précédentes une grammaire complète dans celle-ci.

J'ai inséré tout un nouveau chapitre sur les conjonctions corrélatives. J'ai ajouté aux anciennes règles les raisons qui en sont la base, et j'ai souvent indiqué les moyens d'en rendre l'application plus facile.

J'ai ajouté un appendice pour servir de complément à la grammaire, travail que je me plais à croire non moins intéressant qu'utile sur les permutations des voyelles et sur celles des consonnes. Je ne saurais trop en recommander l'étude à tous ceux qui veulent se bien pénétrer de la langue.

Lorsque la grammaire se trouve séparée des thèmes, l'élève se dispense trop fréquemment de consulter la règle, parce qu'il est obligé de la chercher; tandis qu'il la lirait, il l'étudierait s'il l'avait sous les yeux. C'est un fait que prouve l'expérience de tous les jours.

J'ai cru, en conséquence, que ce serait une grande amélioration de mettre chaque règle en tête de chaque thème. J'ai placé les mots anglais, non au-dessous du texte français, mais en notes à la fin du volume avec des chiffres de renvoi à tous les paragraphes et à toutes les phrases. Cela a un grand avantage sur l'ancien système; surtout pour ceux qui font lire dans le livre le thème qu'ils ont précédemment corrigé : exercice qu'on ne saurait trop recommander.

Un autre avantage de ce volume est que les règles sont courtes et les thèmes comparativement longs; et qu'il s'y trouve après les thèmes particuliers un thème général pour exercer la sagacité de l'élève sur l'ensemble des préceptes qui régissent chacune des parties du discours. Il manque dans les ouvrages de ce genre ou les thèmes particuliers avant le thème général, ou le thème général après les thèmes particuliers. J'ai cru tous les deux essentiels, tous les deux indispensables.

Les thèmes offrent une série de phrases d'un effet toujours calculé et tirées en majeure partie des meilleurs écrivains, sans exclure toutefois ces formes familières que l'élève intelligent est toujours heureux de trouver, parce qu'elles sont exclues des ouvrages, purement de littérature. Il m'a semblé que ces passages tantôt sérieux et profonds, tantôt gais et plaisants sans jamais offenser le goût, prêteraient quelque charme à un travail dont l'aridité est le plus dangereux écueil. J'ai voulu y faire entrer un vaste fonds de connaissances utiles, des sentiments qui élèvent et qui honorent l'homme, des beautés morales et littéraires ; mais j'ai exclu scrupuleusement les phrases banales, les lieux communs et les gallicismes dont les thèmes en général sont si abondamment pourvus.

Les idiotismes à la fin de la première édition, ont été généralement approuvés; mais ils se sont tellement multipliés à mesure que j'avançais dans ce travail, que je suis obligé de les publier à part. Je les livre au public sous le titre de *Cours d'Idiotismes anglais,* ou *complément de toutes les Grammaires et de tous les Cours de Thèmes anglais.*

Les nombreux suffrages, dont on a honoré les précédentes éditions, me permettent de croire que j'ai eu le bonheur d'atteindre le but que je me suis proposé.

GRAMMAIRE RAISONNÉE

DE LA

LANGUE ANGLAISE

ET

COURS DE THÈMES.

PREMIÈRE PARTIE.

APERÇU DE LA PROSODIE.

VOYELLES ET CONSONNES (a).

SONS DE VOYELLES LONGUES.

$$a, \quad e, \quad i \text{ ou } y, \quad o, \quad u. \qquad (b)$$

SONS DE VOYELLES BRÈVES.

$$ab, \quad eb, \quad ib \text{ ou } yb, \quad ob, \quad ub. \qquad (c)$$

SONS DE DIPHTONGUES.

$$ai \text{ ou } ay, \ au, \ aw, \ ea, \ ee, \ ei, \ eu, \ ew, \ ie, \ oa, \ oi$$
$$\text{ou } oy, \ oo, \ ou, \ ow. \qquad (d)$$

(a) **Sons** français les plus rapprochés des sons anglais.

(b) Sons angl. a,   e,   i *ou* y,   o,   u.

    Sons franç. *ée*,   *ie*,   *aï*,   *ō*,   *iou*.

(c) Sons angl. ab,   eb,   ib *ou* yb,   ob,   ub.

    Sons franç. *ăb*,   *ĕb*,   *ĭb*,   *ŏb*,   *ĕub*.

(d) Sons angl. ai *ou* ay,   au, aw, ea, ee, ei,   eu; ew.

    Sons franç.   *ée*,   *áo*,   *ie*,   *iou*,

    Sons angl. ie,   oa,   oi *ou* oy,   oo,   ou, ow.

    Sons franç. *ie*,   o,   *oï*,   *ou*,   *áou*.

GR. ET TH.

SONS DE CONSONNES QUI DIFFÈRENT DU FRANÇAIS.

$$g, h, j, w, ch, ng, sh, th, th. \qquad (e)$$

SONS DE LETTRES SUJETS A L'ASPIRATION (f).

$$c, d, s, s, t, t, x, x, z, sc, ss. \qquad (g)$$

EXEMPLES. *So'-ci-al, cor'-di-al, pen'-si-on, oc-ca'-si-on, na'-ti-on, na'-tu-re, lu'-xu-ry, lu-xu'-ri-ous, a'-zure, con'-sci-ence, pas'-si-on.* (h)

Ces lettres peuvent être subdivisées ainsi :

1º Celles qui ont le son de *s*, telles que *c*, *s* (dur), *x* (qui se compose de *ks*), *sc*, *ss*, prennent, quand elles sont aspirées, ainsi que *t*, le son de *ch* (en français), et *x* prend celui de *kch* (français) : *social, pension, luxury, conscience, passion, nation.*

2º *s* doux et *z* font *j* (français) et *x* doux *gj* (français) : *occasion, azure, luxurious.*

3º *d* aspiré fait *dj* (français), et *t* aspiré, dans certains cas, *tch* (français) : *cordial, nature.*

(e) g*, h**, j, w, ch, ng, sh, th, th.
   dj, h, dj, ou, tch, —, ch, — —.

(f). A l'exemple de Walker, j'entends par aspiration ce son de *h* qu'on ajoute dans la prononciation au son de consonnes énumérées, et qu'on entend dans les exemples qui en suivent la liste.

(g) c, d, s, s, t, t, x, x, z, sc, ss.
   ch, dj, ch, j, ch, tch, kch, gj, j, ch, ch.

(h) Social, cordial, pension, occasion, nation, nature,
   sochal, corojal, pennechéunne, ockéjéune, néechéune, néetchiour,
   luxury, luxurious, azure, conscience, passion.
   léuckchioury, léugjiouriéusse, ajiour, connechennce, pâchéune.

* *g* précédant *a*, *o* ou *u*, se prononce *gh* comme en français : il s'agit ici de *g* précédant *e* ou *i*.

** Il faut avoir soin de bien marquer l'aspiration de *h* aspirée. Cette aspiration seule distingue les mots *air* et *hair*, *ale* et *hale*, *all* et *hall*, *am* et *ham*, *and* et *hand*, *arm* et *harm*, *art* et *hart*, *as* et *has*, *at* et *hat*, *ear* et *hear*, *eat* et *heat*, *edge* et *hedge*, *eel* et *heel*, *elm* et *helm*, *ill* et *hill*, *is* et *his*, *it* et *hit*, *old* et *hold*, *owl* et *howl*.

CHIFFRES CONVENTIONNELS SERVANT A INDIQUER LA PRONONCIATION DES SONS DE VOYELLES ET DE DIPHTHONGUES (*a*).

1	2	5	4	1	2	3	4
Fate,	***fat,***	***far,***	***fall;***	***me,***	***met,***	***her,***	***faces;***

1	2	5	4	1	2	5	4	5
fine,	***fin,***	***sir,***	***baby;***	***no,***	***not,***	***nor,***	***move,***	***son;***

1	2	5	4	5	1	2	1
tube,	***tub,***	***burn,***	***rule***	***bull;***	***aim,***	***said;***	***augur,***

2	4	1	2	1	4	1	4
auction,	***aunt;***	***zeal,***	***bread;***	***seize,***	***veil;***	***new,***	***brew;***

1	4	1	2	1	4	5
chief,	***die;***	***moon,***	***wool;***	***round,***	***you,***	***touch;***

1	4
now,	***slow.***

SONS DE CONSONNES QUI PARAISSENT ÊTRE DES MODIFICATIONS DES MÊMES SONS (*b*).

p,	*t,*	*f,*	*k,*	*c* ou *s,*	*ch,*	*sh,*	*th* (*c*). . .	durs.
b,	*d,*	*v,*	*g,*	*z,*	*j,*	*zh,*	*th* (*d*). . .	doux.

(*a*)

1	2	3	4	1	2	3	4	1
Fate,	fat,	far,	fall;	me,	met,	her,	faces;	fine,
fécte,	*fătte,*	*far,*	*fâol;*	*mie,*	*mette*	*heur,*	*féecise;*	*faïne,*
2	5	4	1	2	5	4	5	1
fin,	sir,	baby;	no,	not,	nor,	móve,	son;	tube,
finne,	*seur,*	*béeby;*	*nō,*	*notte,*	*nor,*	*moure,*	*s̈eunne;*	*tioube,*
2	5	4	5	1	2	1	2	
tub,	burn,	rule,	bull;	aim,	said;	augur,	auction	
teub,	*beurne,*	*roule,*	*boule;*	*éeme,*	*sed;*	*âougheur,*	*occheune;*	
4	1	2	1	4	1	4	1	4
aunt;	zeal,	bread;	seize,	veil;	new,	brew;	chief,	die;
ânnte;	*zile,*	*bred;*	*size,*	*vèle;*	*niou,*	*brou;*	*tchife,*	*daï;*
1	2	1	4	5	1	4		
moon,	wool;	round,	you,	touch;	now,	slow.		
moune,	*ouŏul;*	*raounnde,*	*you,*	*teutch;*	*nâou,*	*slo.*		

(*b*) On en trouvera la preuve dans le chapitre des permutations de consonnes (*Voir l'Appendice*).

(*c—d*) En anglo-saxon, d'où dérive le plus immédiatement l'anglais, on avoit deux lettres différentes pour représenter ces deux sons différents de *th*.

DE L'ACCENT.

L'accent, en anglais, est une espèce d'articulation forte, dont une syllabe au moins, dans tous les mots de plus d'une syllabe, est toujours frappée. Par exemple : *a de'-sert,* un désert ; *a de-sert',* une récompense.

Dans le discours, c'est sur la partie la plus significative de la phrase que se place la forte articulation de celui qui parle ; de même que dans les mots pris séparément, c'est la syllabe la plus importante, celle de la racine du mot, qui exige naturellement cette articulation forte. Toutefois, l'euphonie l'a souvent emporté sur la règle ; de sorte que, surtout dans les mots dérivés du grec et du latin, rien ne semble moins influer sur la fixation de l'accent que cette première loi très-naturelle. Mais tous les mots saxons, à très-peu d'exceptions près, ont conservé l'accent de l'original, c'est-à-dire de la racine, quelque nombre de syllabes qu'on ait pu y ajouter. La même observation s'applique également à tous les mots composés qui dérivent de mots anglais simples.

L'accent se détermine donc d'après l'étymologie, et peut se réduire à ces trois règles générales.

RÈGLES GÉNÉRALES.

1re. Les mots qui dérivent du saxon ou de mots anglais simples, conservent l'accent sur la racine, quelques préfixes ou affixes qu'on puisse y ajouter, comme : *friend,* ami ; *friend'ship,* amitié ; *friend'ly,* amical ; *friend'liness,* bienveillance ; *friend'less,* sans ami ; *friend'lessness,* l'état d'être sans ami ; *unfriend'ly,* non amical ; *unfriend'liness,* manque de bienveillance.

Grace, grâce ; *gra'ceful,* gracieux ; *gra'cefulness,*

l'état d'être gracieux; *gra'celess*, sans grâce; *gra'ce-lessness*, l'état d'être sans grâce; *disgra'ce*, disgrâce; *disgra'ceful*, plein de disgrâce; *disgra'cefully*, adverbe du même adjectif; *disgra'cefulness*, l'état d'être plein de disgrâce, ignominie.

2°. Dans les dérivés de mots qui, eux-mêmes, dérivent du grec ou du latin, l'accent descend souvent d'une syllabe dans la partie radicale vers la terminaison, comme : *har'mony*, harmonie; *harmo'-nious*, harmonieux; *in'dustry*, travail; *indus'-trious*, travailleur, laborieux.

3°. Les mots subissent un changement d'accentuation pour les distinguer d'autres mots d'une signification différente, quoiqu'ils aient la même orthographe; ou bien pour distinguer les parties du discours les unes des autres, principalement les noms des verbes ou des adjectifs, comme : *Au'gust*, août; *august'*, auguste; *ce'ment*, ciment; *cement'*, cimenter; *con'tract*, contrat; *contract'*, contracter.

Les trois principes fondamentaux de l'accentuation sont donc : la *racine*, la *terminaison* et la *distinction*.

DES DISSYLLABES.

1re RÈGLE. Les dissyllabes, formés en ajoutant des affixes ou des préfixes, conservent l'accent sur la racine, comme : *kind*, bienveillant; *unkind'*, non bienveillant; *king*, roi; *king'dom*, royaume; *submit'*, soumettre; *arri've*, arriver.

2e RÈGLE. Les dissyllabes, qui sont en même temps noms et verbes, ont généralement l'accent sur la première syllabe, lorsqu'ils sont noms; et sur la seconde lorsqu'ils sont verbes, comme : *a com'pound*, un composé; *to compound'*, composer; *a con' test*, une contestation; *to contest'*, contester.

N. B. Il y a quelques exceptions à cette règle, quoique les verbes aient rarement la première syllabe accentuée, car il en résulterait de la difficulté à les conjuguer. Souvent les noms ont aussi la dernière syllabe pour siége de l'accent, comme : *delight'*, délices ; *to delight'*, faire les délices, enchanter ; *a recruit'*, une recrue ; *to recruit'*, recruter.

Aussi ceux des noms qui, dans la formation des langues, ont précédé les verbes qui en dérivent, ont conservé le même siége de l'accent lorsqu'ils sont devenus verbes, comme : *wa'ter*, eau; *to wa'ter*, arroser ; *cre'dit*, crédit ; *to cre'dit*, faire crédit.

3ᵉ RÈGLE. Les dissyllabes se terminant par *age*, *c*, *ed*, *el*, *en*, *et*, *id*, *ish*, *le*, *on* (*a*), *or*, *ow* (à quelques exceptions près (*b*)) et *y*, ont la première syllabe accentuée, comme : *cot'tage*, chaumière ; *pub'lic*, public ; *wick'ed*, méchant; *mo'del*, modèle ; *beat'en*, battu ; *mal'let*, maillet; *ti'mid*, timide ; *ba'nish*, bannir ; *bat'tle*, bataille ; *wag'gon*, chariot ; *ho'nor*, honneur ; *sor'row*, chagrin : *li'vely*, vif.

4ᵉ RÈGLE. Les noms (mais non pas les verbes) dissyllabiques qui se terminent par *er* ont la première syllabe accentuée.

Ex. : *win'ter*, hiver ; *sup'per*, souper.

5ᵉ RÈGLE. Les dissyllabes qui ont deux voyelles séparées dans la prononciation, ont toujours (excepté dans le verbe *to crea'te*, créer) l'accent sur la première syllabe, comme : *gi'ant*, géant; *di'al*, cadran; *di'et*, diète ; *bri'ar*, ronce ; *ru'in*, ruine.

6ᵉ RÈGLE. Les verbes dissyllabiques qui se terminent par une consonne suivie d'un *e* final, où par deux consonnes, s'accentuent sur la dernière syl-

---

(*a*) *On*, mais non pas *oon*, qui est généralement accentué sur la dernière syllabe : *buffoon'*, bouffon ; *dragoon'*, dragon.
(*b*) Les exceptions sont *allow'*, avou' ; *below'*, bestow', endow'.

labe, comme : *to rela'te*, raconter ; *to ari'se*, se lever ; *to inspect'*, inspecter ; *to amend'*, améliorer.

7ᵉ RÈGLE. Les noms dissyllabiques qui ont une
diphthongue à la dernière syllable, ont ordinairement cette syllabe accentuée, comme : *reveal'*, ré-
véler ; *redeem'*, racheter.

Il faut en excepter quelques mots qui se terminent par *ain*, tels que *foun'tain*, fontaine ; *vil'lain*,
scélérat, misérable.

De ces sept règles particulières, il résulte quatre
règles générales.

RÈGLES GÉNÉRALES DES DISSYLLABES.

1ʳᵉ. Presque tous les dissyllabes simples ont la première syllabe accentuée : les dissyllabes qui ne l'ont
pas, sont principalement des mots composés d'un
préfixe latin, tels que *ad, ac, ab, at, com, con, de,
dis, em, en, e, ex, im, in, ob, op, per, pro, re, se,
sub, sur, trans*, etc. Ex. : *to abhor'*, abhorrer : *to
admit'*, admettre ; *to conduct'* conduire ; *to oppo'se*,
opposer.

2ᵉ. Les dissyllabes anglais, composés d'un préfixe,
ont la dernière syllabe accentuée, d'après la première règle sur les accents en général : *unjust'*, injuste.

3ᵉ. Quand deux consonnes se trouvent ensemble
au milieu des dissyllabes, la première se joint à la
première syllabe, et la seconde à la dernière ; et
alors la première syllabe est accentuée, comme :
am'ber, ambre ; *dis'cord*, discorde ; quand la consonne est redoublée, cette règle est presque sans
exceptions, comme : *lad'der*, échelle ; *wher'ry*, nacelle. En effet, il n'en faut excepter que les verbes

à préfixes, tels que ceux indiqués dans la première règle générale sur les dissyllabes.

4ᵉ. Quand il ne se trouve qu'une consonne au milieu des dissyllabes, c'est encore la première syllabe qui est accentuée, comme : *li'bel*, libelle; *boo'ty*, butin. La voyelle ou la diphthongue de cette première syllabe est en général longue; elle l'est dans les deux exemples cités.

DES TRISSYLLABES.

1ʳᵉ RÈGLE. Les trissyllabes formés en ajoutant des préfixes ou des affixes, quels qu'ils soient, conservent l'accent sur la même syllabe que le mot radical, comme : *li'-on-ess*, lionne; *ap-pea'-sing*, apaisant.

2ᵉ RÈGLE. Les trissyllabes qui se terminent par *al, ion, le, ous, re, ude, y, ary* ou *ory*, s'accentuent à la première syllabe, comme : *ra'-di-cal*, radical; *na'-ti-on*, nation; *trac'-ta-ble*, traitable; *se'-ri-ous*, sérieux; *mas'-sa-cre*, massacre; *gra'-ti-tude*, reconnaissance; *va'-ni-ty*, vanité; *con'-tra-ry*, contraire; *trea'-che-ry*, trahison; *fac'-to-ry*, fabrique.

3ᵉ RÈGLE. Les trissyllabes en *ate, ce* et *ent* s'accentuent à la première syllabe, comme : *in'-tri-cate*, embrouillé; *e'-mi-nence*, hauteur; *in'-ci-dent*, incident; à moins qu'ils ne dérivent de mots accentués à la seconde, tels que *ad-he'-rence*, adhésion; *for-bear'-ance*, ménagement; ou bien, à moins qu'il ne se trouve à la seconde syllabe une voyelle qui précède deux consonnes, comme : *to con-fis'-cate*, confisquer; *do-mes'-tic*, domestique.

4ᵉ RÈGLE. Les trissyllabes ayant à la seconde syllabe une diphthongue, ou une voyelle suivie de deux consonnes, s'y accentuent, comme : *hy-drau'-lics*, hydraulique ; *to in-cul'-cate*, inculquer.

5e RÈGLE. Les trissyllabes qui se terminent par *ator*, ont la seconde syllabe accentuée, comme : *dic-ta'-tor*, dictateur ; *nar-ra'-tor*, narrateur. Il faut cependant en excepter *bar'-ra-tor*, chicaneur; *le'-ga-tor*, testateur ; *o'-ra-tor*, orateur ; *se'-na-tor*, sénateur.

6e RÈGLE. Quelques trissyllables s'accentuent à la dernière syllabe; mais ce sont ceux qui dérivent du français, comme : *ma-ga-zi'ne*, magasin ; *re-par-tee'*, repartie; ou bien des syllabes accentuées, auxquelles on a ajouté des préfixes : *to re-con-duct'*, reconduire.

DES POLYSYLLABES EN GÉNÉRAL.

1re RÈGLE. Les polysyllabes qui ont dans leur terminaison *ei, eon, ia, ie*, ou *io*, ou bien qui se terminent par *cal, eous, ial, ian, ion, ious, le* ou *ty*, s'accentuent tous à l'antépénultième, comme : *a'-the-ist*, athée ; *po-li'-ti-cal*, politique ; *beau'-te-ous*, beau ; *am-bro'-si-a*, ambroisie ; *a'-li-en*, étranger ; *re-li'-gi-on*, religion ; *out-ra'-ge-ous*, outrageant; *im-par'-ti-al*, impartial ; *ge-o-me-tri'-ci-an*, géomètre ; *con-fu'-si-on*, confusion ; *ju-di'-ci-ous*, judicieux; *con-temp'-ti-ble*, méprisable ; *di-ver'-si-ty*, diversité.

2e RÈGLE. Les mots qui se terminent par *ator*, *ctive* ou *ic*, s'accentuent généralement à la pénultième, comme *gla-di-a'-tor*, gladiateur; *vin-dic'-tive*, vindicatif; *pa-the'-tic*, pathétique.

3e RÈGLE. Les mots des terminaisons suivantes s'accentuent toujours à cette syllabe où les deux parties se réunissent, c'est-à-dire à l'antépénultième.

acy	comme *a-ris-to'-cracy,*	aristocratie.
ferous	— *som-ni'-fe-rous,*	somnifère.
fluent	— *mel-li'-flu-ent,*	découlant de miel.
fluous	— *su-per'-flu-ous,*	superflu.
gonal	— *di-a'-go-nal,*	diagonal.
gony	— *cos-mo'-go-ny,*	cosmogonie.
graphy	— *or-tho'-gra-phy,*	orthographe.
logy	— *ge-ne-a'-lo-gy,*	généalogie
loquy	— *so-li'-lo-quy,*	soliloque.
machy	— *lo-go'-ma-chy,*	logomachie.
mathy	— *po-ly'-ma-thy,*	polymathie.
meter	— *ther-mo'-me-ter,*	thermomètre.
nomy	— *as-tro'-no-my,*	astronomie.
parous	— *o-vi'-pa-rous,*	ovipare.
pathy	— *an-ti'-pa-thy,*	antipathie.
phagus	— *sar-co'-pha-gus,*	sarcophage.
phony	— *sym'-pho-ny,*	symphonie.
scopy	— *a-e ro'-sco-py,*	aéroscopie.
vomous	— *flam-mi'-vo-mous,*	qui vomit des flammes.
vorous	— *car-ni'-vo-rous,*	carnivore.

RÈGLES GÉNÉRALES QUI SONT COMMUNES A TOUS LES POLYSYLLABES.

1re. Les polysyllabes formés de mots anglais plus simples conservent l'accent de ceux-ci ou bien de la racine.

2e. Les polysyllabes dérivés *en entier* du grec ou du latin conservent l'accent de l'original, comme : *spec-ta'-tor*, spectateur; *ho-ri'-zon*, horizon. Cependant telle est la tendance de la langue anglaise à accentuer l'antépénultième, que plusieurs mots latins *en entier* ont remonté d'une syllabe; tels que *o'-ra-tor*, orateur; et les autres énumérés dans la 5e règle des trissyllabes.

3e. Les polysyllabes dérivés du grec ou du latin, dont la terminaison est anglicisée, sans cependant que le nombre de syllabes soit diminué, conservent aussi l'accent de l'original, comme : *na'-ti-on*, nation; *mis'-si-on*, mission.

4°. Dans les polysyllabes, quand une seule voyelle à la pénultième est suivie d'une seule consonne, c'est l'antépénultième qui s'accentue, comme : *spe'-cu-late*, spéculer; *sub'-ju-gate*, subjuguer. Cette règle, commune à la langue latine et à l'anglais, est si conforme à l'analogie anglaise, que beaucoup de mots latins qui forment exception à la règle, s'accentuent néanmoins en anglais à l'antépénultième. Si l'accent de l'original ne se conserve pas, c'est pour remonter plus haut, surtout si la syllabe finale de l'original est retranchée.

L'accent a le privilége exclusif, pour ainsi dire, de la forte articulation, et par conséquent les syllabes non accentuées ne se prononcent pas avec la même distinction que celles qui ont un accent. Cette observation s'applique principalement aux terminaisons dont les voyelles subissent un changement de prononciation quelquefois très-marquant.

Les irrégularités suivantes sont si générales qu'elles forment, pour ainsi dire, des règles exceptionnelles.

RÈGLES DE PRONONCIATION.

DE LA TERMINAISON NON ACCENTUÉE.

A	final se prononce	.	.	.	.	$\overset{5}{\text{a}}$: *Ju'lia.*
de able	.	.	.	.	.	$\overset{2}{\text{a}}$: *ca'pable.*
— age	.	.	.	.	.	$\overset{2}{\text{i}}$: *cab'bage.*

A de ain. . . . . a : *cap'tain.*

— al, am, an . . . . ' : *vo'cal.*

— ance (*a*), ate. . . . . . $\overset{2}{a}$: *cu'rate.*

— ar, ard, art . . . . . . $\overset{3}{u}$: *cow'ard.*

E de ble, cle, cre, gle, gre, tre. . . e : *a'ble.*

— ed, ege, el, es . . . . . $\overset{4}{e}$: *paint'ed*

— ed, prétérit ou participe passé
non précédé de d ou de t. . e : *pained.*

— en, précédé d'une consonne
autre que l, m, n, r . . . ' : *o'pen.*

ence (*b*) . . . . $\overset{2}{e}$: *sci'ence.*

— er se prononce comme . . $\overset{3}{e}$: *sis'ter.*

ey . . . . $\overset{4}{ey}$: *val'ley.*

I ou Y final se prononce. . . . $\overset{4}{y}$: *no'bly.*

y des verbes qui se terminent
en fy . . . . $\overset{1}{i}$: *defy'.*

I de ice (*c*), idge, ile, ince (*d*), ine.
ite, ive. . . . . $\overset{2}{i}$: *jus'tice.*

O de oc, ol, om, on, ond, op . . $\overset{5}{o}$: *i'dol.*

— or . . . . $\overset{3}{u}$: *ju'ror.*

ous se prononce. . . . . $\overset{5}{ous}$: *pi'ous.*

ow . . . . $\overset{4}{ow}$: *yel'low.*

U de ful . . . . $\overset{5}{u}$: *aw'ful.*

(*a*) Le e sert ici à adoucir le c, et non pas à allonger la voyelle.
(*b-c-d*) Voir la note précédente.

IRRÉGULARITÉS DES VOYELLES.

A final, même accentué, se prononce $\overset{5}{a}$: *mamma'*.

— précédant ll. . . . . $\overset{4}{a}$: *fall*.

— ou si l'un des ll se retranche . . $\overset{4}{a}$: *al'most*.

— précédant lf, lm, r (voir l). . . $\overset{5}{a}$. *half*.

— précédant ld, lk, lse, lt dans la $\overset{4}{a}$: *bald*.
même syllabe, se prononce. .

— précédé du *son* de w (*a*), et suivi
de toute consonne autre que f,
k, g, x, ng, nk. . . . . . $\overset{2}{o}$: *want*.

mais si le a est suivi de l ou r. . $\overset{4}{a}$: *warm*.

— dans la syllabe qui précède
l'accent . . . . $\overset{2}{a}$: *abi'de*.

E de es, terminaison grecque ou
latine. . . . . $\overset{1}{e}$: *Tha'les*.

ew après r. . . . . $\overset{4}{ew}$: *drew*.

I précédant nd dans la même syl-
labe. . . . . $\overset{1}{i}$: *mind*.

— dans la syllabe qui précède ou
qui suit l'accent, se prononce $\overset{2}{i}$: *divest*.

O de old et de olt dans la même syllabe. . . . . $\overset{1}{o}$: *hold*.

U après g ne se prononce pas; il ne
sert qu'à donner au g le son gh $\overset{}{u}$: *guilt*.

— long après r se prononce. . . . $\overset{4}{u}$: *rude*.

REMARQUE. Toutes les voyelles qui suivent immédiatement l'accent, prennent plus ou moins le son
de la terminaison, comme $\overset{4}{sen'sible}$, sensé. Les

---

(*a*) Qu se prononçant comme *w*, doit produire le même effet sur a.

voyelles, précédant *r* dans les syllabes accentuées, ont le son bref régulier si le *r* se redouble, ou bien s'il est suivi d'une voyelle, comme : *mar'ry*, épouser; *spir'it*[2], esprit.

IRRÉGULARITÉS DES CONSONNES.

B   après *m* dans la même syllabe ne se prononce pas, comme : *lamb*, agneau.

CH   dans les mots qui dérivent du grec se prononce comme *k* : *Archimedes*, *monarchy*, *architect*.

G   précédant *n* dans la même syllabe, ne se prononce pas, comme : *sign*, signe.

—   à la fin d'un mot, ainsi que dans toute syllabe qu'on ajoute à un *g* final, a toujours le son de *gh* : *to dig*, bêcher; *digging*, bêchant.

G ou K   précédant *n* au commencement d'une syllabe, ne se prononce pas : *gnat*, cousin (insecte); *knee*, genou.

GH   précédant *t* ne se prononce jamais; mais la voyelle s'allonge comme dans tous les cas où une lettre ne se prononce pas : *fight*, se battre; *taught*, enseigné.

—   à la fin d'un mot ne se prononce pas : *sigh*, soupir; *plough*, charrue.

—   à la fin d'un mot, se prononce comme *f* dans les mots suivants : *chough*, chouette; *clough*, trait; *cough*, toux, et ses dérivés; *enough*, assez; *laugh*, rire; *slough*, dépouille de serpent; *sough*, égout; *tough*, coriace; *trough*, auge.

H   au commencement du mot s'aspire toujours, excepté dans les mots suivants et leurs dérivés : *heir* (héritier), *honest*, *ho-*

nor, hospital, hostler (valet d'écurie), *hour,* (heure), *humble, humor.* L'*h* de *herb., herbage,* de *herb-woman* (femme aux herbes), et de *herby,* est muette. Dans les autres dérivés de *herb* elle est aspirée.

L   précédé de *a* et suivi de *f, k* ou *m* dans la même syllabe, ne se prononce pas : *half,* moitié ; *calm,* calme.

N   dans un monosyllabe ou dans une syllabe accentuée, précédant le son de *g (gh)* ou *k,* se prononce comme *ng : sink,* enfoncer ; *anger,* colère.

P   au commencement d'un mot, et suivi immédiatement de *s,* ne se prononce pas : *psalm,* psaume ; *pshaw,* bah.

S   aspiré, précédé d'une voyelle, a l'aspiration douce : *occa'sion, eva'sion.*

—   à la fin d'un mot a le son doux, à moins qu'il ne soit précédé d'une lettre ayant le son dur : *ways,* chemins ; *runs,* court ; *asks,* demande.

T   aspiré, précédant un *u,* ou précédé d'un *s,* prend le son *tsh : na'ture,* nature ; *ques'-tion,* question.

—   dans les terminaisons *ten* et *tle,* précédé immédiatement de *f* ou de *s,* ne se prononce pas : *christen,* baptiser ; *soften,* adoucir ; *whistle,* sifflet.

TH   a le son dur au commencement et à la fin d'un mot, excepté dans l'article, les pronoms, les adverbes monosyllabiques, les prépositions, et les conjonctions : *thing,* chose ; *bath,* bain ; TH*is,* ce ; *wi*TH, avec ; *ei*TH*er,* ou.

—   est cependant doux dans *both,* tous deux, et dans les dérivés de *neath.*

TH   a le son dur au milieu d'un mot, s'il est immédiatement suivi ou précédé d'une consonne ; ou même sans cette condition, dans les mots grecs ou latins : *wealthy*, opulent ; *atheist*, athée : *theatre*, théâtre.

—   entre deux voyelles est généralement doux dans les mots purement anglais : *father*, père ; *mother*, mère, *brother*, frère ; *weather*, temps ; *gather*, cueillir ; *heathen*, païen.

Les mots qui paraissent faire exception à cette règle, le font seulement en apparence ; car ce sont pour la plupart des dérivés dont les primitifs commencent ou finissent par *th* : *no-thing*, rien ; *froth-y*, écumeux.

—   se prononce comme *t* dans les mots *Thomas, Esther, Theresa, Thames* (Tamise), *Anthony* (Antoine), *thyme* (thym), *asthma* (asthme), *phthisic* (prononcez *tisic*), phtisie.

W   précédant *r* au commencement de la même syllabe, ne se prononce pas, comme : *write*, écrire ; *wring*, tordre.

WH   non suivi de *o*, se prononce comme si l'*h* précédait le *w* : *what*, quoi ; *why* (a), pourquoi.

—   suivi d'un *o*, se prononce comme s'il n'y avait pas de *w* : *whole*, entier ; *who*, qui.

DE L'ASPIRATION.

OBSERVATION IMPORTANTE.

Les sons de lettres, sujets à l'aspiration (*voyez* page 2), s'aspirent toutes les fois qu'ils sont *immé-*

(a) En anglo-saxon, l'*h*, en effet précède le *w*, comme : anglais, *who, what, whether, which, white*; anglo-saxon *hwa, hwat, hwœther, hwyle, hwit.*

diatement précédés de l'accent (*primaire* ou *secondaire* (a)), et *suivis immédiatement* d'un *son de y* (*u* long et *i* ou *e* non accentué, suivi d'une autre voyelle, ont ce son) : *na'-ti-on*, nation; *trea'-sure* (b), trésor.

Il faut, je le répète, que l'accent *précède* ce son de *y*; car, si c'est la syllabe même, où se trouve ce son de *y* (l'*u* long et l'*i* ou l'*e* non accentué, suivi d'une autre voyelle), qui est accentuée, l'aspiration n'a pas lieu (c). On aspire *so'-ci-al*, social, ou *sa'-ti-ate*, rassasier; mais on n'aspire pas *so-ci'-e-ty*, société, ou *sa-ti'-e-ty*, satiété.

Les deux conditions réunies (ci-dessus énoncées) sont donc indispensables à l'aspiration.

(a) C'est par cette seule raison que j'ai fait mention ici de l'accent secondaire, qui est une espèce de seconde percussion de son moins forte, qu'on emploie fréquemment, surtout dans les mots longs, pour rendre la prononciation des mots plus distincte; *è-du-ca'-ti-on*, éducation; *pro-nun'-cia'-ti-on*, prononciation. Cet accent secondaire, qui joue un grand rôle dans la versification anglaise, se trouve toujours éloigné de deux syllabes, au moins, de l'accent primaire.

(b) Comme, pour former une syllabe, une voyelle est d'une nécessité absolue, l'élève ne se trompera pas à l'égard du siége de l'accent, quoiqu'il puisse trouver souvent l'accent marqué après la lettre à aspirer; ce qui sert à indiquer que la voyelle précédente est brève : *vis'ion*; mais c'est la syllabe *vi'* qui est accentuée.

(c) Même l'*i* ou l'*e*, dans une syllabe accentuée, n'a plus le son de *y*.

DEUXIÈME PARTIE.

APERÇU

DE LA SYNTAXE ET DE L'ÉTYMOLOGIE.

(Pour aider l'élève à traduire ces thèmes en anglais, on a placé à la fin de ce volume des notes explicatives qui suivent l'ordre des thèmes. Les numéros en tête de chaque phrase répondent à ceux des notes.)

DE L'ARTICLE.

DE L'ARTICLE INDÉFINI.

RÈGLE I.

L'article indéfini *a*, un, une, est invariable quant au genre, mais devient, par euphonie, *an* devant *tout son de voyelle*, comme il reste *a* devant *tout son de consonne*, comme : A *man*, un homme ; A *eulogy*, un éloge ; AN *art*, un art ; AN *hour*, une heure (*a*).

Comme cette règle est purement euphonique, il ne faut pas prendre en considération la *lettre*, mais bien le *son* par lequel commence le mot qui suit l'article indéfini. Ainsi, dans les mots qui commencent par l'*h* muette, c'est le son de la voyelle suivante seul qui frappe l'oreille ; et conséquemment, pour la prononciation, c'est comme si la lettre initiale était une voyelle. D'un autre côté, plusieurs voyelles ou diphthongues offrent un son de consonne, telles que *u* long, *eu*, *ew*, qui se prononcent

---

(*a*) J'adopte ici le langage des grammairiens en général, en disant que *a* devient *an*; ce qui est vrai aujourd'hui, bien que ce soit *an* qui est devenu *a*; car dans toutes les langues du Nord cet article s'écrit avec *n*. En anglo-saxon, *aene*; en gothique, *ain*, *aina*; en allemand, *ein*; en hollandais, danois et suédois, *en*; en bas-saxon, *een*; en islandais, *eim*.

comme si elles étaient précédées d'un *y* ; et *y*, au commencement d'une syllabe est considéré en anglais comme son de consonne. *One* se prononce *wun* : *such* A *one* , *un* tel.

THÈME 1.

1. A Rome *, à Athènes, à Lacédémone,
*l'*honneur payait seul les services * (3) *les* plus (1)
signalés (2). Une couronne de chêne ou de laurier,
une statue *, un éloge, était une récompense (2,
immense * (1) pour une bataille gagnée ou une
ville prise. 2. Le monde est un théâtre où chacun
doit jouer un rôle. 3. Une année, un mois, une
semaine, un jour, une heure (*a*), une minute *, une
seconde, même un instant*, est une partie du temps
aussi bien qu'un siècle. 4. Un héritier d'un titre et
d'une grande propriété, dit Swift, a une faiblesse
de vue et une délicatesse de tempérament. 5. *Le*
respect * est un honneur dû à un honnête homme.
6. Un uniforme se porte souvent dans une université **. 7. Un acte d'humanité est toujours une
action * (2) honorable * (1).

RÈGLE II.

L'article indéfini s'emploie en anglais devant
les noms qui désignent la nation, la religion, la
secte, le rang, l'état (profession), la parenté, la
sorte, enfin l'ordre auquel une personne ou une
chose appartient : *Boyle was* AN *Englishman*, Boyle
était anglais. *Pope was* A *catholic; his father was*
A *linen-draper*, Pope était catholique ; son père
était marchand de nouveautés. *The School for scan-*
dal, A *comedy of Sheridan's, was written when the*
author was but twenty-six years of age, L'Ecole de
la Médisance, comédie de Sheridan, fut écrite lorsque
l'auteur n'était âgé que de vingt-six ans.

(*a*) Pour les mots dont l'*h* est muette, voyez *h*, irrégularités des consonnes.

THÈME II.

1. Burke était Irlandais ; mais Fox était Anglais. 2. On ignore si Shakspeare était protestant*
ou catholique ; on sait cependant qu'il était chrétien ; on ignore s'il était dans sa jeunesse boucher
ou cardeur de laine , mais on sait qu'il était braconnier et dans la suite acteur**. 3. Le philanthrope Howard était quaker *. 4. Cromwell était
puritain et général *. 5. Milton était historien **,
grammairien **, lexicographe et poëte ; il était également mari et père. 6. Byron était pair d'Angleterre. 7. Sir Walter Scott était poëte, romancier,
biographe, historien** et baronnet. 8. L'Enlèvement
de la boucle *de cheveux*, poëme (2) héroï-comique (1), est de Pope. 9. Rasselas, conte (2) oriental (1),
est de Johnson.

RÈGLE III.

On emploie en anglais l'article indéfini devant
les noms de poids, de mesure, de nombre, ou des
divisions du temps, précédés du nombre qui en
indique le prix. (Dans les comptes et les factures on
trouve généralement dans ce sens *per*.) *Bread is sold
two pence* A *pound*, le pain se vend quatre sous *la*
livre ; *this cloth costs a guinea* AN *ell*, ce drap coûte
une guinée *l'aune* ; *I have bought gloves at thirty
shillings* A *dozen*, j'ai acheté des gants à 30 schellings *la* douzaine ; *Johnson had a pension of three
hundred pounds* A *year*, Johnson avait une pension
de 300 livres sterling *par* an.

THÈME III.

1. Le veau se vend 18 sous la livre. 2. Le fil
vaut quatre sous à 20 sous l'once. 3. Cette robe de
soie coûte 10 francs l'aune. 4. Ce terrain a été vendu

à 800 francs l'arpent. 5. Ces crayons coûtent 2 francs la douzaine, et ces plumes 4 francs le cent. 6. Huit sous par jour, dit Franklin, font presque 150 francs par an. 7. Locke avait 25,000 francs par an comme commissaire du conseil du commerce *; mais il offrit sa démission lorsqu'il *ne* pouvait plus en remplir les fonctions.

RÈGLE IV.

L'article indéfini étant invariable d'après le genre, il n'est pas, *grammaticalement* parlant, nécessaire de le répéter, si tous les noms suivants commencent par un son de voyelle, ou si tous ont pour lettre initiale un son de consonne : A *pear and peach*, *une* poire et *une* pêche. Mais il doit être répété devant tous les noms, si l'un d'eux commence par un son différent : A *pear*, AN *apple and* A *peach*, *une* poire, *une* pomme et *une* pêche. S'il n'y a qu'un nom, et que les *adjectifs* seuls commencent par un son différent, l'article indéfini n'est pas répété : *There is, says Tillotson*, A *natural, immutable and eternal reason for that which we call virtue and against that which we call vice*, Il y a, dit Tillotson, *une* raison naturelle, immuable et éternelle pour ce que nous appelons vertu, et contre ce que nous appelons vice.

THÈME IV.

1. Un homme, une femme et un enfant. 2. Un cheval, un bœuf et une vache. 3. Un cygne, une oie, un canard et une poule. 4. Un loup, un ours et un éléphant *. 5. Un singe, un perroquet et un serin. 6. Un style * (3) simple * (1) et élégant * (2).

DE L'ARTICLE DÉFINI.

RÈGLE V.

L'article défini, *the*, le, etc,; est invariable,

comme : THE *man*, l'homme; THE *woman*, la femme; THE *children*, les enfants.

1. On demandait à Archidamus qui était maître de Sparte? «Les lois,» répondit-il, « et après elles les magistrats ». 2. Les Arabes appellent le chameau le navire du désert *. 3. *La* propreté est l'image * de la netteté de l'âme.

Dans le sens particulier, défini, si plusieurs noms se suivent, il n'est pas, *grammaticalement* parlant, nécessaire de répéter l'article: THE *genius, wit, and spirit of a nation are discovered in their proverbs*, on découvre *le* génie, *l'*esprit et *le* caractère d'une nation par ses proverbes.

1. L'éloquence *, l'énergie **, le feu, le sublime de Milton sont admirables **. 2. Il y a, dit Johnson, une affection * (4) instinctive ** (1) et (2) naturelle (3) dans les parents * envers leurs enfants. 3. Johnson loue dans Pope la clarté, l'élégance * et la vigueur de la diction *.

L'article défini s'emploie pour définir le rapport qui existe entre le mot en apposition et celui qui le précède : *William Pitt*, THE *son of lord Chatham, was appointed prime minister at the age of twenty-four, and preserved these functions twenty-four years*, Guillaume Pitt, *fils* de lord Chatham, fut nommé premier ministre à l'âge de vingt-quatre ans, et conserva ces fonctions pendant vingt-quatre ans ; *Lady Macclesfield*, THE *inveterate enemy of Savage, was his mother*, lady Mac-

clesfield, *ennemie* invétérée de Savage, était sa mère;
Johnson, THE *biographer of Savage, has rendered
his life interesting as a fairy tale*, Johnson, *biographe* de Savage, a rendu sa vie intéressante
comme un conte de fée.

THÈME. VII.

1. La reine Victoria est fille du duc de Kent,
qui était frère de Georges IV et de Guillaume IV, et
fils de Georges III. 2. Louis XII, roi de France *,
fut surnommé le père du peuple. 3. Johnson, ami
et biographe de Savage, n'a pas ménagé une mère (2)
dénaturée (1).

RÈGLE VIII.

Dans un sens général, indéfini, l'article défini,
précédant un nom, ne s'exprime pas, puisque
l'emploi de l'article *défini* n'est que pour *définir* le
sens, qui est ici *indéfini*, comme : GREAT WORKS *are
performed not by* STRENGTH *but by* PERSEVERANCE,
les grands ouvrages sont accomplis, non par *la*
force, mais par *la* persévérance (a). Toutefois, lorsqu'un nom *au singulier* sert à désigner toute une
espèce, l'article s'emploie, parce que dans ce cas
on ne désigne que l'individu, quoique cet individu
puisse représenter toute l'espèce: *The plants of* THE
garden, the animals of THE *wood, the minerals of
the earth and meteors of the sky must all concur
to store the mind of* THE *poet with inexhaustible
variety*; les plantes *du* jardin, *les* animaux *du* bois,
les minéraux de la terre et *les* météores du ciel doivent tous concourir à enrichir l'esprit *du* poëte
d'une variété inépuisable.

(a) On voit bien par cet exemple que l'emploi de l'adjectif ne constitue pas
un sens particulier ou défini : en effet, l'adjectif qualifie, détermine, mais ne
définit pas.

THÈME VIII.

1. La réputation *, l'honneur et l'avancement devraient être acquis et soutenus par l'humilité **, la discrétion * et la sincérité **. 2. Les sages sont vertueux. 3. Les sourds, les muets et les aveugles trouvent un asile. 4. Le roi et le mendiant sont égaux après la mort. 5. Le mensonge est toujours odieux **; l'homme droit en a horreur **; le menteur, *tout* familiarisé qu'il est avec lui, ne peut s'empêcher d'en rougir. 6. Le doute est l'école de la vérité. 7. L'espérance est le songe d'un homme éveillé.

RÈGLE IX.

En général, les noms de pays rejettent également l'article : IRELAND *was united to* GREAT BRITAIN *in the year one thousand eight hundred,* l'Irlande fut réunie à *la* Grande-Bretagne l'an 1800..

THÈME IX.

1. La France * est bornée au nord – est par la Belgique et les Etats (2) prussiens ** (1); à l'est par l'Allemagne, la Suisse et l'Italie **; les Alpes la séparent de l'Italie, et les Pyrénées* de l'Espagne. 2. Le royaume uni de la Grande-Bretagne et de l'Irlande se compose de l'Angleterre, *y* compris le *pays de* Galles, de l'Ecosse et de l'Irlande. 3. L'Égypte fut le berceau d' es arts * et des sciences *; la Grèce y (4) prit (1) sa (2) civilisation * (3).

RÈGLE X.

Un nom propre de personne, même précédé d'un titre, ne prend pas l'article défini si ce titre est adopté en Angleterre : KING *Alfred, le* roi Alfred ; JUDGE *Jefferies, le* juge Jefferies ; THE *czar Peter, le* czar Pierre ; THE *emperor Napoleon,* l'empereur Napoléon. Si cependant le titre est accompagné d'une épithète , d'un adjectif, l'article ne se retranche pas : THE *good king Alfred, le* bon roi Alfred ; THE *infamous judge Jefferies, l'*infâme juge Jefferies.

THÈME X.

1. La reine Elizabeth *ne* fut jamais mariée ; mais son père le roi Henri VIII eut six * femmes. 2. L'héroïque reine Marguerite d'Anjou était la femme du malheureux roi Henri VI * qui fut assassiné par le duc de Gloucester *, depuis le roi Richard * III. Ce monstre fut aussi le meurtrier de ses deux neveux , le jeune roi Edouard V et le duc Richard , les deux fils de son frère le roi Edouard IV. 3. Le chancelier Bacon *ne* cite dans aucun de ses ouvrages son contemporain Shakspeare. 4. L'empereur ** Pierre fonda la ville de Saint-Pétersbourg. 5. La czarine Catherine * introduisit en Russie les assemblées (2) mixt*es* (1), c'est-à-dire d'hommes et de femmes.

DE L'ARTICLE PARTITIF.

RÈGLE XI.

L'article partitif est *some* ; et dans les phrases négatives, interrogatives, ou dubitatives, *any*, comme : *I have* SOME *paper; have you* ANY *pens?* J'ai *du* papier; avez-vous *des* plumes ?

RÈGLE XII.

On dirait sans article partitif : *A stationer sells paper and pens*, un papetier vend (*du*) papier et (*des*) plumes : parce que le sens, quoique toujours partitif, est toutefois bien plus général. Mais si l'on dit de lui : *he sells* SOME *paper and pens*, c'est dire, qu'il vend *de* son papier et *de* ses plumes, qu'il en vend.

THÈME XI ET XII.

1. J'ai de l'argent blanc : avez-vous de l'or ?— Non, je *n*'ai pas d'argent du tout. 2. Je vous donnerais du sable, si vous aviez de l'encre. 3. Un épicier vend du sucre, du café, du sel, du poivre, de la moutarde, des chandelles, du vinaigre, de l'huile, du riz et de la ficelle.

Thème général sur l'Article.

1. Les maux du jeu sont : la perte du temps, la perte de la réputation *, la perte de la fortune *, la perte de la santé, la ruin*e* des familles et souvent la perte de la vie. 2. Fuyez l'ivresse, de crainte que les hommes de bien *ne* vous (2) fuient (1). *Là* où règne (2) l'ivresse (1), la raison est une exilé*e*, la vertu une étrangère, Dieu un ennemi, le blasphème de l'esprit, les jurements de la rhétorique**, et les secrets* des proclamations*. 3. Une épingle par jour, dit Franklin, fait huit sous par an. 4. Les expressions *(2) proverbial*es* (1) et les locutions banales sont les fleurs de rhétorique d'un homme (2) vulgai*re* (1). 5. Les Juifs appelaient leurs cimetières les maisons des vivants. 6. Quand on a dit à Johnson que Pope avait fait Warburton, son commentateur**, évêque, Johnson répondit : Warburton a fait plus pour Pope, il l'a fait chrétien. 7. Les petits sont souvent grands aux yeux de leur créateur **. 8. Une vertu dans le cœur est un diamant sur le front. 9. L'Autriche est bornée au nord par la Saxe et la Prusse, au nord-est par la Russie ; à l'est et au sud-est par la Turquie ; à l'ouest par la Sardaigne, la Suisse et la Bavière ; au sud par la mer Adriatique, les Etats de l'Eglise, les duchés de Modène et de Parme. 10. Un boulanger vend du pain, mais quelquefois

il n'a pas de pain à vendre. 11. Burke avait une pension de 92,000 francs par an. 12. L'esprit de l'homme est un fruit * (2) sauvage (1) ; la culture * seule peut le rendre doux. 13. Curran a dit de Johnson : Dans la religion * il était bigot *, dans la science il était pédant *, et dans les manières il était ours. 14. Veuillez me donner du pain et du beurre ; mais pas de café ; je prendrai plutôt du thé. 15. La concision, dit Shakspeare, est l'âme de l'esprit. 16. Addison était ministre d'état. 17. La Perse était une nation * (2) guerrière (1). 18. Johnson est d'avis que le Paradis Perdu, poëme (2) épique (1), peut réclamer quant au dessein le premier rang, et sous le rapport de l'exécution * le second * rang, parmi les productions * de l'esprit (2) humain (1). 19. Les poissons n'aiment pas le pêcheur. 20. L'empereur ** Charles * Quint et le roi Henri ** Huit furent alliés par le mariage de l'ambitieux ** roi Philippe son fils et de la reine Marie ** d'Angleterre. 21. Milton, auteur du Paradis Perdu, fut bien près de périr sur l'échafaud ; on dit que d'Avenant (poëte), ami du grand homme, le sauva ; comme lui, auparavant, avait sauvé les jours de d'Avenant. 22. L'esprit est le sel de la conversation *, mais point la nourriture. 23. La France * est grande parmi les nations * de la terre. L'Angleterre est sa rivale dans tous les arts * de la civilisation *. 24. De Lolme, auteur de l'ouvrage sur la constitution * (2) anglaise (1) et admirateur de cette forme de gouvernement, était Français. 25. Les riches et les pauvres sont également heureux. 26. L'excès dans la cérémonie ** est une preuve de manque de politesse. 27. Johnson a dit de Goldsmith : Que nous le considérions comme poëte, comme écrivain (2) comique ** (1) ou comme historien **, il est du premier ordre. 28. Avez-vous des pains à cacheter ? Non, mais j'ai de la cire. 29. Robertson était Écossais, ecclésiastique et histo-

rien **. 30. Quand on quitte le sentier (2) battu (1),
on doit s'attendre *à* trouver des épines. 31. La
modestie ** sied au mérite comme le voile *à* la
beauté **. 32. Sale, le traducteur du Koran, est
presque devenu mahométan. 33. L'indolence * est
l'ennemie (3) *la* plus (1) redoutable (2) du mérite,
de la fortune * et du bonheur. 34. Moore est catholique ** et laïque ; il est Irlandais, historien **, biographe et poëte. 35. Rome *, fondée par un païen,
est aujourd'hui la capitale des états du chef de la
chrétienté ; et Constantinople *, fondée par le premier empereur ** (2) chrétien (1), est aujourd'hui
la capitale de l'empire * des infidèles : telle est la
destinée des œuvres de l'homme.

DU NOM.

GENRE.

RÈGLE XIII.

Les noms ont trois genres : le masculin, le féminin et le neutre.

Tout ce qui est mâle est masculin; tout ce qui
est femelle est féminin, tout ce qui n'est ni l'un ni
l'autre, est neutre. On considère toutefois *sun*, soleil, comme masculin; et *moon*, lune, et *ship*, vaisseau, ou *boat*, bateau, comme du genre féminin.

NOMBRE.

RÈGLE XIV.

Il y a deux nombres : le singulier et le pluriel.
Le pluriel se forme en ajoutant en général un *s* au
singulier; ou bien quand la prononciation l'exige,
es, comme : *book*, livre, *books ; box*, boîte, *boxes.*
Les sons qui exigent *es* sont : *ch* (a), *o, s, sh, ss,*

(a) *Ch* prononcé *tch* (français); car *ch* prononcé *k* suit la règle générale :
monarch, monarque, *monarchs.*

x, z, comme : *church*, église, *churches ; hero*, héros, *heroes ; wish*, souhait, *wishes.*

Tous ces sons (à l'exception de *o* qui prend *es* pour conserver sa longueur) se terminent par un son après lequel il serait très-difficile, sinon impossible, de faire entendre un *s* dans la même syllabe. Ce pluriel par *es* fait donc toujours une syllabe à part (il faut excepter *es* ajouté aux mots qui se terminent en *o*), comme celui des mots qui finissent au singulier par *ce, ge, se, ze*, comme : *races, ages, vases, prizes* (prix).

THÈME XIV.

1. Par un arrêt éternel de la justice * (2) divine * (1), les remords seront toujours mille fois plus perçants que les traits (3) *les* plus (1) envenimés (2) de la calomnie. 2. La vieillesse et la jeunesse manquent rarement *de* pénétration *; l'une *ne* voit que ses espérances, et l'autre que ses souvenirs. 3. Les montres ne vont pas les unes comme les autres ; encore moins les opinions * des hommes. 4. Les discours de Chatham et *de* Burke sont célèbres pour leur éloquence *. 5. Les nègres (a) de l'Afrique furent transportés en Amérique. 6. Les volcans sont des montagnes (2) brûlantes (1). 7. Les atlas * (b) sont des recueils de cartes géographiques. 8. Les gaz sont des espèces d'air * qui diffèr*ent* de l'air (2) atmosphérique (1). 9. Le ministre de Wakefield avait en horreur les eaux pour la figure. 10. Nos souhaits sont souvent trahis par la rougeur qui monte au visage.

(a) Les mots qui n'ont pas encore reçu droit de bourgeoisie en Angleterre font exception aux règles.
Les noms suivants en *o* ne prennent que *s* au pluriel : *bagnio, becafico,* (becfigue), *cuckoo* (coucou), *duodecimo, embryo, folio, nuncio* (nonce), *octavo, portico, punctilio* (pointille, bagatelle), *quarto, seraglio* (sérail), *solo. Virtuoso* fait *virtuosi.*
(b) Les noms suivants forment le pluriel en changeant *is* en *es* : *antithesis, axis, basis, crasis, crisis, diæresis, ellipsis, emphasis, hypothesis, metamorphosis, parenthesis, phasis, thesis,* etc.
Apparatus (appareil), *hiatus, series, species* (espèce) comme en latin, d'où ils dérivent, ne subissent aucun changement au pluriel.
Genius (esprit aérien), *magus, radius* (rayon) changent comme en latin *us* en *i. Genus* (genre) fait *genera.*

11. Les lynx* (a) sont des animaux* remarquables par leur rapidité et leur vue perçante. 12. Dans les gouvernements (2) constitutionnels (1), les impôts sont théoriquement les contributions* (2) volontaires (1) du peuple.

RÈGLE XV.

F ou *fe* se change fréquemment en *ves*, comme : *loaf*, pain, *loaves; knife*, couteau, *knives*. (*F* et *v* sont des modifications du même son, voy.pag. 3) (b).

THÈME XV.

1. Les amis sont les voleurs (c) du temps, disait le chancelier Bacon. 2. Comme les feuilles, les générations* passent et sont oubliées.

RÈGLE XVI.

Y précédé d'une consonne change *y* en *ies*, comme : *body*, corps, *bodies;* mais si le *y* est précédé d'une voyelle, le pluriel se forme régulièrement en y ajoutant *s*, comme : *day*, jour, *days*.

THÈME XVI.

1. Le génie fait des [découvertes, et l'observation* les confirme. 2. Les voies de Dieu sont inconnues des mortels. 3. Les pygmées sont des nains. 4. Les clefs souvent employées sont toujours brillantes. 5. Dans les universités** (2) anglaises (1), les élèves portent des robes.

RÈGLE XVII.

Les irrégularités proviennent de ce que cer-

(a) *Calx* (substance calcinée), *calces; vortex* (tourbillon), *vortices;* appendix et *index* (table des matières), font *appendixes* ou *appendices* et *indexes* ou *indices*.

(b) Il parait qu'en anglo-saxon *f* à la fin de la syllabe ou entre deux voyelles se prononçait comme *v*.

(c) Les mots terminés en *oof* ou en *ff* (excepté *staff*, (bâton), qui fait *staves*), forment le pluriel en ajoutant *s*, ainsi que les mots suivants : *brief* (court extrait), *chief* (chef), *dwarf* (nain), *grief* (chagrin), *gulf* (gouffre, *handkerchief* (mouchoir), *kerchief* (coiffure), *mischief* (mal), *relief* (soulagement), *turf* (tourbe).

tains mots conservent le pluriel de la langue d'où ils dérivent. Les mots *saxons* prennent *en*, ou changent la voyelle en diphthongue, comme : *ox* (*a*), bœuf, *oxen; foot* (*b*), pied, *feet*. Les mots hébraïques prennent *im*, comme: *cherub* (*c*), chérubin, *cherubim;* de même que les mots latins ou grecs conservent le pluriel de l'original, comme : *basis*, base, *bases; genus*, genre, *genera; radius*, rayon, *radii; phœnomenon*, phénomène, *phœnomena*.

(Pour les irrégularités, consultez les notes des pages 29, 30, 31 et 32.)

THÈME XVII.

1. Les enfants (*d*) mal élevés font de mauvais hommes, et encore de plus mauvaises femmes. 2. Tous les hommes sont frères. 3. Les bœufs ont des pieds (2) fourchus (1). 4. C'est un homme parmi les enfants, et un enfant parmi les hommes. 5. Les oies (*e*) n'ont pas de jolies pattes. 6. Les souris ont des dents (4) fortes (1) et (2) perçantes (3). 7. Les dés à jouer se vendent quelques sous (anglais) chacun. 8. Les chérubins (*f*) sont des esprits célestes, lesquels, dans la hiérarchie**, sont placés immediatement après les séraphins. 9. Pascal fut initié de bonne heure dans les secrets (*g*) de la science*.

(*a*) Allemand, *ochs*, pl. *ochsen*.
(*b*) Allemand, *fuss*, pl. *füsse*; anglo-saxon, *fót*, pl. *fét*.
(*c*) Hebreu, *chrb*, pl. *chrbim*.
(*d*) Les noms qui se terminent en *en* au pluriel sont : *brother* (frère, *au figuré ou en style biblique*) qui fait *brethren*; *child* (enfant)), *children*; *man* (homme), *men*; *ox* (bœuf), *oxen*; *woman* (femme), *women*.
(*e*) Les mots qui forment leur pluriel en faisant subir un changement à leurs voyelles ou bien à leurs consonnes, sont : *die* (dé à jouer), *dice*; *foot* (pied), *feet*; *goose* (oie), *geese*; *louse* (pou), *lice*; *mouse* (souris), *mice*; *penny* (sou anglais, *qui vaut deux sous de France*), *pence*; *sow* (truie), *swine*; *tooth* (dent), *teeth*.
(*f*) Les mots hébraïques usités sont : *cherub* (chérubin) et *seraph* (séraphin), qui font *cherubim* et *seraphim*.
(*g*) Les noms grecs ou latins qui se terminent au pluriel en *a* comme dans leur langue originale, sont : *automaton* (automate), *automata*; *arcanum* (secret), *arcana*; *criterion* (moyen de jugement), *criteria*; *datum* (donnée), *data*; *effluvium* (écoulement), *effluvia*; *encomium* (éloge), *encomia* ou bien

10. Dans la littérature, un des meilleurs moyens de jugement, c'est la sanction* du temps. 11. La terre se compose d'une série de couches. 12. Quelles sont les données d'où il faut tirer cette conclusion*? 13. Les voyageurs devraient faire leurs notes sur le lieu. 14. Les comparaisons (a), dans le Paradis Perdu, sont souvent sublimes*. 15. Addison a disséqué des têtes de fats. 16. Les brebis paissaient sur le penchant d'une colline.

CAS.

RÈGLE XVIII.

Les cas en anglais se forment à l'aide de prépositions ; excepté le possessif ou génitif, qui, lorsqu'il s'agit d'un être animé quelconque, et par extension de la signification, des divisions du temps, ou de la dimension, peut, si c'est un *nom*, prendre un s précédé d'un apostrophe (*'s*), de; et c'est alors le nom du possesseur qui précède le nom de l'objet possédé, comme : *the* MAN's (b) *son*, le fils de l'homme ; *the* MEN's (c) *sons*, les fils des hommes. Si le pluriel se termine déjà par s, on n'ajoute que l'apostrophe, comme : *the* GIRLS' (d) *bonnets*, les chapeaux des filles. Si un mot au singulier se termine par s, l's se conserve : *Titus's father*, le père de Titus. Toutefois dans les noms grecs terminés en es, l'euphonie exige qu'on n'y ajoute que l'apostrophe : SOCRATES' *wisdom*.

---

régulièrement *encomiums ; erratum* (erreur), *errata ; genus* (genre), *genera ; medium* (moyen), *media ; memorandum* (note), *memoranda ; phenomenon, phenomena ; stamen* (étamine), *stamina; stratum* (strate ou couche de terre), *strata.*

(a) Les autres irrégularités sont : *beau* (fat), *beaux ; deer* (daim), *deer; Mr.* (mister), *messieurs,* et en abrégé *messrs ; sheep* (brebis), *sheep; simile* (comparaison), *similes.*

(b-c-d) On aura remarqué qu'avec cette forme du génitif (c.-à-d. *'s* ou ') on retranche l'article défini du nom de l'objet possédé, quoiqu'on ne retranche pas l'article du possesseur; (c'est ce qui a lieu également en allemand), comme : THE *emperor's sword*, l'épée de l'empereur ; *Napoleon's sword*, l'épée de Napoléon.

Cette forme, le véritable possessif, ne peut s'employer que pour les êtres animés, et par extension de la signification pour les divisions du temps, la dimension et les mots qui sont ordinairement *personnifiés,* parce que les êtres animés seuls sont susceptibles de devenir possesseurs. Aussi dans les personnifications trouve-t-on continuellement cette forme :

For honor's, pride's, religion's, virtue's sake. (Byron.)

THÈME XVIII.

1. L'affaire (3) de tout (1) le monde (2) *n*'est l'affaire (2) de personne (1). 2. Le dictionnaire de Johnson. 3. Le Paradis Perdu et le Paradis Retrouvé, de Milton. 4. L'Histoire** d'Angleterre, de Hume. 5. L'Histoire de Charles-Quint, de Robertson. 6. Les Essais de Bacon. 7. L'Histoire** de la décadence et *de la* chute de l'empire* (2) romain (1), de Gibbon. 8. La Rhétorique** et les Belles*-Lettres* de Blair. 9. Ni la couronne du roi, *ni* le bâton du maréchal, ni la robe* du juge, *ne* leur conviennent *comme* la miséricorde. 10. Les casquettes des garçons. 11. Les casques des soldats. 12. Le génie des poëtes. 13. Les OEuvres de Shakspeare, de Milton et de Byron. 14. La traduction d'Homère, par (*a*) Pope, et de Virgile, par (*b*) Dryden. 15. Le Ministre de Wakefield, par (*c*) Goldsmith. 16. La dissection* de la tête d'un fat et du cœur d'une coquette*. 17. Il vaut infiniment mieux avoir (2) toujours (1) l'estime des hommes, que quelquefois leur admiration*. 18. Il est beau *d'*avoir la force d'un géant, mais il est tyrannique d'en user comme un géant.

RÈGLE XIX.

Quand le nom du possesseur est accompagné d'autres mots qui se rapportent à lui, l'apostrophe, le *s* et par conséquent le nom de la possession se placent après le dernier de ces mots, comme :

(*a-b-c*) Traduisez par *de*, c'est-à-dire par le génitif.

Paul the apostle's ELOQUENCE, l'éloquence de l'apôtre Paul. *King Lewis the fourteenth's* HEIR, l'héritier du roi Louis XIV.

THÈME XIX.

1. La marine du roi d'Angleterre. 2. Le règne d'Alfred*-le-Grand. 3. L'armée du roi des Français. 4. La bonté (2) héroïque (1) de Henri Quatre.

RÈGLE XX.

Cette forme du possessif (par *'s* ou *'*) s'emploie avec les noms pour exprimer la possession rendue en français par *à* ('appartenant à). *Newstead abbey was Byron's*, l'abbaye de Newstead était *à* Byron. *Abbotsford was Sir Walter Scott's*, Abbotsford était à Sir Walter Scott.

Le mot sous-entendu est celui qui précède immédiatement ou comme ici, la *possession*, le *bien*.

THÈME XX.

1. L'ardoise est à mon frère, et la clef du pupitre est à mon cousin*. 2. Cette maison est à ma mère ou à ma grand'mère. 3. Je crois qu'elle est plutôt à mon père ou à mon grand-père, ou à M. Thomson. 4. Ce manteau est à Henri; ce chapeau est à Marie.

RÈGLE XXI.

Cette forme du possessif s'emploie également quand le mot *house* est sous-entendu, ce qui répond à *chez* en français : *I saw him at a friend's*, je l'ai vu *chez* un ami. Quelquefois c'est le mot église ou cathédrale qui est sous-entendu : *St. Paul's was built by Sir Christopher Wren*, l'église de Saint-Paul fut construite par Sir Christophe Wren.

DU NOM.

1. Je demeure chez mon parent. 2. Je passerai chez ma grand'mère. 3. Elle va tous les jours chez son beau-père ou chez madame Wilson. 4. Je l'ai vue chez mon gendre. 5. Le Panthéon* de Paris* est imité de l'église de Saint-Pierre à Rome*. 6. Les plus grands libraires de Londres demeurent de temps immémorial* près de l'église de Saint-Paul.

RÈGLE XXII.

Les noms qui expriment de quelle matière un autre nom se compose, à quel temps ou à quel lieu il appartient, se rendent en général par un nom employé adjectivement, qui par conséquent, se place devant le nom : *a* GOLD *watch,* une montre *d'or; a* SILVER *thimble,* un dé *d'argent; a* SILK *gown,* une robe *de soie;* SUMMER *flowers,* des fleurs *d'été; a* COUNTY *magistrate,* un magistrat *de comté.* Quand ce nom employé adjectivement dénote seulement l'usage du nom auquel il sert d'adjectif, on les réunit par un trait pour en former un nom composé, comme : *a* WINE-BOTTLE, une bouteille *à vin; a* TEA-CUP, une tasse *à thé; a* DRAWING-MASTER, un maître *de dessin.*

THÈME XXII.

1. Un habit de drap. 2. Une chemise de toile. 3. Un chapeau de paille. 4. Un gilet de casimir. 5. Un pantalon d'été. 6. Une robe de satin*. 7. Une bague d'or. 8. Un bonnet de nuit de coton. 9. Des chaussettes de coton. 10. Un porte-crayon (étui à crayon) d'argent. 11. Des pendants d'oreilles de diamants. 12. Les bas de soie furent inconnus jusqu'au 16ᵉ siècle. En 1560, une paire fut présentée à la reine Élisabeth, qui résolut alors *de* ne

plus porter des bas de drap. 13. La soupape de sûreté a été une grande amélioration dans la machine à vapeur, qu'on appelait anciennement pompe à feu. 14. Une des plus anciennes manières d'écrire était sur des briques, des tuiles et des écailles d'huîtres. 15. Dans le Musée britannique il y a des exemplaires de bibles* écrits sur des feuilles de palmier. 16. Le premier moulin à papier, en Angleterre, fut élevé en 1588.

RÈGLE XXIII.

Les adjectifs pris substantivement n'admettent par ce signe du génitif: *the writings* OF THE LEARNED, et non pas *the* LEARNED'S WRITINGS, les écrits des savants.

THÈME XXIII.

1. La vie (*pl.*) des sages ne ressemble pas *à* la vie (*pl.*) des sots. 2. La tranquillité** d'âme des vertueux et les remords des méchants. 3. Le roi des Français.

RÈGLE XXIV.

Ils ne peuvent s'employer substantivement qu'au pluriel: *the* LEARNED *and the* IGNORANT, *the* LIVING, *and the* DEAD, les *savants* et les *ignorants*, les *vivants* et les *morts*. Au singulier, on ajoute un terme générique, comme : *the learned* MAN *and the ignorant* MAN, le savant *homme* et l'ignorant *homme*, etc.

THÈME XXIV.

1. Les forts sont presque toujours généreux**, même parmi les animaux*; mais les riches le sont peut-être moins que les pauvres. 2. Le pauvre est souvent charitable*. 3. Le sourd-muet pourrait conduire l'aveugle, et l'aveugle pourrait parler pour le sourd-muet ; ainsi, un infortuné

peut être secouru par un autre non moins infortuné que lui-même.

Thème général sur le Nom.

1. Quand je considère une table* (2) élégamment servie (1), parée de toute sa magnificence*, je crois voir des gouttes, des hydropisies, des fièvres et des léthargies**, avec un nombre infini d'autres maladies, en embuscade parmi les plats. 2. Les familles sont liées ensemble par la vertu, l'amitié et l'amabilité de leurs divers membres. 3. Les automates sont des machines* qui ont en elles le pouvoir du mouvement. 4. Les hommes (2) faibles (1) hurlent avec les loups, braient avec les ânes, bèlent avec les moutons, et tous les partis trouvent en eux des partisans*. 5. Presque toutes les maisons de Londres sont des maisons de brique. 6. Les offres de Christophe Colomb furent rejetées par le sénat de Gênes et par le roi de Portugal*. 7. La vie de Fénélon était une vie de vertu. 8. La poudre à canon fut inventée par un moine, et la presse à imprimer, ou plutôt l'art* de l'imprimerie, par un militaire. 9. L'autruche a des pieds fourchus. 10. Le fils de Colomb, don Diégo, poursuivit le roi d'Espagne devant le conseil des affaires (2) indiennes (1), et ce tribunal* soutint la prétention de don Diégo à la vice-royauté de Hispaniola*. 11. Les grands hommes de l'Angleterre sont enterrés dans l'abbaye de Westminster ou dans l'église de Saint-Paul. 12. L'ostentation* gâte le mérite d'une bonne action*. 13. Le monde recherche avidement les craintes des braves* et les folies des sages. 14. Un homme parmi les enfants reste longtemps enfant; un enfant parmi les hommes est bientôt un homme. 15. L'éducation* des sourds et muets a *une* obligation* (2) immense* (1)

à l'abbé* Sicard, dont *la* tombe est négligée et presque sans honneur. 16. Le plus grand malheur des femmes, *c'est de ne* compter dans leur vie (*pl.*) que leur jeunesse. 17. La Balue fut enfermé pendant onze ans par Louis Onze, dans une cage* de fer dont on impute l'atroce invention à ce cruel* ministre. 18. Les jours de la semaine sont : dimanche, lundi, mardi, mercredi, jeudi, vendredi, samedi. 19. Dans leur vieillesse, les hommes perdent l'usage de leurs dents et de leurs pieds. 20. La magnanimité** d'Edouard le prince* (2) Noir (1). 21. Les infortunes des noirs proviennent de l'oppression* des blancs. 22. Ce gilet est à Jean. 23. Les chérubins sont dépeints dans l'Ecriture sous la forme d'hommes, d'aigles, de bœufs, de lions* et de plusieurs de ces animaux*. 24. Le courage* de Richard Cœur-de-Lion. 25. Ce pantalon est à Guillaume. 26. On croit que les pieds du cygne ont fourni aux hommes (fourni les hommes avec) l'idée de l'invention* des rames. 27. Le courageux et le lâche *ne* meurent qu'une fois. 28. Une boîte à ouvrage. 29. Ceux qui semblaient surpasser les géants de la terre sont maintenant moindres que les plus petits nains. 30. Une tabatière (boîte à tabac) d'argent. 31. Dans l'Arabie, les autruches se réunissent dans le désert en troupes (2) nombreuses (1). 32. Les dents du requin sont tranchantes comme des rasoirs. 33. Le denier de la veuve représente l'offrande des pauvres. 34. Les sabots des chevaux. 35. Les vallées sont des creux entre les montagnes. 36. La piété** d'Edouard le Confesseur**. 37. Le nombre des avoués est limité en France*. 38. Les vieux peuvent instruire les jeunes, et les jeunes peuvent animer les vieux. 39. Les chaumières des pauvres peuvent renfermer autant *de* bonheur que les palais des princes*. 40. Le barbier, dit un proverbe (2) arabe (1), apprend son art* sur la figure de l'orphelin. 41. C'est au service* de monsieur (*a*) le docteur** Sangrado que Gil Blas devint un célèbre médecin. 42. Franklin légua par son testament, au général* Washington, sa canne (*b*) de pommier sauvage à pomme d'or , artistement faite en forme d'un bonnet de liberté**. 43. Une des plus belles oraisons (2) funèbres (1) de Bossuet, est celle de Henriette Marie , femme de Charles Premier, fille de Henri Quatre*, et sœur de Louis Tréize : ceux-ci rois de France*, et celui-là roi d'Angleterre. 44. Les phrases* et les lieux communs dénotent une disette de sentiments* et de pensées.

TERMINAISONS DES NOMS.

(Dans les thèmes sur les terminaisons des noms le mot qui suit le nom entre parenthèses est celui auquel il faut ajouter la terminaison pour en former le nom.)

RÈGLE XXV.

NESS ajouté à l'adjectif dénote généralement *la qualité, la manière d'être*, et exprime toujours une idée abstraite (*c*) comme : *simple*, simple; *simpleness*, simplicité ; *sad*, triste ; *sadness*, tristesse (*d*).

Comme terminaison de nom de ville, *ness* indique qu'il s'y trouve un cap ou un promontoire, comme : *Sheerness* (*e*).

THÈME XXV.

1. La fermeté (ferme) unie à la douceur

(*a*) Dans les titres d'honneur ou les noms de parenté on n'emploie jamais monsieur, madame, etc. · *Yes*, GENERAL, oui, *monsieur le général; your* MOTHER, *madame votre mère*.

(*b*) Traduisez comme si c'était canne à marcher.

(*c*) Excepté dans *witness*, témoin , dont une des significations, probablement la primitive, est *témoignage*. Le mot *évidence*, aussi, qui signifie généralement *témoignage*, a également le sens de *témoin*.

(*d*) Cette terminaison est très-probablement l'ancien mot allemand *Noss*, *Nuss*, qui signifiait *chose*, et qui, dans quelques pays, conserve la même signification. Elle dérive de *nisse*, terminaison saxonne : allemand , *n ss*; vieux allemand, *nisse, nisso, nissa* ; anglo-saxon, *nisse, nysse, nesse* ; hollandais, *nis*.

(*e*) Il dérive de *Nese*, saxon; *nez* de terre ou cap, promontoire; ou bien du suédois *näs* ou du danois *naess*, qui ont la même signification.

(doux) est une bar*re* de fer entourée de velours. 2. S'il aimait la grandeur (grand)`, c'était *afin* qu'il pùt exercer sa bonté (bon). 3. Les hommes craignent la mort, dit Bacon, comme les enfants craignent les ténèbres (obscur).

RÈGLE XXVI.

HOOD ajouté à un nom ou quelquefois à un adjectif dénote *la qualité, le caractère* ou *la condition*, et dans le premier cas, prend souvent *un sens collectif*, comme : *priesthood*, prêtrise ; *knighthood*, chevalerie ; *widowhood*, veuvage ; *brotherhood*, confrérie. Quelquefois on écrit *head*, comme : *godhead,* divinité (*a*).

THÈME XXVI.

1. Toute déception * dans la vie est une fausseté (faux) , qui passe des paroles aux choses. 2. Une jeunesse (2) studieuse ** (1) amène naturellement une virilité (2) (homme) instruite (1). 3. L'enfance (enfant) est presque toujours ingénue et généreuse **. 4. Le vin de groseille de madame Primrose jouissait *d'une* grande réputation * dans tout le voisinage (voisin).

RÈGLE XXVII.

SHIP ajouté aux noms, ou quelquefois, mais très-rarement, aux adjectifs, dénote généralement les fonctions ; quelquefois aussi la manière d'être, comme : *censor*, censeur ; *censorship*, censure ; *apprenticeship*, apprentissage ; *friendship,* amitié (*b*).

(*a*) *Heit*, en vieux allemand, voulait dire *une personne* : on s'en servait au masculin ou au féminin, en variant toutefois l'article.

Cette terminaison dérive du saxon *had*. En allemand, *heit ;* en hollandais, *heid ;* en anglo-saxon, *had et hade ;* en suédois, *het ;* en danois, *hed.*

(*b*) Cette terminaison semble signifier *créer,* du mot allemand *schaffen.*

Elle dérive d'une terminaison saxonne pareille, *scip* ou *scyp ;* dans le vieux langage du Nord, c'est *skapr ;* en anglo-saxon, *scipe* ou *scype ;* en vieux allemand, *scaf, scef ;* bas-saxon, *schup, schap ;* suédois, *skap ;* en danois *skab ;* en allemand, *schaft ;* en hollandais, *schap.*

THÈME XXVII.

1. L'aveugle Saunderson fut, après Whiston, le successeur ** (2) immédiat (1) de l'illustre Newton dans le professorat (professeur **) des mathématiques à l'université ** de Cambridge *. **2.** Un apprentissage (apprenti) est nécessaire**, même dans l'art * (3) le plus (1) simple * (2). **3.** Le rang, l'emploi d'un recteur ** s'appelle un rectorat (recteur).

RÈGLE XXVIII.

DOM, ajouté anciennement aux noms seulement, et à présent étendu aux adjectifs, dénote *la domination, la juridiction* ou plutôt territoire de la juridiction; quelquefois aussi *le sens abstrait;* il prend également un *sens collectif,* comme : *kingdom,* royaume ; *earldom,* comté ; *christendom,* chrétienté ; *freedom,* liberté (a).

THÈME XXVIII.

1. Il était difficile *de* lui refuser les honneurs

(a) Cette terminaison semble dériver du mot saxon *Dom,* pouvoir, domination ; ou bien de *düma* (damner, condamner, juger, régir). Dans le vieux langage du Nord, cette terminaison est *domr;* en anglo-saxon, danois, suédois, et hollandais, *dom;* en allemand, *thum.* En ancien allemand, *duom, thuom;* en anglo-saxon, *dame, dome,* en gothique, *duomi,* signifient jugement ; en anglo-saxon, *déma* signifie un juge, et dérive de *déman,* juger, verbe qu'on a conservé en anglais dans le même sens au figuré (*to deem*); en danois, en suédois et en anglo-saxon, *dom* veut dire une sentence portée par le juge.

En anglais on emploie encore *doom* dans le même sens de sentence judiciaire et également *to doom,* juger, condamner ; et dans l'île de Man on appelle encore aujourd'hui un juge *deemster.*

Chaucer, le père de la poésie anglaise, qui écrivait au commencement du xive siècle, emploie le mot *dome* dans le sens anglo-saxon de jugement.

Dans la *Vision de Pierce Plowman,* poëme du même siècle attribué à Robert Longlande, on trouve : *When I* DEME DOMES *and do as Trouth teacheth,* quand je juge les jugements (prononce les jugements), et que je fais ce que la vérité (la justice) m'ordonne.

Wiclif (xive siècle) emploie *domesman* au propre, et Chaucer au figuré dans l'acception de juge.

Le fameux Sir Thomas More (Morus), grand chancelier de Henri VIII (fin du xve et commencement du xvie siècle), a dit : *None of us can tel what deth we be* DEMED *to,* nul ne peut dire à quelle mort il est *condamné,* quelle mort le sort lui réserve. On dirait aujourd'hui *doomed to.*

Adelung suppose qu'il y a de l'affinité entre tous ces mots, et le grec θέμις (justice), et le latin *domare* et *dominus.*

du martyre (martyr *). 2. Un duché (duc), monsieur, est un beau présent. 3. C'est *une* grande sagesse (sage (*a*)) *que de* connaître sa propre ignorance *.

RÈGLE XXIX.

WIC dénote à peu près la même chose que *dom*, mais dans un sens plus restreint, et ne s'applique qu'à la juridiction de personnes inférieures, comme : *bailiwic*, bailliage (*b*).

THÈME XXIX.

1. La juridiction d'un bailly s'appelle un bailliage (*c*). 2. La charge de shériff (*d*) s'intitule un shériffwick.

RÈGLE XXX.

RIC. Il en est de même de cette terminaison qui ne s'emploie aujourd'hui que dans le sens de juridiction ecclésiastique, et ne se trouve, je crois, que dans le mot *bishopric*, évêché, et dans son dérivé *archbishopric*, archevêché (*e*).

THÈME XXX.

1. Il *n*'y a en Angleterre que deux archevêchés (archevêque) : ceux de York et *de* Cantorbéri.

(*a*) *Wise* perd le *e* muet dans le composé.

(*b*) Cette terminaison paraît dériver du saxon *wic*, village, baie, château. Ainsi *Norwich* (*north-wich*) signifie village du nord. En suédois, *vik*, et en danois *vig*, ont également la signification de baie.

(*c*) *Bailif* retranche le *f* dans le composé.

(*d*) Un des deux *f* se retranche dans le composé.

(*e*) Cette terminaison dérive probablement du mot anglo-saxon *rice* ou *ric* ; royaume, d'où, dans cette même langue, on a formé *ricsian*, gouverner; saxon *cyne-ric*, anglais *king-dom*; allemand *König-reich*, royaume; *Frankreich*, lieu de juridiction des Francs, France.

Dans la signification de tous les mots qui suivent, il entre plus ou moins l'idée de pays, terre, endroit, ou plutôt, territoire de juridiction :

En islandais, *riki*; en suédois, *rike*; en danois, *rige*; en hollandais, *rijk*; en allemand, *reich*. Peut-être y a-t-il de l'analogie entre tous ces mots et le latin *regere*, régir.

RÈGLE XXXI.

KIN ajouté à un nom sert à indiquer un diminutif, comme : *lambkin*, petit agneau ; *manikin*, petit bonhomme (*a*).

THÈME XXXI.

1. Les petits des brebis s'appellent, par l'application* (2) d'une terminaison diminutive** (1) de petits agneaux (agneau). **2.** Les Anglais appliquent ce terme de diminution * aux mots cidre et homme ; ils en font les mots petit cidre (cidre) et petit bonhomme (*b*) (homme). Ce dernier est probablement l'origine du mot (2) français (1) *mannequin*.

RÈGLE XXXII.

OCK ajouté au nom désigne également un diminutif, comme : *bullock*, jeune bœuf ; *hillock*, petite colline (*c*).

THÈME XXXII.

1. Une petite colline (colline) est toujours un agréable soulagement pour la vue.

RÈGLE XXXIII.

LING ajouté au nom est aussi un diminutif, comme : *sapling*, un jeune arbre ; *chickling*, un poussin. Généralement, cette terminaison se prend en mauvaise part, comme : *hireling*, un salarié ;

(*a*) Cette terminaison, peu nombreuse, dérive, à ce que dit le docteur Johnson, du mot hollandais et allemand *Kind*, enfant ; mais il est plus probable qu'elle a été empruntée à l'ancien frison, *kin, kinne, knia, kni*, et aujourd'hui *knee*, qui signifie aussi enfant. Tous ces mots dérivent eux-mêmes, selon toute apparence, du vieux mot allemand *kinnen*, engendrer ; en gothique *keinan ;* en anglo-saxon, *cennan ;* en grec, γεννεῖν ; en latin, *gignere.* En bas-allemand, on trouve *kin ;* en hollandais, *jen ;* en allemand, *chen.*

(*b*) En ajoutant la nouvelle terminaison, le mot simple prend un *i* à la fin.

(*c*) Cette terminaison (qui du reste n'offre qu'un petit nombre de mots) paraît être une modification de la précédente. En vieux écossais on avait la terminaison *ak*, comme : *witchak*, petite sorcière ; *lassack*, petite demoiselle.

witling, celui qui prétend au bel-esprit; *lordling*, petit seigneur (*a*).

THÈME XXXIII.

1. Tom Jones ou l'Histoire ** d'un enfant trouvé (trouvé), par Fielding, est un des meilleurs romans de la langue anglaise. 2. Pourquoi allez-vous branlant la tête et vous tortillant comme des imbécilles? dit un jour une oie à ses oisons. 3. Le tailleur partage le mérite du petit fat (fat).

RÈGLE XXXIV.

ER ajouté au verbe, ou au nom d'objet inanimé, forme un nom de personne et répond au français *eur*, comme : *sing*, chanter, *singer*, chanteur; *mine*, mine; *miner*, mineur (*b*).

THÈME XXXIV.

1. François Bacon et son père Sir Nicolas Bacon, étaient tous deux gardes (garder) des sceaux. 2. Magliabecchi était peut-être le plus grand lecteur (lire) qui ait jamais existé. 3. Roger Bacon fut l'inventeur (inventer) de la poudre à canon. 4. Sa-

---

(*a*) Cette terminaison, comme diminutif, semble avoir de l'affinité avec *lein*, allemand, qui dans un certain nombre de mots s'est transformé en *ling* (comme *Jüngling*, jeune homme), et paraît avoir la même signification que *lingr*, dans le vieux langage du Nord. En outre *lingr* ajouté à un nom propre sert à distinguer les membres d'une même famille, comme : *Ynglingr*, membre de la famille *Yngvi; Oldenbyrglingr*, membre de la famille *Oldenburg. Ungr* et *ingr* paraissent avoir le même sens, comme : *Skioldungr*, membre de la famille *Skjold; Islendingr*, Islandais. En anglo-saxon, *ing* avait la même signification, comme : *Wodening*, fils de *Woden; Cynricing*, fils de *Cynric*. On trouve la terminaison *ling* en hollandais et dans tous les dialectes allemands. En danois, *ling* est le diminutif le plus ordinaire.

(*b*) Cette terminaison se retrouve sous différentes formes, dans toutes les langues du Nord, sous la même forme qu'en anglais, en gothique, en anglo-saxon et en allemand, et paraît dériver du nom *homme* qui se rend en anglo-saxon par *wer*, en gothique, *vair;* islandais, *ver;* suédois, *wair*. Tous ces mots ont plus ou moins d'affinité avec le latin *vir*.

vage mourut prisonnier (prison*), et il fut enterré aux frais du geôlier (geôle).

RÈGLE XXXV.

TH ajouté à l'adjectif ou au verbe exprime comme nom la qualité que renferme l'adjectif et l'action ou l'état que marque le verbe : *warm*, chaud ; *warmth*, chaleur ; *long*, long ; *length*, longueur ; *grow*, croître ; *growth*, croissance ; *steal*, voler, dérober ; *stealth*, dérobée. Cette terminaison ajoutée à un nom en modifie légèrement la signification : *weal*, bien, *wealth*, bien (opulence) ; *moon*, lune ; *month*, mois (*a*).

THÈME XXXV.

1. La largeur (large) de ce ruban est extraordinaire **. 2. La largeur de la Tamise est beaucoup plus grande que celle de la Seine. 3. La jeunesse (jeune) est présomptueuse et vaine parce qu'elle est ignorante et sans expérience. 4. Même la croissance (croître) d'une fleur est un témoignage de la sagesse divine. 5. La recherche de la vérité (vrai), la connaissance de la vérité et la croyance de la vérité, dit Bacon, sont le bien (2) souverain (1) de la nature * (2) humaine (1).

RÈGLE XXXVI.

ING ajouté au verbe n'est que le participe présent qui peut presque toujours devenir nom.

(*a*) Cette terminaison dérive de l'anglo-saxon *dh*, et sert comme en anglais à convertir en noms des adjectifs et des verbes. Elle s'ajoute également aux noms et en modifie le sens : *earm*, pauvre, misérable ; *yrmth*, pauvreté, misère ; *geong* ou *giung* (ang. *young*), jeune, *gogudh* (ang. *youth*), jeunesse ; *strang* (ang. *strong*), fort, *strengdh* (ang. *strength*), force ; *syh* (ang. *see*), vois, *gesydh* (ang. *sight*), vue ; *hunta*, chasseur, *huntadh*, la chasse ; *mond* (ang. *moon*, all. *mond*), lune, *monadh* (ang. *month*, all. *monat*), mois. On trouve en islandais *dh* ; en suédois, danois et allemand *d* et *t*.

AGE	⎫	age : *adage.*
A-E-I-NCE		a-e-i-nce : *prudence.*
ARD		ard : *regard.*
IAN		ien : *musician.*
ION	dérivent	ion : *nation.*
MENT	du français	ment : *testament.*
OR	ou du latin	eur, fr., or, lat. : *orator.*
RY		rie : *theory.*
TY		té, fr., tas, lat. : *rapidity.*
UDE		ude, fr., udo, lat. : *gratitude.*
ULE		ule : *ridicule.*
URE	⎭	ure : *nature.*

THÈME XXXVI.

1. On s'est demandé en France, il y a quelques années, si Cicéron ** était patricien ou plébéien ; on avait apparemment oublié qu'il était orateur. 2. Phidias était un des plus célèbres sculpteurs d'Athènes ; sa Minerve et son Jupiter olympien sont ses chefs-d'œuvre. 3. La rêverie, dit Locke, c'est l'état où les idées flottent dans l'esprit, sans réflexion, et sans occuper l'intelligence. 4. La soumission est la seule manière de raisonner entre la créature et le créateur.

Thème général sur les Terminaisons des Noms.

1. Le temps, dit Bacon, est le grand novateur (*a*). 2. Les religieuses d'un couvent forment une société de sœurs (sœur). 3. Pendant que l'Angleterre était en république, elle était sous le protectorat (pro- tecteur) d'Olivier Cromwell. 4. La bonté (bon)

(*a*) Traduisez comme si c'était *innovateur.*

est la plus grande de toutes les vertus. 5. La géométrie est nécessaire ** à l'étude de l'astronomie **. 6. La faute n'est pas à notre destin, mais à nous-mêmes, si nous sommes en sous-ordre (sous). 7. Il y a en Angleterre vingt-quatre évêchés (évêque). 8. Dieu est le créateur du ciel et *de* la terre, et *de* tout *ce qu*'ils renferment. 9. Les deux plus nobles fruits * de l'amitié (ami) sont la paix dans les affections, et l'appui du jugement. 10. Il y a peu *de* probabilité (probable) d'un tel événement. 11. Bacon dit que, dans les affair*es* (2) (affairé) civil*es* (1), la première, la second*e* et la troisième chos*es* (2) important*es* (1) sont la hardiesse (hardi). 12. Shakspeare dit du cerf qui verse des larmes dans le ruisseau, qu'il fait un testament comme les mondains (monde), donnant davantage à celui qui avait déjà (2) trop (1). 13. Aucun écrivain (écrire) *n*'a eu plus *de* gloire de son vivant que Johnson. 14. La seule manière dont l'homme (2) riche (1) puisse jouir *de* la santé, *c*'est *de* vivre comme s'il était pauvre. 15. Milton parle d'un océan * sans bornes, sans dimension *, où la longueur (long*), la largeur (large) et la hauteur, et le temps et l'espace sont perdus.

DE L'ADJECTIF.

RÈGLE XXXVII.

L'adjectif en anglais reste invariable et précède le nom, à moins que l'adjectif n'ait lui-même un complément, comme : *a* FORTUNATE *man*, un homme heureux; *an* AMIABLE *woman*, une femme aimable; *a man* FORTUNATE *in business*, un homme heureux dans les affaires ; *a woman* AMIABLE *to strangers,* une femme aimable pour les étrangers.

THÈME XXXVII.

1. La philosophie** humaine est trop faible *pour* défendre la vertu contre la nature *. 2. Zénon** était grand, mince, et *avait* le teint brun; c'est pour cela *qu'*il fut surnommé, par quelques-uns de ses disciples*, le Palmier d'Egypte. 3. Une piété d'hypocrisie** est une double * iniquité. 4. Il faut capituler avec l'ignorance et la sottise comme avec un ennemi supérieur ** en nombre. 5. Le thé et le café, boissons agréables au goût moderne, furent inconnus dans les pays chrétiens jusqu'*à* la fin du 17ᵉ siècle. 6. Le ton tranchant est en raison directe de l'ignorance et en raison inverse * du bon sens. 7. Que (*a*) la vie est longue pour le malheureux ! Qu'elle est courte pour l'homme heureux ! 8. Quel bel ouvrage que l'homme ! s'écrie Shakspeare. Qu'il est noble * dans *sa* raison ! Qu'il est infini dans *ses* facultés ! Dans *sa* forme qu'il est admirable * ! Dans l'action comme *il* ressemble *à* un ange ! Dans la conception comme *il* ressemble *à* un Dieu !

RÈGLE XXXVIII.

Les adjectifs qui expriment la dimension, suivent l'adjectif numérique et rejettent *de* : *Charles the fifth's two rooms in his convent were twenty feet* LONG *and twenty feet* BROAD, les deux chambres de Charles-Quint dans son couvent étaient *longues* de 20 pieds et *larges* de 20 pieds.

On emploie quelquefois le nom de dimension avec *in*; ce qui répond au nom de dimension en français, avec le verbe *avoir* : *These rooms* WERE

(*a*) Dans les phrases où l'adjectif (ou bien l'adverbe) est précédé de *que* ou de *comme* exclamatif, l'adjectif suit immédiatement le *que* ou le *comme*, et *que* ou *comme* se traduisent par *how* (comment) : NOW ODIOUS *ingratitude is*, *que* l'ingratitude est odieuse!

twenty feet IN LENGTH *and twenty feet* IN BREADTH, ces chambres *avaient* 20 pieds *de longueur*, et 20 pieds *de largeur*. Ou bien avec *to be* et l'adjectif, ou *to have* avec le nom et BY, *par* au lieu de *sur* : *These rooms* WERE *twenty feet long* BY *twenty feet broad*, ou *twenty feet in length* BY *twenty feet in breadth*, ces chambres *avaient* 20 pieds de longueur sur 20 pieds de largeur.

THÈME XXXVIII.

1. Cet arbre est haut de vingt pieds. **2.** Ce jardin a vingt toises de long sur dix de large. **3.** Cette pièce a vingt pieds de long * sur dix de large. **4.** Le point *le* plus élevé des Pyrénées a dix sept cent quatre-vingt-sept toises de hauteur au-dessus du niveau de la mer. **5.** Pendant l'existence de la traite des Noirs, on transportait ces malheureux dans des vaisseaux où chacun avait une place * de deux pieds de long et de cinq pieds de large, à peine ce qu'on accorde aux morts dans leurs cercueils.

DEGRÉS DE COMPARAISON.

RÈGLE XXXIX.

Les COMPARAISONS sont de trois sortes : d'égalité, d'infériorité et de supériorité.

La COMPARAISON D'ÉGALITÉ se rend affirmativement par *as–as*, aussi-que; négativement par *so-as*, si-que ; négativement et interrogativement par *as–as*, aussi-que.

Ex. *This paper is* AS *thick* AS *that*, ce papier est *aussi* épais *que* celui-là ; *not so thick* AS, pas *si* épais *que; is not this paper* AS *thick* AS, ce papier n'est-il pas *aussi* épais *que*.

THÈME XXXIX.

1. Il était aussi facile à Hudibras d'expliquer de profonds mystères que (*a*) d'enfiler une aiguille. 2. Les images de Pope sont aussi parfaites que son style * est harmonieux **. 3. Rien *n*'est si peu commun que le sens commun. 4. Il est aussi facile *de* faire le bien que le mal. 5. Il n'y a rien *de* si timide qu'une mauvaise conscience. 6. La pitié est presque toujours si (*b*) dédaigneuse, si maladroite, ou si légère, qu'il faut être bien malheureux *pour* y avoir recours.

RÈGLE XL.

La COMPARAISON D'INFÉRIORITÉ, se rend par *less—than*, moins—que : *this paper is* LESS *thick* THAN, ce papier est *moins* épais *que*.

THÈME XL.

1. Il est moins dangereux ** *de* prendre un parti douteux que de ne s'arrêter à aucun. 2. Scipion ** disait qu'il *n*'était jamais moins seul que quand il était tout seul. 3. Le naufrage et la mort sont moins funestes que les plaisirs qui attaquent la vertu.

RÈGLE XLI.

La COMPARAISON DE SUPÉRIORITÉ (*c*), se rend par *er*, ou *more—than*, plus—que : *this paper is thick*ER THAN, ce papier est *plus* épais *que*.

Ainsi donc le terme de la comparaison *que* se traduit pas *as* dans les comparaisons d'égalité ou dans

---

(*a*) Après le terme de la comparaison *que*, le *de* qui précède l'infinitif ou le *ne* qui précède d'autres parties du verbe, ne s'emploie pas en anglais : *it is as natural to die as to live*, il est aussi naturel de mourir que *de* vivre. *He is more learned than his father was*, il est plus savant que son père *ne* l'était.

(*b*) Quand *si que* s'emploie sans qu'il y ait comparaison, le *que* se traduit par *hat* : *he is so lazy* THAT *he will not study*, il est si paresseux qu'il ne veut pas travailler.

(*c*) Quand on ne compare que deux objets, on emploie en anglais comme en latin le comparatif : *of the two brothers the* ELDER *is the* WITTIER, *the* YOUNGER *the* MORE SENSIBLE, des deux frères l'aîné est le *plus* spirituel, le cadet le *plus* sensé.

celles de la négation d'égalité; mais par *than* dans les comparaisons d'infériorité ou de supériorité proprement dites (a).

THÈME XLI.

1. Qu'y a-t-il *de* plus dur que la pierre, *de* plus doux que l'eau ? Et cependant une pierre dure est creusée par l'eau douce. 2. La justice * et la bonté sont plus agréables (b) à Dieu que les offrandes. 3. Il n'y a rien *qui* nous *soit* plus glorieux et même plus utile que de voir d'autres toujours attentifs à notre conservation. 4. Rien *n*'est plus orgueilleux que l'affabilité de l'orgueil. 5. Le bon naturel est plus agréable dans la conversation que l'esprit. 6. Pope « expédiait » plus de cinquante vers par jour de sa traduction de l'Iliade. 7. Milton ne reçut pas pour son Paradis Perdu plus de 375 francs. 8. Byron reçut un peu moins de 500,000 francs de ses droits de propriété littéraire.

RÈGLE XLII.

Le SUPERLATIF se forme en ajoutant au positif *est* ou *most* : *this paper is the thick*EST, ce papier est *le plus* épais.

RÈGLE XLIII.

Le COMPARATIF DE SUPÉRIORITÉ se forme ordinairement en ajoutant au positif, *er*, et le superlatif se forme par *est*. Mais si le mot a plus de deux syllabes, ce comparatif se forme par *more*, plus; et le superlatif par *most*, le plus.

(a) *Than* s'emploie comme terme de la comparaison devant un nombre et remplace le *de* du français : *Pope received for his translation of the Iliad more* THAN *five thousand pounds,* Pope reçut pour sa traduction de l'Iliade plus de cinq mille livres sterling.

(b) Si le mot au positif est un dissyllabe, on ajoute *er* et *est* ou *more* et *most,* selon l'euphonie qui en résulterait; il faut s'en rapporter entièrement à l'oreille. La plupart des dissyllabes en *y* forment le comparatif et le superlatif par *er* et *est* : *happy,* heureux, *happier, happiest.* (Dans tous les exemples que j'ai donnés ici et dans le thème général sur les adjectifs, les dissyllabes prennent *more* et *most.*

THÈMES XLII ET XLIII.

1. Tendre les bras à son destin est, de tous *les* moyens, le plus infaillible pour l'adoucir. 2. Cultiver notre intelligence et négliger nos mœurs, c'est de toutes choses la plus inexcusable*. 3. Boyle était le plus riche de tous les savants de son temps, et le plus savant de tous les riches. 4. Le souvenir le plus doux et le plus précieux** de l'homme est celui du bien qu'il a fait.

Pour conserver la prononciation du positif, cette dernière règle subit quelques petites modifications.

RÈGLE XLIV.

Quand le positif se termine par un *e* muet, on ajoute *er* ou *est*, après avoir retranché l'*e* muet (pour empêcher les deux *e* de former ensemble une diphthongue), comme : *wise*, sage; *wiser*, *wisest*.

THÈME XLIV.

1. Les rues de Londres sont beaucoup plus larges que celles de Paris, et la plus large de toutes est *la* rue du Régent. 2. Délibérer sur les choses utiles, c'est le délai le plus sûr. 3. C'est la circonstance la plus étrange. 4. Il ne peut y avoir de déshonneur à n'être pas le plus fort quand on est le plus juste. 5. Il est difficile *de* décider lequel est le plus vil *du* suborneur ou *du* suborné.

RÈGLE XLV.

Si le positif se termine par une seule consonne (*a*) immédiatement précédée d'une seule voyelle, on redouble la consonne finale, afin de conserver la

---

(*a*) *x* même précédé d'une seule voyelle fait exception, parce qu'il a le son de deux consonnes *ks* : *lax*, relâché; *laxer, laxest.*

brièveté de la voyelle, comme': *red*, rouge, *red-der ;* mais précédée d'une diphthongue, la consonne finale ne se redouble pas, parce que les diphthongues sont généralement longues, comme : *neat*, propre ; *neater*, *neatest* (*a*).

THÈME XLV.

1. Un océan * agité est pour l'homme qui y navigue, le plus grand objet *qu'il* puisse voir en mouvement. 2. Il est plus grand et plus mince que son frère. 3. Milton est un plus grand homme que Thomson, l'auteur des Saisons. 4. Ce poulet est plus gras que l'autre. 5. Cette eau est plus propre.

RÈGLE XLVI.

Y final, précédé d'une consonne, se change en *i*, comme : *pretty*, joli ; *prettier*, *prettiest*.

THÈME XLVI.

1. Il est plus facile de se défend*re* contre la violence que contre la perfidie **. 2. Les Français sont en général * plus gais que les Anglais. 3. Butler s'est montré dans son Hudibras plus spirituel que Pope dans son Enlèvement de la boucle *de cheveux.*

RÈGLE XLVII.

Les adjectifs et les adverbes suivants forment leurs comparatifs d'une manière irrégulière.

(*a*) Cette règle ne s'applique qu'aux monosyllabes et aux mots de plus d'une syllabe, *si la dernière est accentuée*, comme : *to prefer*, préférer, *preferred*, préféré.

Cette même règle, qui s'applique à tous les mots susceptibles de prendre une terminaison qui commence par une voyelle, devient extrêmement importante dans les verbes dont le sens changerait entièrement si l'on ne redoublait point la consonne finale : *to din*, étourdir, *to hop*, sautiller, *to rob*, voler, dérober, *to strip*, dépouiller, deviendraient au participe passé *dined*, diné, *hoped*, espéré, *robed*, revêtu d'une robe, *striped*, rayé.

POSITIF.		COMPARATIF.	SUPERLATI F.
good,	bon,	} better,	best.
well,	bien,		
bad,	mauvais,	} worse,	worst.
badly, ill,	mal,		
much (a),	} beaucoup,	more,	most.
many (b),			
little (a),	petit, peu,	less,	least.
few (b),	peu,	(est régulier).	
far (c),	loin,	farther,	farthest.

THÈME XLVII.

1. Notre meilleur ami est la sagesse; notre plus mauvais ennemi, la folie. 2. Diogène ** voulait qu'on ne s'affligeât de rien; il vaut beaucoup mieux, disait-il, se consoler que de se pendre. 3. La meilleure règle dans la controverse, c'est d'employer des paroles douces et des arguments durs. 4. Il vaut mieux ramener un ennemi que de le vaincre; mais le mieux est d'en faire un ami. 5. Le joueur est pire que l'ivrogne. 6. L'état de dette est la plus mauvaise pauvreté. 7. Un homme mauvais est toujours mauvais; mais il n'est jamais plus mauvais que quand il prétend * être un saint *. 8. Ce jeune homme se conduit beaucoup plus mal, même de pis en pis. 9. La jeunesse a beaucoup de (d) choses à apprendre. 10. Le vase * contient beaucoup de jolies fleurs qui répandent beaucoup d'o-

---

(a) Much et little (adverbe), lat. multum et parum, s'emploient au singulier.

(b) Many, lat. plures ou multi, et few, lat. pauci, s'emploient au pluriel.

(c) Far fait aussi further et furthest. Le comparatif et le superlatif sont ceux de forth, mot saxon; allemand, fort. Horne Tooke le fait dériver du vieux français fors (hors), qui dérive du mot latin fores.

(d) On n'exprime pas en anglais le de qui suit les adverbes de quantité et de négation, tels que : beaucoup, much, many; plus, more; peu, little; moins, less, fewer ; assez, enough (enough suit toujours le nom, l'adjectif ou l'adverbe qu'il accompagne; TIME ENOUGH is always LITTLE ENOUGH, assez de temps est toujours assez peu); tant, so much, so many; autant, as much, as many; trop, too much, too many; pas ou point, no; rien, nothing, etc.; comme : MUCH INTELLIGENCE and still MORE ACTIVITY are the indispensable elements of success in a profession. Beaucoup d'intelligence et encore plus d'activité sont les éléments indispensables de succès dans une profession.

deur agréable. 11. Peu de gens savent la valeur du temps ; cependant on *en* a assez peu. 12. Tout le monde est assez riche *pour* faire un peu de bien. 13. Nous nous contentons des opinions et des modes de notre pays sans regarder plus loin. 14. Satan a dit : Le plus loin de lui sera le mieux. 15. Le désordre et les fantaisies font plus de pauvres que les vrais besoins. 16. Vous êtes, a dit l'avocat général Coke à Bacon dans son adversité, moins que petit, moins que le moindre. 17. On attrape plus de mouches avec le miel qu'avec le vinaigre, disait le grand roi Henri IV. 18. Autant de langues qu'un homme sait *parler*, disait l'empereur Charles-Quint, autant de fois il (2) est (1) homme.

RÈGLE XLVIII.

En répétant la comparaison, on emploie l'article défini, et le signe de la comparaison est immédiatement suivi du mot qu'il modifie : THE *more* BUSY *we are,* THE *more* LEISURE *we have*; *plus* nous sommes occupés, *plus* nous avons de loisir (littéralement : *le plus occupés* nous sommes, *le plus loisir* nous avons). THE *more* WE STUDY *a good author,* THE *more we find in him to admire, plus* nous étudions un bon auteur, *plus* nous trouvons en lui à admirer.

THÈME XLVIII.

1. Plus on examine * profondément l'homme plus on y découvre de faiblesse et de grandeur. 2. Plus nous avançons dans l'étude d'une langue, plus nous la trouvons agréable. 3. Plus un joueur est maître dans son art *, plus il est mauvais comme homme. 4. Plus le convive est pauvre, plus il est content d'être régalé. 5. Plus notre richesse est énorme, plus nos craintes sont grandes. 6. Moins vous parlez de votre propre grandeur, plus j'y

penserai, répondit Bacon à la jactance de l'avocat-général Coke. 7. Plus notre joie est grande, plus nous savons *qu'elle est* vaine.

NOMBRES CARDINAUX.

RÈGLE XLIX.

1, one. 2, two. 3, three. 4, four. 5, five. 6, six. 7, sev'en. 8, eight. 9, nine. 10, ten. 11, elev'en. 12, twelve. 13, thir'teen (a). 14, fo'ur-teen. 15, fif'teen. 16, six'teen. 17, sev'enteen. 18, ei'ghteen. 19, ni'neteen. 20, twen'ty. 21, twenty-on'e. 30, thir'ty. 40, for'ty. 50, fif'ty. 60, six'ty. 70, sev'enty. 80, ei'ghty. 90, ni'nety. 100, a hun'-dred (b). 1,000, a thou'sand (c). 1,000,000, a mil'lion.

REMARQUE commune aux nombres cardinaux et ordinaux. Les centaines suivies de dizaines, ou, en l'absence de dizaines, suivies d'unités, en sont séparées par la conjonction *and*. 1833, *one thousand eight hundred* AND *three*. 301st, *three hundred* AND *first*.

La même remarque s'applique également aux milliers ou aux millions, en l'absence de centaines.

THÈME XLIX.

(Il faut écrire en toutes lettres tous les chiffres du Cours de thèmes.)

1. 2; 4; 8; 16; 32; 64; 128; 256; 512;

(a) *Teen* est le même mot que *ten*; peut-être était-il l'original dont on a fait *ten* par contraction, comme en allemand *zehen* est devenu *zehn*. En saxon, *tyn*; en bas-saxon, *tain*; en gothique, *taihun*; en hollandais, *tien*; en suédois, *tio*; en danois, *ti*, d'où dérive probablement *ty* des dizaines.

(b-c) *Hundred* et *thousand* ne prennent s au pluriel que dans le sens de centaine et de millier. Au singulier, *hundred* et *thousand* demandent l'article *a*, quand ils n'ont pas déjà l'adjectif numérique *one* ou bien un pronom.

1,024; 2,048; 4,096; 8,192; 16,384; 32,768; 65,536; 131,072; 262,144; 524,288; 1,048,576. **2**. 3; 9; 27; 81; 243; 729; 2,187; 6,561; 19,683; 59,049; 177,147; 531,441; 1,594,323; 5,782,969; 17,348,907; 52,046,721. **3**. La distance moyenne de Mercure au soleil est *de* 13,456,246 lieues ; de Vénus * 25,144,166 ; de la terre 34,761,680 ; de Mars * 52,966,024 ; de Vesta * 81,904,000 ; de Junon ** 92,057,000 ; de Cérès * 95,517,000 ; de Pallas * 95,523,000 ; de Jupiter * 180,794,802 ; de Saturne 331,628,860, et d'Uranus* 663,315,425. **4**. La surface * du globe * est d'environ 25,700,000 lieues carrées, dont l'Europe * comprend 492,000, avec une population de 222,000,000 d'âmes ; l'Asie 2,108,000 lieues carrées et 456,000,000 habitants ; l'Afrique 1,496,000 lieues carrées et 103,000,000 d'âmes ; l'Amérique 2,197,000 lieues carrées et 40,000,000 d'âmes ; et l'Océanie 532,000 lieues carrées, avec 30,000,000 d'habitants. **5**. L'étendue en lieues carrées de l'Angleterre est *de* 7,550 ; sa population est de 12,400,000 âmes, et sa *capitale* est Londres. **6**. L'étendue de l'Ecosse est *de* 3,830 lieues ; sa popul. *de* 2,100,000, et sa capitale est Edimbourg. **7**. L'étendue de l'Irlande est *de* 3,600 ; sa popul. est *de* 6,850,000, sa capitale est Dublin ; par conséquent l'étendue des îles britanniques est 15,300 lieues, et *leur* popul. 21,350,000. **8**. La population totale de l'empire * britannique s'élève à environ 160,000,000 d'individus. **9**. L'étendue du Danemark est de 7,230 lieues ; la popul. 1,675,000 ; capitale, Copenhague. **10**. La Suède, étendue 44,060 ; popul, 3,800,000 ; capitale Stockholm *. **11**. La Russie d'Europe, étendue 261,000 ; popul. 51,000,000 ; capitale, Saint-Pétersbourg. **12**. La Pologne, étendue 6,370 ; popul. 3,385,000 ; capitale, Varsovie. **13**. Cracovie, étendue 60 ; popul. 140,000 ; capitale, Cracovie. **14**. France, étendue 27,500 ;

popul. 31,850,000; capitale, Paris*. **15.** Belgique, étendue 1.590; popul. 3,566,000; capitale, Bruxelles. **16.** Hollande, étendue 1,720; popul. 2,601,000; capitale, La Haye. **17.** La Suisse, étendue 1.660; popul. 2,037,000; capitales, Berne, Lucerne et Zurich*. **18.** L'Allemagne, étendue 12,380; popul. 13,078,000; capitale, Francfort-sur-le-Mein. **19.** Les Etats prussiens **, étendue 13,760; popul. 12,415,000; capitale, Berlin *. **20.** L'Autriche, étendue 34,870; popul. 30,230,000; capitale, Vienne. **21.** L'Espagne, étendue 23,500; popul. 13,950,000; capitale, Madrid*. **22.** Le Portugal*, étendue 5,280; popul. 3,660,000; capitale, Lisbonne. **23.** L'Italie **, étendue 12,880; popul. 16,320,000; capitale, Rome*. **24.** La Turquie d'Europe *, étendue 20,000; popul. 9,480,000; capitale, Constantinople*. **25.** La Grèce, étendue 2,400; popul. 1,000,000; capitale, Nauplie de Romanie. **26.** Les îles Ioniennes, étendue 130; popul. 270,000; capitale, Corfou.

NOMBRES ORDINAUX.

RÈGLE L.

1st, first. 2nd, sec'ond. 3rd, third. 4th, fourth. 5th, fifth, *et ainsi de suite en ajoutant* th; 8th, eigh*th.* 9th, ninth. 12th, twelfth. 20th, twen'tieth. 21st, twenty-first' (vingt-*premier*). 22nd, twenty-sec'ond (vingt-*second*). 23rd, twenty-third'.

N. B. On change *y* des dizaines en *i*, et l'on ajoute *e* avant *th* afin d'en former une syllabe à part : *twenty, twentieth.*

RÈGLE LI.

On emploie en anglais les nombres ordinaux pour le quantième du mois, l'ordre numérique

de la succession des souverains, et pour les divi-
sions d'un livre : *the* 27TH, 28TH *and* 29TH *of
July*, le 27, 28 et 29 Juillet ; *Henri* THE FOURTH,
Henri *quatre ; Book* THE FIFTH, livre *cinq*.

THÈMES L ET LI,

1. La Bibliothèque royale de Paris se composait de 910 volumes * sous Charles * V, de
1,890 sous François Ier, et de 16,746 sous Louis XIII.
En 1684, elle *en* possédait 50,542 ; en 1775, près
de 150.000 volumes *, et environ 200,000 en
1790. Elle contient aujourd'hui 600,000 volumes
imprimés et 80,000 manuscrits. 2. La bibliothèque
Mazarine * se composait en 1684 de 40,000 volumes,
elle en a aujourd'hui 90,000 imprimés et 3,437
manuscrits. 3. La bibliothèque de l'Arsenal se compose de plus de 175,000 volumes, dont 6,000 sont
manuscrits. 4. La bibliothèque de Sainte-G neviève
contient 160,000 volumes, y compris (3) 3,500 (1)
manuscrits (2). Total *, 1,111,937 volumes. 5. Colomb découvrit l'Amérique le (*a*) vendredi 11 Octobre 1492, juste dix semaines après son départ
d'Espagne, le 3 d'Août. 6. La grande Charte, fondement et boulevard de la liberté anglaise, fut
signée et scellée par le roi Jean, surnommé Sans-
Terre à Runnemede, près *de* Windsor, le 19 Juin
1215. En 1296 on ajouta un article *pour* assurer la
nation à jamais contre tout impôt et taxe sans le
consent*ement* du parlement. 7. L'avarice est la
première preuve de la bassesse de l'âme. 8. L'Angleterre et l'Ecosse furent réunies par un acte du
parlement de ces deux royaumes, le 1er Mai 1707,

(*a*) Il est élégant d'employer en anglais *on* (sur), devant le jour de la
semaine ou le quantième du mois : *he will come* ON *Wednesday, or at the
latest* ON *the* 10*th*, il viendra *mercredi*, ou au plus tard le 10.

sous le règne de la reine Anne *. 9. L'Ecosse est
représentée au parlement de la Grande-Bretagne
par seize pairs électifs **, et par quarante-cinq députés. 10. L'Irlande, qui fut réunie à la Grande-
Bretagne en 1800, sous le règne de Georges III,
est représentée au parlement du royaume uni de la
Grande-Bretagne et de l'Irlande par trente-deux
pairs électifs ** et par cent cinq députés. L'Angleterre, *y* compris le *pays de* Galles, y est représentée
par cinq cent huit députés ; *ce* qui élève la repré-
sentation nationale * de ces royaumes unis à six
cent cinquante-huit membres de la chambre des
communes. 11. Les premières tables * de loga-
rithmes furent faites par Napier, et parurent à
Edimbourg en 1614. 12. Il y a trois degrés dans
l'art * de jouer du violon, dit Solomon, célèbre
musicien *, au roi d'Angleterre, Georges IV; dans le
premier se rangent ceux qui ne savent pas jouer
du tout ; dans le second, ceux qui jouent mal, et
dans le troisième ceux qui jouent bien. Votre Majesté a déjà atteint le second degré. 13. Locke définit le bonheur dans son ouvrage sur l'entendement
humain, livre deux, chapitre vingt-un, section
quarante-deux. Il traite de l'abus des mots dans le
le livre trois, chapitre dix, sections 1, 2, 3, 4, 5, 6,
7, 8, 9, 10, 11, 12, 13, 14, 15, 16, 17, 18, 19, 20,
21, 22, 23, 24, 25, 26, 27, 28, 29, 30, 31, 32, 33 et
34. 14. L'empereur Charles * Quint (cinq) visita
l'Allemagne neuf fois, l'Angleterre deux fois, l'A-
frique deux fois, il fit onze voyages sur mer ; et il
se contenta dans sa retraite de six chambres, quatre
en guise de *cellules* de moines, les deux autres,
chacune de vingt pieds carrés. 15. L'illustre Shaks-
speare naquit à Stratford-sur-*l'*Avon, le 23 Avril
1564, et mourut le jour de l'anniversaire de sa
naissance, le 23 Avril 1616, ayant accompli sa 52e
année. Il a vécu sous les règnes d'Elizabeth et de

Jacques Ier. 16. Jean Milton naquit à Londres le 9 Décembre 1608; il visita Paris en 1638; il perdit la vue de l'œil gauche en 1651, et de l'autre en 1654; publia le Paradis Perdu en 1667, et le Paradis Retrouvé en 1670; il mourut le 10 Novembre 1674, ayant atteint sa 66e année. 17. Alexandre Pope, né à Londres le 22 Mai 1688, écrivit son Essai sur la Critique en 1709, à l'âge de 21 ans. Sa traduction de l'Iliade d'Homère parut en 1715, et son Essai sur l'Homme en 1733 : il mourut le 30 Mai 1744, âgé *de* 56 ans. Il est des règnes de Jacques II, de Guillaume et de Marie, de Guillaume III, d'Anne *, de Georges I et de Georges II. 18. George Gordon Byron naquit à Douvres le 22 Janvier 1788, et en 1807 il fit imprimer son premier ouvrage, les Heures Oisives, époque à laquelle il n'avait que 19 ans. En 1823 il se rendit en Grèce, où il avança généreusement 12,000 livres *sterling* (300,000 francs *) pour secourir Missolunghi. Il rendit son dernier soupir en Grèce le 19 Avril 1824, dans la 37e année de son âge. Il est du règne de Georges III et de Georges IV.

RÈGLE LII.

FRACTIONS. $\frac{1}{4}$, *a quarter.* $\frac{1}{2}$, *a half.* $\frac{1}{3}$, *a third.* $\frac{1}{5}$, *a fifth,* et ainsi de suite.

THÈME LII.

1. Il y a au degré, 25 lieues communes de France; 11 myriamètres; 110 kilomètres; 28 lieues $\frac{1}{2}$ de poste françaises; 60 milles géographiques; 20 lieues marine; 69 milles anglais et 60 milles mar. ang.; 15 milles allemands; 10 milles suédois et $\frac{1}{2}$; 14 milles danois et $\frac{3}{4}$; 104 verstes de Russie et $\frac{1}{4}$; 15 milles polonais et $\frac{1}{2}$; 17 lieues d'Espagne et $\frac{1}{2}$; 10 lieues de Portugal; 60 milles d'Italie; 87 milles grecs; 50 milles arabiques.

RÈGLE LIII.

NOMBRES MULTIPLES. *Double* ou *twofold,* double; *treble* ou *threefold*, triple ; *quadruple* ou *fourfold*, quadruple ; *quintuple* ou *five-fold*, quintuple; et ainsi de suite. Au delà de *treble*, triple, on emploie plus ordinairement le nombre anglais avec *fold*. On dirait plutôt *sevenfold* et *tenfold* que *septuple* et *decuple*, qui s'emploient peu (*a*).

THÈME LIII.

1. Celui dont dont *la* mère est veuve a de doubles devoirs à remplir envers elle; car elle accomplit ceux de père et de mère. 2. Dieu menaça d'une septuple vengeance celui qui aurait tué Caïn. 3. Quelques grains, selon la parabole, rendirent cent *pour un*, d'autres soixante, et d'autres encore trente. 4. Milton décrit les portes de l'enfer comme étant trois fois triples.

Thème général sur l'Adjectif.

1. Nous prenons plus de peine *pour* persuader *aux* autres que nous sommes heureux, que pour tâcher *de* le croire nous-mêmes. 2. On devrait réfléchir beaucoup et parler peu. 3. Pythagore divisait l'âge de l'homme en quatre *parties* égales. 4. « L'homme, disait-il, est un enfant jusqu'à l'âge de 20 *ans*, un jeune homme jusqu'à celui de 40, un homme à 60, et un vieillard à 80; et *qu'*après cela il *n'*était plus *à* compter parmi les vivants. » 5. L'aveu de l'ignorance expose * à moins d'humiliation qu'une fausse prétention au savoir. 6. Beaucoup de personnes ont des prétentions dont peu (peu des-

---

(*a*) *Fold* signifie *pli* : ainsi deux plis, trois plis, etc., comme en latin *duplex triplex* ont précisément la même signification. *Plexum* vient de *plectere*, ployer. En allemand on trouve la même forme.

quelles) sont fondées. 7. Faire grand bruit d'un petit succès, c'est avouer sa faiblesse. 8. La bibliothèque particulière de César contenait 80,000 volumes*, confiés au soin du célèbre Varron**. 9. Henri Quatre fut un des meilleurs et des plus grands rois de France. 10. L'hiver n'est pas aussi agréable que l'été; la chaleur de l'été n'est pas si incommode que le froid de l'hiver. 11. L'intempérance fait naître les maladies les plus terribles. 12. L'art de l'imprimerie fut découvert en 1450 ou 1455, par Guttemberg, Faust et Schœffer. En 1470, Ulric Gering et ses associés apportèrent cet art à Paris, où il fut protégé par Louis XI. Dix ans après, en 1480, il y avait des imprimeries dans 200 villes de l'Europe. 13. La conscience est une lâche; elle a rarement assez de justice* pour accuser les fautes quand elle n'a pas eu assez de force pour les éviter. 14. L'année se compose de 12 mois solaires, 52 semaines, ou de 365 jours, 6 heures. 15. Cette commode a 3 pieds et demi de long sur 1 pied et demi de large. 16. Les hommes sont plus sensibles * à l'estime qu'à l'amitié. 17. La vérité générale * et abstraite est le plus précieux de tous les biens; sans elle l'homme est aveugle; elle est l'œil de la raison. 18. Les lèvres sont généralement plus rouges que les joues. 19. Le nom de Franklin sera transmis à la postérité la plus reculée. 20. La moins excusable de toutes les fautes est celle qui est volontaire. 21. David Hume, l'historien, naquit à Edimbourg le 26 Avril 1711. Il mourut le 25 Août 1775. Il vécut sous la reine Anne, Georges Ier, Georges II et Georges III. 22. On a plus de peine à se venger d'une injure qu'à l'oublier. 23. L'homme dont l'esprit est cultivé, dit Chesterfield, est aussi supérieur** à l'homme ignorant* que celui-ci l'est à son cheval. 24. La plus ancienne et la plus générale* de toutes les espèces d'idolâtrie, est le culte du soleil. 25. Peu d'hommes raisonnent, et tous veulent décider. 26. Rien *n'*est aussi tranchant que l'ignorance. 27. Il est plus facile *de faire* construire deux cheminées que *d'en* alimenter une. 28. Campbell traite de l'emploi des mots vieillis dans sa Philosophie de la Rhétorique, livre 2, chapitre 3, section 1, par*tie* 2. 29. Ce puits est profond de 100 pieds, ou a 100 pieds de profondeur. 30. Un abus de confiance est une double iniquité. 31. « Athéniens, dit Solon, je suis plus sage que ceux qui ignorent les intentions basses de Pisistrate, et plus brave* que ceux qui les (2) connaissent (1), et qui, par pusillanimité ou *par* crainte, n'osent *se* hasarder à les combattre.» 32. Il vaut certainement mieux avoir des amis dans le cours de notre vie, que des sujets reconnaissants ; parce que l'amour étant un tribut volontaire, il dure plus longtemps qu'une obligation forcée. 33. Le soin de conserver fait autant d'*esclaves* que le désir d'acquérir. 34. Le lit de fer d'Og, roi de Basan, avait 9 coudées de long et 4 de large. 35. On pense que Chaucer, le père de la poésie anglaise, naquit en 1328, et mourut en 1400, dans la 72e année de son âge. Ainsi, il avait vécu sous les règnes d'Edouard III, de Richard* II et de Henri IV. 36. L'envie** agit d'une manière plus fine et plus imperceptible*. 37. La réputation est la récompense légitime de travaux longs et heureux. 38. Il n'y a pas *de* piège plus dangereux** qu'une jolie tête sur un mauvais cœur. 39. Le second poëte anglais remarquable (dans l'ordre du temps), est Spenser, qui naquit vers l'an 1553 ; il mourut de chagrin le 16 janvier 1599, dans la 46e année de son âge ; il avait vu sur le trône Edouard VI, Marie* et Elisabeth. 40. Je ne donnerais pas, disait Johnson, une demi-guinée (a)

***

(a) *Half*, demi, doit être suivi de l'article indéfini : *half a pound*, une demi-livre.

pour vivre sous une forme de gouvernement plutôt que *sous* une autre. 41. Le pape porte une triple couronne qu'on appelle tiare. 42. L'eau bouillante est *de* 64 centigrades * plus chaude que le sang humain. 43. Les chats sont-ils plus gris la nuit que le jour? 44. Il est si mortifiant de se tromper, qu'il (a) faut être perpétuellement en garde contre les jugements précipités. 45. La délicatesse du goût n'est pas moins rare * que le génie. 46. La vie est assez longue* *pour* faire un peu de bien. 47. Le célèbre monologue * de Hamlet se trouve acte III, scène* Ire. La description de la mort d'Ophélie se trouve acte 4, scène 7. 48. Les hommes, en général*, sont plus dignes de compassion que de mépris ou de haine. 49. La succession d'Espagne occasionna beaucoup de guerres sanglantes. 50. Il y a une vie de Mahomet* dans la Décadence et la Chute de l'Empire* Romain, de Gibbon, volume IX, chapitre L. 51. Les vérités qu'on aime le moins *à* entendre sont celles qu'on a le plus d'intérêt *à* savoir. 52. Il y a dans la droiture autant d'habileté que de vertu. 53. Johnson n'a pas fait dans son Rôdeur moins de 6000 corrections. 54. Que la vie est longue pour le sot; qu'elle est courte pour le sage ! 55. Rome fut bâtie 750 ans avant Jésus-Christ. 56. Sous le règne de Henri IV, on dînait à la cour à 11 heures, ou au plus tard à midi (12 heures); coutume qui prévalait encore au commencement du règne de Louis XIV. 57. L'homme le plus sage agit quelquefois avec faiblesse, et l'homme le plus faible quelquefois avec sagesse. 58. Les jeunes gens sont aussi sujets à se croire assez sages, que les gens ivres *à* se croire assez sobres.

(a) Quand *si-que* s'emploie sans qu'il y ait comparaison, le *que* se traduit par *that*: *he is so lazy* THAT *he will not study*, il est si paresseux qu'il ne veut pas travailler.

TERMINAISONS DES ADJECTIFS.

RÈGLE LIV.

LY ajouté au nom et quelquefois à l'adjectif dénote *similitude: friendly*, amical (comme un ami), *manly*, mâle (comme un homm(*a*).

THÈME LIV.

1. Il a une fortune * de prince (prince *). 2. Puisque la connaissance de la nature nous fait plaisir, une vive (vie) *b*) imitation de la nature dans la poésie ou la peinture, doit produire encore (2) un (1) plus grand plaisir. 3. Dans *son* affectation à paraître maladive (malade), *elle* montre *sur* ses joues les roses * de dix-huit *ans*.

RÈGLE LV.

Y ajouté au nom dénote *la qualité* exprimée par le nom : *worthy*, digne ; *dusty*, poudreux (*c*).

(*a*) Cette terminaison paraît être une contraction de *like*, comme, semblable à ; et 'dériver de l'anglo-saxon *lic*, qui a la même signification ; anglosaxon, *Godlic* ; anglais, *Godlike*, comme un dieu ; anglo-saxon, *eorthlic* ; anglais, *earthlike*, comme la terre ; et ces mots sont devenus depuis *Godly*, pieux ; *earthly*, terrestre. Chaucer écrivait cette terminaison *lich*, comme : *erlich* ; (*early*), de bonne heure.

Dans le vieux langage du Nord, *liga* ; en gothique, *lik* ou *leiks* ; en anglo-saxon, *lic* ; en allemand, *lich* ; en hollandais, *lijk* ; en suédois et en danois, *lig* ; même en latin on a *lis*.

(*b*) En formant le composé, le *f* se change en *v*.

(*c*) Cette terminaison dans les langues du Nord est *ugr, igr* ; en gothique, *eig*, *ags, eigs* ; en anglo-saxon, en danois, en suédois, en hollandais et en allemand, *ig* ; en gallique, *ach* ; en grec, ιχος ; en latin, *icus* ; Adelung la fait dériver de *aigan*, avoir, posséder ; en anglo-saxon, *agan* ; en suédois, *ega* ; en islandais, *eiga* ; en grec, εχειν. Mais le docteur Becker pense, avec beaucoup de jugement, que l'universalité de cette terminaison prouve qu'elle ne peut pas avoir une origine aussi restreinte. Il croit qu'elle était d'abord une terminaison de voyelle, comme elle l'est aujourd'hui en anglais, ensuite qu'on y a ajouté la lettre *h* ; ainsi dans le gothique, *stainah*, pierreux *unbarnah*, sans enfant ; et qu'elle a fini par prendre la consonne *g* dans les différents dialectes allemands. On jugera entre ces deux savants philologues.

THÈME LV.

1. Elle cache tous ses membres nerveux ** dans des plis de soie (soie). 2. Le laboureur revient du champ fort et bien portant (santé), parce qu'il est innocent * et laborieux **. 3. La voie lactée (lait) est composée d'une quantité innombrable d'étoiles fixes, de situation et de grandeur différentes *. 4. *Une* rage effrénée fait souvent naître une guerre de mots (mot).

RÈGLE LVI.

ISH ajouté au nom dénote *ressemblance, tendance* : *childish*, enfantin ; *foolish*, sot : ou bien forme l'adjectif des noms de pays : *Swedish*, Suédois ; *Danish*, Danois. — *Ish* ajouté aux adjectifs dénote *diminution* : *bluish*, bleuâtre (a).

THÈME LVI.

1. Ce sont là des productions d'esprits serviles (esclave (b), *nom*). 2. Goldsmith avait (2) souvent (1) des idées enfantines (enfant). 3. Les desseins de loup (loup) sont toujours cachés sous les peaux de brebis.

RÈGLE LVII.

FUL ajouté au nom dénote *plénitude, abondance,* comme : *peaceful*, paisible ; *shameful*, honteux.

(a) Cette terminaison paraît avoir beaucoup d'affinité avec la précédente, si elle n'est pas de la même origine. Cette forme de diminutif est inconnue dans les divers dialectes allemands, où l'on trouve le même mot avec les deux terminaisons, comme : *argwenig*, soupçonneux, *argwöhnisch ; nittig*, envieux, *neidisch* ; ou bien encore, *glaübig*, fidèle ; *aberglaübisch*, superstitieux, bigot (*). *Isch* remplace les terminaisons latines *icus, ilis, inus, aris*, etc., comme : *philosophisch, theologisch, volatilisch, salinisch, militarisch.* — *Ish* dérive de l'anglo-saxon *isc* ; en gothique, *isk, isks* ; en danois et en suédois, *sk* ; dans le vieux langage du Nord, *skr.*

(b) L'*e* muet se retranche dans le composé.

(*) Cette forme de diminutif peut résulter de ce que *isch* se prend quelquefois en mauvaise part, comme : *kindlich*, enfantin ; *kindisch*, puéril ; *weiblich*, ayant quelques-unes des qualités propres aux femmes ; et *weibisch*, efféminé.

Cette terminaison signifie *full* (un des deux *l* étant retranché dans la composition du mot), plein. *Full* est le prétérit employé pour le participe passé du verbe saxon *fyllan;* anglais, *to fill,* remplir, et par conséquent veut dire rempli, plein (*a*).

THÈME LVII.

1. La partie la plus importante de la peinture est de savoir ce qui est le plus beau (beauté (*b*) dans la nature, et le plus propre à cet art. 2. Le printemps et l'automne sont des saisons délicieuses (délices). 3. Il est doux sans être craintif (crainte). 4. Une agréable négligence dans les lettres, dit Politien **, est plus gracieuse (grâce *) que des ornements recherchés.

RÈGLE LVIII.

SOME, ajouté aux noms, aux adjectifs et aux verbes, dénote *l'abondance,* mais avec restriction,

---

(*a*) Ce participe passé saxon, *full,* est devenu adjectif, et l'adjectif a été transformé en terminaison ; ce qui paraît incontestable, si l'on prête une attention scrupuleuse à la marche de l'adjectif allemand, *voll,* devenu également une terminaison. *Voll von,* plein de, s'employaient devant les noms, comme : *voll von hochmüthigen Gedanken,* plein de pensées arrogantes; mais bientôt, dans le style noble ou poétique, il a suivi le nom au lieu de le précéder, comme : *von Wein und Liebe voll,* rempli de vin et d'amour. *Ramler.* Ensuite *von,* de, fut supprimé ; mais le nom prenait le signe du génitif, comme : *voll Segens des Herrn,* plein de la bénédiction du Seigneur. *Die Erde ist voll deiner Güte,* la terre est remplie de ta bonté. *Bible allemande.*

Dans le style poétique ou relevé, le *voll* a bientôt suivi le nom, comme :

Er öffnet eine Flasche Wein
Und lässt, *des Giftes voll zu seyn,*
Sich noch die zweyte reichen.—HAGEDORN.

« Il débouche une bouteille de vin, et s'en fait donner une seconde pour être *plein du poison.* »

Alors on mettait *voll* à la fin du mot au génitif. Bien des mots ont conservé cette forme, tels que *anmuthsvoll,* gracieux ; *mitleidsvoll,* compatissant. Enfin, on a supprimé le signe du génitif : *kummervoll,* affligé.

En suédois, *full;* en saxon, *fulle ;* en bas-saxon, *vull;* en gothique, *fulls ;* en vieux-allemand, *full ;* en islandais, *fullr, follin ;* en danois, *fuld* (dont le *d* ne se prononce presque pas); en hollandais, *vol;* en allemand, *voll.*

(*b*) Dans le composé, *y* se change en *i*.

et quelquefois une quantité moyenne, plutôt petite que grande : *troublesome*, fatigant ; *tiresome*, ennuyeux ; *longsome*, un peu long. Cette terminaison paraît n'être autre chose que l'adjectif *some* qui porte également les significations *un peu*, *quantité moyenne*, et quelquefois, par une extension de l'idée , *abondance avec restriction* (*a*).

THÈME LVⅡI.

1. La taupe trouve sa demeure obscure (obscurité) assez claire. 2. Le poëte chante le ciel et le joyeux (aise) retour de la lumière. 3. Les gens emportés et querelleurs (querelle), engageront les autres dans leurs querelles.

RÈGLE LIX.

LESS ajouté aux noms désigne *l'absence*, *la privation*, comme : *lifeless*, sans vie ; *childless* , sans enfant ; *faithless*, sans foi, infidèle.

Il ne semble pas que cette terminaison soit l'adverbe *less*, moins ; car elle signifie *sans;* et l'on traduirait en anglais par *without* (sans) les mots où *less* ne s'ajouterait pas. Ainsi, comme le savant et ingénieux Horne Tooke l'a dit, on rendrait les mots danois *folkelös* et *halelös, without people*, sans peuple, *without a tail*, sans queue (*b*).

(*a*) Elle dérive du saxon, *som, sum ;* en anglo-saxon, *sum ;* en gothique, *sums ;* danois, *som ;* suédois, *sam*. Les Saxons avaient la terminaison *sum*, comme : saxon, *langsum*; anglais, *longsome*, un peu long; en allemand on a également la terminaison *sam ;* en hollandais, *zaam*.

(*b*) Ce philologue fait dériver la terminaison *less* de l'impératif *les* du verbe saxon *lesan* (dimittere), renvoyer.

Il ajoute la remarque que, dans toutes les langues du Nord, cette terminaison varie selon les variations de ce verbe dont elle est l'impératif.

En Saxon,	TERMINAISON.	*les,*	INFINITIF DU VERBE.	*lesan.*
Gothique,		*laus,*		*lausyen.*
Anglo-saxon,		*leas,*		*leosan.*
[Hollandais,		*loos,*		*lossen, lozen.*
Allemand,		*lös,*		*lösen.*
Danois,		*lös,*		*löse.*
[Suédois,		*läs,*		*lösa.*

Cette remarque est parfaitement juste, si l'on admet son système, de rap-

THÈME LIX.

1. C'est une statue * roide et immobile (mouvement). 2. C'est une étrange folie *que de* poursuivre ainsi ce qui est tout à fait improfitable (profit). 3. Sa maladie, quoique longue, est néanmoins sans douleur. 4. Byron dit de l'Océan * qu'il est sans bornes, sans fin, et sublime *. Dans son poëme sur les ténèbres il suppose * un monde sans saisons, sans plantes, sans arbre, sans vie.

RÈGLE LX.

ABLE, ajouté aux noms et aux verbes, dénote *la capacité* généralement dans un sens passif, quelquefois dans un sens actif, comme : *stable*, stable ; *mutable*, muable ; *serviceable*, serviable.

Cette terminaison parait dans beaucoup de mots n'être autre que l'adjectif *able*, capable. Johnson fait dériver ce dernier du français *habile*, et du latin *habilis* (a).

THÈME LX.

1. Ce qui était profitable (profit *) à l'em-

porter toutes les parties du discours au verbe ou au nom ; mais, en ne l'adoptant pas, on pourrait répondre que ces verbes varient selon les variations de l'adjectif qui forme la terminaison correspondante. En effet, Adelung fait dériver le verbe *lösen* de l'adjectif *los*, et prétend que les deux sont incontestablement de la même famille que *lass*, *lassen*, laisser. Quoi qu'il en soit, cette terminaison est très-ancienne. A l'énumération de Tooke je n'ai à ajouter que *laus* en islandais et l'opinion d'Adelung, que l'analogie de cette terminaison s'étend jusqu'au grec αλυσσειν, et au latin *laxus*, laxare.

(a) Todd ajoute le saxon *abal*, force, qui dérive peut-être, dit-il, du suéogothique, *baella*, profiter. Teutonique, *abel*; bas-breton, *abyl*; vieux français, *abel* : mot qui se trouve dans le dictionnaire du vieux langage, par Lacombe. Ce lexicographe l'explique par *habile*, *qui est capable*. Il ajoute : « Ce mot est *celtique*. » Ménage n'en fait aucune mention.

Quelle qu'en puisse être d'ailleurs l'étymologie générale, on ne saurait du moins contester que cette terminaison ne soit, dans un grand nombre de mots, la terminaison française *able*, adoptée avec le mot entier. Elle n'est connue en anglais que depuis le commencement du xiv. siècle (règne d'Édouard III). Dans une traduction anglaise du Nouveau Testament, faite à peu près à cette époque, on trouve de ces mots avec la périphrase à côté d'eux : " *Whateuer thingis holi*, *whateuer thingis* AMYABLE OF ABLE TO BE LOVED." « Des choses quelque sacrées qu'elles soient, ou quelque *aimables* ou *capables* (susceptibles) *d'être aimées*. » Il y en a plusieurs exemples. Un des anciens poëtes anglais, Gower, écrivit, en 1554, *Confessio Amantis*; et il ne s'y trouve que six mots de cette espèce, tant ils étaient peu usités.

pire *, devint fatal * à l'empereur. 2. Les bons conseils sont toujours acceptables (accep*t*er). 3. Les choses mangeables (manger) ne sont pas toujours *bonnes* à manger.

RÈGLE LXI.

EN ajouté au nom dénote la matière dont l'objet se compose : *earthen*, de terre; *wollen*, de laine; *wooden*, de bois (a).

THÈME LXI.

1. Le dix-septième siècle est l'âge d'or (or) de la littérature anglaise. 2. Un voleur déroba à Épictète une lampe de fer; il s era trompé, dit Epictète; s'il revient demain, il ne trouvera qu'une lampe de terre (terre). 3. Un marchand de divers * objets de laine (laine) s'appelle en Anglet erre un marchand de laine.

RÈGLE LXII.

AL		al : *cordial.*
ARY		aire : *contrary.*
ATE		ate : *immediate.*
ILE	dérivent	ile *fr.*, ilis *lat.* : *fertile.*
IME	du français	ime : *maritime.*
INE	ou du latin	in : *divine.*
IVE		if; f. ive *fr.*, ivus *lat.* : *pensive.*
ORY		oire : *dilatory.*
OUS		eux; f. euse *fr.*, us *lat.* : *generous.*

THÈME LXII.

1. Les études littéraires sont nécessaires à la jeunesse. 2. Ces fonctions sont lucratives. 3. Les discours *ne* sont plus déclamatoires. 4. Bien des choses précieuses sont négligées, parce que la valeur en est cachée.

(a) Cette terminaison, fréquente en allemand, est commune à presque toutes les langues du Nord.

Thème général sur les Terminaisons des Adjectifs.

1. L'or et l'argent étant peu utiles (utilité) à la vie de l'homme, en comparaison de la nourriture et du vêtement, tirent leur valeur seulement du consentement des hommes. 2. L'Écriture compare * une femme querelleuse (querelle) à un jour pluvieux (pluie). 3. Que le guerrier s'écrie : A nous le gazon frais, et non le lit de fièvre (fièvre). 4. Un devin égyptien fit croire à Antoine que son génie naturellement courageux et confiant était pauvre et lâche (lâche, *nom*) en présence d'Octave. 5. Les Chaldéens prédirent à César et à Pompée *une* longue vie et une mort heureuse et paisible (paix). 6. Rien *n*'est si ennuyeux (ennuyer) que les ouvrages de ces critiques qui écrivent d'une manière dogmatique. 7. Abdiel était le seul ange fidèle (foi) parmi les infidèles. 8. Après une longue paix, il lui est resté une épée rouillée (rouille) et une bourse vide. 9. L'imagination est très-officieuse dans les affair*es* des hommes. 10. A Londres l'eau est conduite dans des tuyaux de plomb (plomb) aux plus hauts étages des maisons. 11. Les légumes prennent, en desséchant, une couleur de jaune verdâtre (vert). 12. La force morale d'un chrétien consiste dans la patience, et non pas dans des entreprises que les poëtes appellent héroïques, et qui sont communément l'effet de l'intérêt, de l'orgueil et de l'honneur mondain (monde). 13. Le peuple écoute avec *une* joie humble * et une crainte respectueuse (respect *). 14. Il y a des hommes qui ne veulent pas même sourire, quoique Nestor jure que la plaisanterie est risible (rire). 15. L'honneur et la vérité sont obligatoires pour tous les hommes. 16. Sans toi, que ces lieux solitaires (seul) paraîtront horribles. 17. Phocion a dit qu'un

orateur verbeux (mot) est comme un cyprès; il a toute la pompe imaginable dans ses branches, *dans ses* feuilles et *dans sa* grandeur ; mais il ne porte pas *de* fruit *. 18. L'obéissance passive est une vertu militaire. 19. Les dents des vipères sont pernicieuses (mal) aux autres animaux, et inutiles (utilité) aux hommes. 20. Que les larmes de la sympathie sont gracieuses (grâce) dans la jeunesse! 21. On a dit de Racine fils que son poëme sur la grâce est sans grâce (grâce). 22. Les Indiens sauvages de l'Amérique ne connaissaient en armes hostiles que les flèches de roseaux, les épées de bois (bois) et les javelots durcis au feu.

TABLEAU DES PRONOMS.

	SINGULIER.			PLURIEL.		
	1	2	3 MASC. FÉM. NEUT.	1	2	3 M. F. NEUT.

PERSONNEL.

Le sujet ne subit aucun change-ment. Ex. *I who love,* je qui aime, *moi* qui.

SUJET.

I,   *thou,*   *he, she, it.*   *We,*   *you,*   *they.*

POSSESSIF OU GÉNITIF. . . . . . . *mine,* *thine,* *his, hers, its.* *Ours,* *yours,* *theirs.*

RÉGIME.

Le régime suit le verbe. Ex. *I love* HIM, j'aime *lui,* je l'aime.

me,   *thee,*   *him, her, it.*   *Us,*   *you,*   *them.*

POSSESSIF.

Qui précède le nom : mon, ma, mes ; ton, etc.

my,   *thy,*   *his, her, its.*   *Our,*   *your,*   *their.*

Qui suit le nom : le mien, la mienne ; le tien, etc.

mine,   *thine,*   *his, hers, its.*   *Ours,*   *yours,*   *theirs.*

SELF.   SELVES.

PERSONNEL RÉFLÉCHI.

my   *thy*   *him her it*   *Our*   *your*   *them*

one's self, soi-même, se.

DÉMONSTRATIF.

SINGULIER.

This, ce (rapproché), lat. *hic, hæc, hoc.*
That, ce (éloigné), lat. *ille, illa, illud.*

MASC. *He,* suj.; *him,* rég.; celui.
FÉM. *She,* suj.; *her,* rég., celle.
NEUT. *That,* suj. et rég., celui, celle.

PLURIEL.

These, ces.
Those, ces.
They, suj.; *them,* rég.
ou *those,* suj. et rég., ceux, celles.
Those, suj. et rég. ceux, celles.

RELATIF.

SUJET.	*Who,* qui,	
RÉGIME.	*Whom,* qui, que,	ne s'appliquent qu'aux personnes.
GÉNITIF.	*Whose,* dont,	
SUJ. et RÉG.	*Which,*	qui, que, ne s'applique qu'aux animaux et aux objets inanimés.
SUJ. et RÉG.	*That,*	qui, que, s'applique aux personnes, aux animaux, et aux objets inanimés.
SUJ. et RÉG.	*What,*	ce qui, ce que.
SUJET.	*Whoever,*	quiconque, qui que ce soit.
RÉGIME.	*Whomsoever,*	
SUJ. et RÉG.	*Whatever,*	quelconque, quoi que ce soit.

INDÉFINI.

All, tout ; *both,* l'un et l'autre ; *each,* chaque ou chacun ; *each other,* l'un l'autre, etc. ; *either,* l'un ou l'autre, etc. ; *every,* chaque ; *every body,* tout le monde ; *every one,* chacun, etc. ; *every thing,* tout (toute chose) ; *neither,* ni l'un ni l'autre, etc. ; *none, aucun, one,* un, une (qui représente un nom précédent) , *one,* on ; *one another,* l'un l'autre , etc. ; *some,* quelque ; *some body* ou *some one,* quelqu'un , etc. ; *some one,* quelque chose, et négativement, interrogativement ou dubitativement, *any body, any one, any thing* ; *such,* tel ; *what,* quel, etc. ; *which,* lequel, etc.

DU PRONOM.

PRONOM PERSONNEL.

RÈGLE LXIII.

SUJET.

Singulier.	Pluriel.
1. *I*, je.	*We*, nous.
2. *Thou*, tu.	*You*, vous.
3. M. *He*, il. F. *She*, elle. N. *It*, il ou elle.	*They*, ils ou elles.

Le sujet ne subit aucun changement. Exemple .
I who love, je qui aime, *moi* qui.

POSSESSIF OU GÉNITIF.

Singulier.	Pluriel.
1. *Mine*, de moi.	*Ours*, de nous.
2. *Thine*, de toi.	*Yours*, de vous.
3. M. *His*, de lui. F. *Hers*, d'elle. N. *Its*, de lui ou d'elle.	*Theirs*, d'eux ou d'elles.

RÉGIME.

Singulier.	Pluriel.
1. *Me*, me, moi.	*Us*, nous.
2. *Thee*, te, toi.	*You*, vous.
3. M. *Him*, le, lui. F. *Her*, la, elle. N. *It*, le, lui, la, elle.	*Them*, les, eux ou elles.

Le régime suit le verbe. Exemple : *I love him,*
j'aime *lui,* je *l'*aime.

Dans les phrases où le régime direct et le régime indirect sont pronoms, c'est généralement en anglais le régime direct qu'on place le premier. Exemple : *I give* IT TO YOU, je *vous le* donne.

Il n'est pas, grammaticalement parlant, nécessaire de répéter le même pronom personnel ou possessif.

THÈME LXIII.

1. Je vois devant moi l'homme que je respecte, *que* j'aime, *que* j'adore *. 2. Son père m'aimait, m'invitait (2) souvent (1) *à* l'aller voir. 3. Les Egyptiens**, lorsqu'ils jugeaient les morts, les apostrophaient ainsi : Qui que tu sois, rends compte à la (*ta*) patrie de tes actions. Qu'as-tu fait du temps de la vie? La loi t'interroge, la (*ta*) patrie t'écoute, la vérité te juge. 4. Vous dicterez, et moi j'écrirai. 5. Je ne crois pas, moi (*a*), *que* ce soit possible *. 6. Edgar devint son guide; il le conduisait, mendiait pour lui, le sauvait du désespoir. 7. Elle est plus grande que lui, mais il n'est pas aussi doux qu'elle. 8. Vous la tourmentez. 9. Elle joue aussi bien que lui ou *que* moi, mais pas avec autant de grâce qu'elle. 10. Le livre est dans le pupitre, l'avez-vous? Je ne l'ai pas encore trouvé. 11. Il ne suffit pas d'avoir la tête pleine de morale, si elle ne descend pas *jusqu'*au cœur. 12. L'espoir, disait Bacon, est un bon déjeuner, mais il est un fort mauvais souper. 13. Si nous pouvons être savants de la science d'autrui, nous ne pouvons être sages que de notre sagesse. 14. Nous qui l'avons loué, nous nous en repent*ons* aujourd'hui. 15. La vanité qui nous

---

(*a*) On ne répète jamais en anglais le pronom sujet ou régime du verbe, comme on le fait en français par contraste, ou bien, comme ici, pour ajouter plus d'énergie.

défend de rien admirer nous prive de beaucoup de jouissances. 16. La (notre) patrie nous donne mille plaisirs habituels ** que nous ne connaissons pas nous-mêmes avant de les avoir perdus. 17. Vous n'êtes pas du bois, vous n'êtes pas de la pierre, mais vous êtes des hommes : il est bon que vous ne sachiez pas que vous êtes ses héritiers. 18. Je le donnerai à vous ou à eux. 19. Ils étaient plus attentifs et plus reconnaissants que nous, eux qui ne jouissaient pas des mêmes avantages. 20. Un seul mensonge mêlé parmi les vérités, les fait suspecter toutes. 21. C'est un chef-d'œuvre; il n'en (a) parle jamais; mais il y consacre tout son temps. 22. Voilà des choses bien singulières; mais je n'en dis rien; je n'y fais même pas attention. 23. C'est un événement; il faut en prévoir les suites. 24. La retraite est agréable lorsqu'on s'y fixe par choix et par goût; tout alors y présente la douce image de la paix et du repos. 25. C'est un vaisseau ; j'en aperçois les voiles et presque les mâts. 26. Je n'y vais pas, puisque j'en viens. 27. Je n'ai pas de gomme élastique, ou je vous en donnerais. Vous n'en avez donc pas ? Non, je n'en ai pas. 28. Il n'a pas besoin d'y aller; il y est déjà.

(a) Il faut traduire *en* et *y* par la préposition et le pronom qu'ils représentent : ainsi *en*, par *of* ou *from*, *him, her, it* ou *them*; et *y* par *in* ou *to him, her, it* ou *them* selon le genre ou le nombre. J'en parle se rendrait donc par *I speak* OF HIM, m., OF HER, f., OF IT, n., OF THEM, pl. *En* au neutre, accompagné de l'article, se rend généralement par le pronom possessif au neutre: *It is a canary-bird ; I see* ITS *color*, c'est un serin, j'en vois la couleur. *En* dans le sens de *de là* se rend par *from it, from there*, ou bien par *thence* : *I come* FROM IT, FROM THERE. *En* dans le sens de l'article partitif *du, de la, des*, ou du pronom indéfini *quelque*, se rend par *some* ou par *any*, ou bien négativement par *none* : *Please to give me a wafer or two, you have* SOME *I think*. — *No I have not* ANY ou bien *I have* NONE, veuillez me donner un pain à cacheter ou deux, vous en avez, je pense. — Non , je n'en ai pas. *En* dans le sens de *de cela, quelque*, se traduit par l'article partitif: *If you have* ANY, *please to give me* SOME, si vous en avez , veuillez m en donner. Quand *y* signifie *là* , il faut le rendre par *there*, et par *here* quand la signification est *ici* : *He resides* THERE , il y demeure. Quand le verbe exprime mouvement, *here* et *there* deviennent *hither* et *thither* : *I am going* THITHER, j'y vais; *come* HITHER, venez-y.

PRONOM POSSESSIF.

RÈGLE LXIV.

PRONOM POSSESSIF QUI PRÉCÈDE LE NOM.

Singulier.	Pluriel.
1. *My*, mon, ma, mes.	*Our*, notre, nos.
2. *Thy*, ton, ta, tes,	*Your*, votre, vos.
3. { M. *His*, F. *Her*, N. *Its*, } son, sa, ses.	{ *Their*, leur, leurs.

Les pronoms de la troisième personne ne s'accordent pas en genre avec le nom qui suit, c'est-à-dire avec l'objet possédé, mais avec le possesseur. Ex. : his *head*, her *head*, its *head*. La tête *à lui*, la tête *à elle*, la tête d'une chose quelconque. Ces pronoms doivent s'accorder, en effet, avec le possesseur, par la simple raison que ce ne sont que les pronoms personnels au possessif (génitif), et signifient *ejus*, de lui, d'elle. On a employé pour pronoms possessifs des trois personnes, tous les pronoms personnels au possessif, qui sont en conséquence identiquement les mêmes (*a*).

THÈME LXIV.

1. Bacon dit dans son testament : Mon nom et ma mémoire, je *les* laisse aux nations étrangères, et *ensuite* à mes propres compatriotes,

---

(*a*) C'est ce qui se trouve également en allemand. Dans l'anglo-saxon, d'où dérive plus directement encore l'anglais, la première et la seconde personnes des pronoms possessifs se forment du possessif ou génitif des mêmes personnes des pronoms personnels *min, thin*; mais il n'y en a pas de troisième personne; on emploie à sa place la troisième personne, dans ses trois genres, du pronom personnel (*his*, masc. et neutre; *hire*, fém.; *hira*, plur.) qui ne devient même pas pronom possessif et ne se décline pas comme les deux autres. L'analogie me paraît ne laisser aucun doute à ce sujet.

après que quelque temps se sera écoulé. 2. Ne pense pas, ma fille, que ta candeur, ton ingénuité, ton goût et même tes grâces puissent te mettre à l'abri de la censure. 3. Celui qui capitule avec sa conscience est sur le point* de la trahir. 4. Le célèbre comte de Chesterfield dit dans son testament qu'il considère ses domestiques comme des amis dans le malheur, ses égaux par la nature et ses inférieurs ** seulement par la différence de leur fortune * (*pl.*). 5. Milton dit d'Eve : La grâce était dans tous ses pas, le ciel dans son œil, dans tous ses gestes la dignité ** et l'amour. 6. Le paon (*a*) était l'oiseau de Junon **; sa queue est belle, mais ses pieds sont laids et sa voix n'est pas harmonieuse. 7. Nos biens et nos maux découlent de nos principes. 8. Rien *ne* doit nous donner plus de méfiance de notre jugement que les débats d'une assemblée délibérante. 9. Votre chambre était tapissée de fruits * *brodés* en laine de votre propre façon, et maintenant il vous faut votre équipage et vos trois laquais poudrés devant votre chaise à porteur. 10. Leur mérite leur assure le respect* de leurs rivaux* et l'affection de leurs amis. 11. Il s'est (*b*) coupé la (*c*) main. 12. Je me suis foulé le pied. 13. Vous vous êtes cassé le bras.

RÈGLE LXV.

PRONOM POSSESSIF QUI SUIT LE NOM.

Singulier.	Pluriel.
1. *Mine* (*d*), le mien, la mienne, les miens, les miennes.	*Ours*, le nôtre, la nôtre, les nôtres.
2. *Thine* (*e*), le tien, la tienne.	*Yours*, le vôtre, etc.

(*a*) Les animaux sont considérés en anglais comme du genre neutre, à moins que le sexe n'en soit désigné.

(*b-c*) Dans les phrases où l'on emploie en français le verbe avec le pronom personnel et l'article pour exprimer un sens de pronom possessif, c'est le pronom possessif même qu'on emploie en anglais : *they have amputated* his *leg*, on *lui* a amputé *la* jambe ; *he has hurt* his *finger*, il *s'est* blessé *le* doigt. On voit par ces exemples que, si l'on ne se servait pas ici du pronom possessif au lieu de l'article, on ne saurait à qui se rapporterait le régime (ici *la jambe* ou *le doigt*). En français, c'est le pronom personnel qui désigne le possesseur.

(*d-e*) *Mine*, *thine* s'employaient anciennement même devant le nom. Le s

3. $\begin{cases} \text{M. } His, \\ \text{F. } Hers, \\ \text{N. } Its, \end{cases}$ $\begin{cases} \text{le sien, la sienne,} \\ \text{les siens, les siennes.} \end{cases}$ $\begin{cases} Theirs, \text{ le leur, etc.} \end{cases}$

Pour ces pronoms de la troisième personne, voir la règle LXIV qui s'y applique.

THÈME LXV.

1. Mon père, le tien et le sien sont sortis ensemble. 2. Julie et son frère ne s'accordent pas. J'ignore si c'est sa (à lui) faute, ou la sienne (à elle). On dit qu'elle est aimable, ainsi ce n'est pas son (à elle) humeur, mais plutôt la sienne (à lui), qui les empêche de vivre dans cette harmonie ** qui devrait régner dans toutes les familles. 3. Les tableaux sont arrivés ; les vôtres, les leurs et les miens sont en bon état, mais les siens (à elle) sont endommagés. 4. Les portraits * sont à nous (a), à eux, à vous, à elle, à lui, à moi. 5. Mes amis ont été de feu, les nôtres et les leurs ont été de glace. 6. Cette confiance mérite la mienne. 7. A qui est cette plume. 8. A qui sont ces bas ? Ils ne sont pas à moi. Sont-ils à vous ? Ils sont à votre oncle ou à votre frère. 9. A qui sont ces souliers ? 10. A qui est ce chapeau ? à moi ou à mon cousin * ? 11. Non, ils ne sont ni à vous ni à lui, mais à mon père.

---

de *hers, ours, yours, theirs,* me paraît être le signe du génitif de *her, our, your, their.* Ainsi *the book is* THEIRS, veut dire le livre est (le livre) de leurs livres. On dit *the book is* JOHN'S, le livre est à Jean, c'est-à-dire littéralement *de Jean,* le livre (des livres) *de Jean.* Voir Règle XX.

(a) On ne connaît pas en anglais, cette forme française du verbe *être* avec le pronom personnel au datif pour marquer la possession ; on emploie le génitif du pronom ou du nom : *this book is* MINE, HIS, HERS ; *yours, theirs,* or *your* SISTER'S. Ce livre est *à moi, à lui, à elle, à vous, à eux,* ou *à votre sœur* (Voir Règle XX). On emploie également le génitif de *who,* qui, c.-à-d. *whose* dans les interrogations, ce qui se rend en français par *à qui* : WHOSE *book is this,* à qui est ce livre ?

4*

PRONOM PERSONNEL RÉFLÉCHI.

RÈGLE LXVI.

Singulier.	Pluriel.
1. *Myself* (a), moi-même.	*Ourselves*, nous-mêmes.
2. *Thyself*, toi-même.	*Yourselves,* vous-mêmes.
3. { M. *Himself*, lui-même. F. *Herself*, elle-même. N. *Itself*, lui-même *ou* elle-même.	*Themselves*, eux-mêmes *ou* elles-mêmes.

One's self, soi-même, se.

En s'adressant à une personne, on emploie *yourself* et non pas *yourselves*, comme : *instruct* YOURSELF, instruisez-*vous*.

One's self, soi-même, se, ne s'emploie pas au figuré comme *se* en français. Le fruit *se* mange, ne pourrait se traduire par *fruit eats* ITSELF (ce qui voudrait dire que le fruit mange lui-même (le fruit), mais se traduit, comme en latin, par *fruit* IS EATEN, le fruit *est mangé*.

THÈME LXVI.

1. Je l'ai fait moi-même. 2. Tu parles continuellement de toi-même. 3. Il se croit un grand homme, mais il se trompe. 4. Elle se lasse. 5. Il se donne beaucoup de peine. 6. La mode est fille de la vanité, qui se croit toujours sous les cent yeux de l'opinion. 7. Le moyen infaillible *pour* se faire aimer de tous, est de ne pas trop s'aimer soi-même. 8. Le plaisir ne se mesure pas sur la dépense, et la joie est plus amie des liards que des louis. 9. On n'a jamais parlé de soi sans perte. 10. On n'est vé-

---

(a) *Self*, comme en allemand *selbst*, veut dire soi-même. Ainsi *myself*, *thyself*, signifient *mon moi-même, ton toi-même*. On employait anciennement *hisself* et *theirselves*, *son soi-même* et *leurs eux-mêmes* : *hisself* et *theirselves* sont considérés aujourd'hui comme des fautes très-vulgaires.

ritablement indépendant que lorsqu'on a assez de modération *pour* se conten*ter* de sa fortune* actuelle, et un assez grand caractère *pour* ne pas craindre de s'expose*r* à la perdre quand il le faut. 11. Vous me l'avez dit vous-même. 12. Vous le croyez vous-mêmes. 13. Cela se fait à Paris. 14. Il y a des gens extrêmement malheureux lorsqu'ils ne peuvent se débarrasser de trois des plus grands biens : de leur temps, de leurs pensées, de leur argent. 15. Allez-y vous-même. 16. Cela ne se voit jamais. 17. On doit rarement parler de soi. 18. La vertu est aimable en soi. 19. Cela se dit.

PRONOM DÉMONSTRATIF.

RÈGLE LXVII.

Singulier.	Pluriel.
This, ce (rapproché), lat. *hic, hæc, hoc.*	*These*, ces.
That, ce (éloigné), lat. *ille, illa, illud.*	*Those*, ces.
M. *He*, suj.; *him*, rég., celui.	*They*, suj.; *them*, rég., ou *those*, suj. et rég., ceux, celles.
F. *She*, suj.; *her*, rég., celle.	
N. *That*, suj. et rég., celui, celle.	*Those*, suj. et rég., ceux, celles.

THÈME LXVII.

1. La nourriture la plus simple* est celle qui plaît à la nature. Tous les animaux, excepté l'homme, se contentent d'un seul mets. L'herbe est celui de cette espèce-ci; *le* poisson, *celui* de cette espèce-là, et la chair *celui* d'une troisième *espèce*. L'homme, au contraire, tombe sur tout ce qu'il rencontre; le plus petit fruit*, ou tout ce qui paraît à la surface de la terre; un grain de fruit ou un mousseron, *rien ne* lui échappe. 2. Ces

machines à vapeur se trouvent aujourd'hui presque partout. 3. Il n'y a qu'une affliction qui dure, c'est celle de la perte de sa propre estime. 4. Le chemin de fer entre Liverpool et Manchester est extrêmement utile à ces deux villes. 5. Ceux qui aiment à s'instruire ne sont jamais oisifs. 6. Les sciences peuvent se diviser en trois grandes classes : celles qui sont relatives au nombre et à la quantité, celles qui ont rapport à la matière, et celles qui concernent l'esprit. 7. Il faut appeler méchant (2) celui (1) qui n'est bon que (3) pour (1) lui (2). 8. Celui qui est ingrat, dit Young, n'a qu'un seul défaut. 9. Mon canif et celui (a) de mon frère sont perdus. 10. Si vous n'avez pas vos gants, prêtez-moi ceux de votre sœur ou de notre cousine. 11. Celle qui m'a recommandé le secret nous l'a confié. 12. Cet élève-ci est plus studieux que celui-là. 13. La richesse et la pauvreté sont des tentations; celle-ci (b) tend* à exciter le mécontentement, celle-là (c) le bonheur. 14. Je passerai les vacances à la campagne de mon père ou à celle de mon oncle. 15. Celui qui parle, dit un proverbe italien, sème; celui qui garde le silence récolte.

(a) On peut traduire ici THAT of my brother, mais on dirait beaucoup plutôt my brother's. En effet, celui représente ici la chose possédée qui est assez représentée en mettant le nom au possessif (!au génitif), c'est-à-dire en le revêtant d'un caractère possessif. Quand je dis mon canif est de mon frère, (le canif) est bien sous-entendu, parce que je montre que mon frère est possesseur; et dans le possesseur il y a toujours sous-entendue l'idée de possession, puisque c'est la possession qui constitue le possesseur, comme c'est la propriété qui constitue le propriétaire. La possession sous-entendue est naturellement celle qui précède immédiatement.

(b-c) This et that ne s'emploie que pour les objets inanimés ou les animaux, mais très-rarement ou presque pas pour les personnes. The former (le premier) et the latter (le dernier) s'emploient pour les personnes, les animaux ou les objets inanimés. Ainsi on pourrait employer ici the former, et the latter : virtue and vice are before you; THE FORMER leads to happiness, THE LATTER to misery, la vertu et le vice sont devant vous; celle-là conduit au bonheur, celui-ci à la misère.

PRONOM RELATIF.

RÈGLE LXVIII.

Les pronoms relatifs, sujet et régime, ne se répètent pas comme en français : *He is a man* WHO *eats, drinks and sleeps and calls this animal existence life*, c'est un homme *qui* mange, *qui* boit, *qui* dort et *qui* appelle cette existence animale de la vie.

SUJET. *Who,* qui,
RÉGIME. *Whom,* qui, que,   ne s'appliquent qu'aux personnes.
GÉNITIF. *Whose,* dont,

Ce dernier exige que le nom le suive immédiatement en retranchant l'article défini, comme le nom au génitif formé par le *s* et l'apostrophe (*V.* notes *b-c-d* sur le génitif du nom, page 32), comme : *Man* WHOSE BIRTH *is the first step towards death*, l'homme *dont la* naissance est le premier pas vers la mort. *Man* WHOSE END *we incessantly see*, l'homme *dont* nous voyons sans cesse *la fin.* On emploie *whose* pour les animaux ou pour les objets inanimés, dans la poésie ou dans la prose très-relevée.

THÈME LXVIII.

1. Il n'y a que deux sortes de guerres justes; les unes qui se font *pour* repousser un ennemi qui attaque, les autres *pour* secourir un allié qui est attaquée. 2. Ceux *à* qui la folie plaît, et dont les folies plaisent *aux autres*. 3. C'est un homme dont j'admire* la science. 4. Titus, dont la vertu soupira *d'avoir* perdu un jour. 5. Mon père, dont tout le monde loue la prudence. 6. La politesse est *une* monnaie destinée à enrichir, non point celui qui la reçoit, mais *bien* celui qui la dépense. 7. Le fruit de cet arbre défendu, dont le goût mortel ** amena la mort dans le monde.

RÈGLE LXIX.

Which (sujet et régime), qui, que, ne s'applique qu'aux animaux ou aux objets inanimés.

RÈGLE LXX.

That (sujet et régime), qui, que, s'applique aux personnes ou aux objets inanimés, et s'emploie familièrement, ou pour éviter la répétition de *who* ou *which*.

That est de rigueur après un superlatif, après l'adjectif *same*, ou quand l'antécédent se compose et de personnes et d'animaux ou d'objets inanimés: *Shakspeare is the greatest poet* THAT *England has produced*, Shakspeare est le plus grand poëte *que* l'Angleterre ait produit; *all men and all animals* THAT *live must die;* tous les hommes et tous les animaux *qui* vivent doivent mourir.

That s'emploie fréquemment (et surtout dans le style figuré) comme relatif de terme moyen entre *who* et *which*, quand l'antécédent serait trop relevé en le portant à la hauteur des personnes et trop rabaissé en le réduisant au niveau des animaux ou des objets inanimés. *Strong spirituous liquors are pleasures* THAT *deceive and friends* THAT *betray*, les liqueurs fortes et spiritueuses sont des plaisirs *qui* trompent et des amis *qui* trahissent. *Thoughts* THAT *breathe and words* THAT *burn*, des pensées *qui* respirent et des paroles *qui* brûlent.

THÈMES LXIX ET LXX.

1. Ce sont les passions qui font et défont tout dans ce monde. 2. C'est moins la vérité qui blesse que la manière de la dire. 3. On devrait rougir de

s'entendre louer pour un mérite que l'on ne possède pas. 4. Ce qui élève l'esprit devrait toujours élever l'âme. 5. La vertu qui a besoin d'être toujours gardée ¡vaut à peine la sentinelle. 6. Le Rôdeur de Johnson est peut-être le plus beau cours de morale qu'on puisse lire. 7. C'est le même livre que nous avons déjà vu. 8. Milton est un des plus grands poëtes du monde.

RÈGLE LXXI.

Les régimes *whom*, *which* et *that*, sont souvent sous-entendus : *The man I see*, l'homme (*que*) je vois. Même quand la préposition se trouve à la fin du membre de la phrase: *The disease he is subject* TO; la maladie (*qu'*) il est sujet *à, à laquelle* il est sujet.

Lorsque la préposition précède le pronom relatif, on emploie *whom* ou *which*, et non pas *that*. *The man* TO WHOM *I have given it*, l'homme *auquel* je l'ai donné. On ne pourrait pas dire *to that*. Lorsque la préposition se place à la fin du membre de la phrase, on peut employer *that*, *whom* ou *which*: *The man* THAT *I have given it* TO: ou bien WHOM *I have given it* TO.

THÈME LXXI.

1. C'est le médecin que j'appelle. 2. La mère que j'adore *. 3. Le livre que je lis. 4. Il n'y a pas de service * auquel (*a*) l'homme ne se porte avec plus de satisfaction, que celui de donner son conseil. 5. Je connais le banquier à qui j'ai affaire (*b*). 6. Ils transigent sur les péchés auxquels ils sont enclins (*c*), en condamnant ceux pour lesquels ils n'ont aucun penchant (*d*).

(*a*-*b*-*c*-*d*) L'élève ferait bien de traduire ces trois membres de phrases de quatre manières différentes, c'est-à-dire, 1° la préposition précédant le

RÈGLE LXXII.

What (sujet et régime), ce qui, ce que. *I have seen* WHAT *is fragile break, and* WHAT *is mortal die*, j'ai vu briser *ce qui* est fragile, et mourir *ce qui* est mortel.

THÈME LXXII.

1. La morale est, comme la médecine*, beaucoup plus sûre dans ce qu'elle fait *pour* prévenir les maux, que dans ce qu'elle tente *pour* les guérir. 2. Le sophism*e* c'(*a*) est ce qui perd la plupart des hommes. 3. Celui qui achète ce qui est superflu sera bientôt obligé* de vendre ce qui est nécessaire.

RÈGLE LXXIII.

Whoever (sujet), et *whomsoever* (régime), qui, que, qui que ce soit, quiconque: WHOEVER *you may be, be a man*, qui que vous soyez, soyez homme.

THÈME LXXIII.

1. Quiconque connaît les hommes apprend *à* s'en défier. 2. Qui que tu sois que la fortune* m'amène. 3. Je me crois de l'obligation, dit Locke, à qui me montre mes erreurs. 4. Donnez-le à qui vous voudrez.

RÈGLE LXXIV.

Whatever (sujet et régime), quelque chose que ce soit, tout ce qui ou que, quelconque: WHATEVER *you do, do well*, quelque chose que vous fassiez, faites-le bien.

---

pronom relatif; 2° la préposition à la fin du membre de la phrase, en employant le relatif; 5° avec un relatif différent; 4° sans pronom relatif aucun. J'engage l'élève à traduire de ces diverses manières toutes les phrases qui en sont susceptibles.

(*a*) Cette manière de résumer une phrase ou un membre de phrase par ce, est tout-à-fait inconnue en anglais.

THÈME LXXIV.

1. Tout ce qui est lu diffère autant de tout ce qui est récité* sans livre, qu'une copie ** d'un original. 2. Ecrivez quelque thème que ce soit.

PRONOM INDÉFINI.

RÈGLE LXXV.

All (*a*), tout; *both*, l'un et l'autre; *each*, chaque ou chacun; *each other*, l'un l'autre, ou les uns les autres; *either*, l'un ou l'autre; *every*, chaque; *every body*, tout le monde; *every one*, chacun, *every thing*, tout, (toute chose); *neither*, ni l'un ni l'autre; *none*, aucun; *one another*, l'un l'autre; *some*, quelque; *some body* ou *some one*, quelqu'un; *some thing*. quelque chose; et négativement, interrogativement ou dubitativement *any body, any one, any thing; such* (*b*), tel; *what*, quel, quelle, quels, quelles; *which* (*c*), lequel, laquelle, lesquels, lesquelles.

THÈME LXXV.

1. Une telle action est digne d'un tel homme; mais toutes ses actions sont telles qu'un honnête homme peut *les* avouer. 2. Tout ce qui luit n'est pas or. 3. Tout ce que vous voyez n'est pas à moi. 4. Ménagez tout; fortune *, instruction, amis, santé, pour la vieillesse; sa débilité ne trouve jamais assez d'appuis. 5. La délicatesse aperçoit tout

---

(*a*) *All* n'est jamais suivi en anglais par *what*, *ce qui* ou *ce que*, mais seulement par *that*, *qui* ou *que* : *I dare do all* THAT *may become a man; who dares do more is none*, tout ce que peut oser l'homme, je l'ose; qui ose davantage, n'en est point.

(*b*) *Such* exige que l'article le suive au lieu de le précéder : SUCH A *man*, *un tel homme*.

(*c*) *Which*, pronom indéfini, ou bien interrogatif, s'applique tant aux personnes qu'aux choses : WHICH *sister do you prefer? Quelle sœur préférez-vous?*

dans un clin d'œil; elle est une lumière de l'âme.
6. Chaque pays a ses préjugés comme chaque homme
a ses défauts. 7. Chacun a son goût, et cependant
chacun trouve à redire à celui de son voisin. 8. Laquelle des deux dames est votre parente? L'une ou
l'autre, ou plutôt l'une et l'autre. 9. Elles *se* saluent
l'une l'autre. 10. Ni l'un ni l'autre ne l'ont (*a*) fait,
pas même tous deux ensemble. 11. Ni lui ni mon
frère ne sera nommé. 12. Ni mes sœurs ni ma mère
ne sont venues. 13. Nous débarquâmes quelques
cents hommes, et nous y trouvâmes quelques sources
de bonne eau. 14. A cette porte aucun (*b*) ne passe,
aucun n'entre, aucun ne sort. 15. Je n'en ai vu
aucun.

RÈGLE LXXVI.

One (pronom qui représente un nom précédent),
et *other,* autre, se déclinent:

SINGULIER.	PLURIEL.	GENITIF SING.	GENITIF PLUR.
One.	*Ones.*	*One's*	—
Other.	*Others.*	*Other's.*	*Others'.*

Comme en anglais l'adjectif, pris substantivement, ne peut s'employer au singulier, on y ajoute
le mot *one* au lieu de répéter le nom, comme: *a
learned man and an ignorant* ONE, un homme savant et un *ignorant. A rule is not the less useful
because it is a simple* ONE, une règle n'est pas moins
utile, parce que c'est une *règle* simple. Ou bien, on
emploie *ones* au pluriel pour indiquer quelques-uns,
et pour éviter le sens général que prendrait autrement l'adjectif.

(*a*) *Neither* demande toujours un verbe au singulier, à moins qu'un des
sujets ne soit au pluriel.
(*b*) Le verbe peut s'accorder avec *none* au pluriel comme au singulier,
quoique la signification étymologique du mot soit bien un singulier (*no one,*
pas un): NONE *of them* ARE *seen here,* aucun d'eux n'est (*sont*) vu ici.

Ex. : *He that will overlook the true reason of a thing, may easily find many false* ONES ; *error being infinite,* celui qui ne veut pas voir la véritable raison d'une chose, peut aisément *en* trouver beaucoup de *fausses ;* car l'erreur est infinie.

THÈME LXXVI.

1. On n'est jamais plus dur pour les autres (*a*) que lorsqu'on est trop indulgent * pour soi. 2. Faites aux autres ce que vous voudriez que les autres vous fissent. 3. C'est le bien des autres. 4. Un sot dit (2) quelquefois (1) beaucoup de choses sages, mais un homme sage ne dit jamais de *choses* sottes. 5. La puissance de la fortune est reconnue par le malheureux; l'homme heureux attribue tous ses succès au mérite. 6. Un bon élève et un mauvais. 7. Les mensonges, dit un proverbe italien **, ont des jambes courtes; mais les vérités, si elles sont désagréables, *en* ont de terriblement longues. 8. Une pensée soudaine est souvent une *pensée* sage ; elle est presque toujours une pensée honnête.

RÈGLE LXXVII.

One, on, est d'un usage très-restreint; très-fréquemment, et surtout dans un sens général, on le rend par le verbe au passif.

Ex. : *Names* ARE TAKEN *for things,* on prend les noms pour les choses.

Quelquefois la préposition, dans ces sortes de phrases, se trouve à la fin du membre de la phrase: *Such a thing is* SPOKEN OF, une telle chose est *parlée de,* on parle d'une telle chose.

(*a*) *Other* adjectif est invariable, *other* pronom se décline : *the* OTHER *books,* les autres livres; *the books of* OTHERS, les livres des *autres.*

Il faut rendre le pronom français *on* de diverses manières suivant le plus ou moins d'étendue du sens. *Men*, les hommes; *people*, les gens; *we*, nous; *you*, vous; *they*, eux. MEN *are mortal, on* est mortel (parce qu'évidemment le sens s'applique à tous les hommes); PEOPLE ou THEY *say so, on* (le peuple, *les gens, 'le monde*) le dit; WE *are sinners all,* on est pécheur (*nous sommes*, parce que dans les maximes humiliantes pour l'humanité il y aurait mauvaise grâce de s'exclure soi-même). YOU *would not believe such a thing, on* ne croirait pas à une chose pareille (*you*, comme en français *vous*, rend la forme plus familière). Si le sens ne présente qu'une seule personne, il faut rendre *on* par *some body* ou *some one*, ou bien *any body* ou *any one*, comme : SOME BODY *knocks at the door, on* frappe à la porte; *if* ANY ONE *should ask for me,* si l'*on* me demande.

1. Avec une âme faible on peut tout au plus *se* garantir du vice *; mais c'est être arrogant* et téméraire d'oser profess*er* de grandes vertus. 2. On n'obtient jamais de considération dans le monde, si l'on n'y débute par acquérir de l'estime. 3. Aimez qu'on vous conseille, et non pas qu'on vous loue. 4. On rirait souvent de l'homme le plus actif, si l'on savait pour quelles bagatelles il s'agite. 5. C'est sous le règne d'Edouard III, dans l'année 1349, qu'on institua l'ordre de la Jarretière; cet ordre se compose * du roi et de vingt-quatre chevaliers. 6. Un homme heureux ne peut pas savoir si on l'aime. 7. On peut refus*er* d'écouter la voix de la raison, mais on ne trompe point sa conscience. 8.

Ce n'est jamais que par faiblesse que l'on conserve un penchant déraisonnable; le mot constance ** est profané * lorsqu'on l'applique à la folie. 9. La dépendance de ceux que l'on méprise est la plus insupportable *.

Thème général sur les Pronoms.

1. Quand vous voyez quelque chose pour la première fois, vous êtes content, parce que c'est un objet nouveau, votre attention est éveillée, et vous désirez le connaître davantage; si c'est un instrument, une machine * quelconque, vous désirez savoir comment elle est faite, comment elle opère, et à quoi elle sert. Si c'est un animal *, vous désirez savoir d'où il vient, comment il vit; quels en sont le caractere, la nature * et les habit*udes*. Vous sentez ce désir sans considér*er* nullement si cette machine * ou cet animal peuvent vous être jamais d'aucun usage; car il est très probable * que vous *ne* les reverrez plus. Mais vous êtes curieux *de* savoir tout ce qui les concerne *, parce qu'ils sont nouveaux et inconnus pour vous. 2. Rien n'est si opposé à cette véritable éloquence, dont la fonction est de tout ennoblir, que l'emploi de ces pensées fines, et *la* recherche *de* ces idées légères, déliées, sans consistance, lesquelles, comme une feuille de métal * battu, ne prennent de l'éclat qu'en perdant de la solidité. 3. Plus j'ai avancé en âge, plus j'ai appris à me défier de mon propre sentiment, et à respecter celui des autres. 4. Ce sont de beaux ouvrages, tout le monde en parle; on y trouve les plus beaux passages. 5. On peut juger du peu de cas que Dieu fait des riches*ses* par les gens à qui il les donne. 6. Toute affectation est ridicule, même celle par laquelle on prétend * s'éloigner de l'affectation. 7. La bête se retire * en son gîte, et l'oiseau s'envole vers son nid; mais l'homme faible ne peut

trouver refuge * qu'auprès de son semblable ; le plus
grand étranger dans ce monde fut celui qui vint
pour le sauver. 8. A qui est ce couteau ? Il n'est
pas à moi. Il est à vous, ou à votre frère, ou à son
camarade. 9. Charles-Quint (cinq), dans sa retraite
cultivait de sa propre main les plant*es* de son jardin.
10. On dit des choses, dit Chesterfield, parce que
les autres les ont dites ; et ensuite on y persist*e*
parce qu'on les a dites soi-même. 11. Quelqu'un
sonne. 12. On parle de cela. 13. Celui qui ne
possède que par vanité ne jouit qu'à l'aid*e* de té-
moins. 14. Si l'on sort, vous me le direz. 15. Quiconque ne dit pas toute (2) la (1) vérité est aussi
coupable de mensonge que celui qui dit plus que la
vérité. 16. Si vous en avez vous-même, donnez-
m'en ; mais si vous n'en avez pas, vous ne pouvez
m'en donner. 17. Allons, allons, ce n'est pas qu'elle
peigne si mal ; mais quand elle a terminé sa figure,
elle la joint (*a*) si mal au cou, qu'elle a l'air d'une
statue * restaurée, dans laquelle le connaisseur * peut
voir de suite que la tête est modern*e*, quoique le
tronc soit antique *. 18. Ma main est plus grande
que celle de ma sœur. 19. Bacon et Shakspeare
étaient contemporains ; celui-ci était acteur ** et
directeur ** de théâtre * ; celui-là, chancelier, garde
des sceaux. 20. La justice * pour autrui est une
charité pour nous. 21. Dans les choses humain*es*,
tout ce qui ne croît pas est prêt à décroître. 22. Il
se montre instruit, quelque sujet qu'il traite.
23. C'est une véritable catastrophe * ; j'en redoute
les conséquences. 24. Quelqu'un fit observer à An-

(*a*) Si le verbe se compose de plus d'un mot comme ici, le régime direct
pronom suit *toujours* le premier mot *et assez généralement* quand le régime
est un nom : *bring* IT *down*, descendez-le ; *bring* THE BOOK *down*, ou *bring
down* THE BOOK, descendez le livre.

tigone ** que la flotte de l'ennemi était beaucoup plus nombreuse que la sienne : « Pour combien de navires me comptes-tu donc ? » répondit-il. 25. Celui qui *me* soustrait ma bourse, dit Shakspeare, vole une chose insignifiante ; c'est quelque chose, *ce n'est* rien ; elle était à moi, elle est à lui, elle a été *l'*esclave de mille autres ; mais celui qui me prend ma bonne renommée, m'enlève ce qui ne l'enric*hit* pas et me rend pauvre en réalité. 26. Le temps présent * est à nous, le temps passé était à nous, mais il ne l'est plus ; le temps futur est à Dieu. 27. Vous allez vers la vie, écrivit Andrieux dans sa vieillesse à un jeune ami, et moi j'en reviens. 28. C'est presque toujours dans l'avenir que l'on pense *devoir* être heureux, et dans le passé qu'on l'était. 29. Il est très-facile *de* prendre celui qui sait flatter * pour un homme d'esprit ; on s'y trompe *à* tout moment. 30. Eux, ils y parviendront (2) infailliblement (1). 31. Nul n'est aussi sourd que celui qui ne veut pas entendre. 32. Les diamants communiquent presque toujours leur dureté à ceux qui les portent. 33. L'amour-propre tire parti de tout ; il prend ce qu'il peut, suivant l'âge et l'état où nous sommes. 34. Ceci est la vraie charité ; cela en est seulement *l'*image. 35. Tout ce que vous dites est vrai à la lettre. 36. Elle, elle n'y consent*ira* jamais ! 37. Un bon ouvrage ou un mauvais. 38. Quiconque est homme a des devoirs à remplir envers ses semblables 39. C'est un crime * de remettre à demain le bien que vous pouvez faire aujourd'hui. 40. Qu'on dise ce qu'on voudra, elle fera ce qui lui plaira. 41. Quelque chose que vous disiez, dites toujours la vérité. 42. Lui, il n'en sera pas capable * ! 43. Aucun d'eux ne vous est inférieur **. 44. Souvent (2) on (1) décore l'égoïsme des beaux noms de force d'âme et de philosophie. 45. La vie est un siècle pour celui qui est dans la misère ; et pour celui qui est heureux *c'est* un instant *. 46. La tempérance est un arbre qui a pour (*a*) racine le content*e*ment de peu, et pour (*b*) fruit * le calme et la paix. 47. Aimez votre prochain comme vous-même. 48. Chacun s'aime trop et trop peu les autres. 49. Ce portefeuille est à mon père ? A qui est-ce, dites-vous ; à votre frère ou à vous ? 50. Lorsque le célèbre Cervantes et ses compagnons de captivité furent amenés devant le roi d'Alger, celui-ci leur promit la vie s'ils voulaient déclare*r* qui était l'auteur de la tentative d'évasion. C'est moi, lui dit Cervantes, sauve mes frères et fais-moi mourir. Le roi respect*a* son intrépidité, et le rendit à son maître qui ne voulut pas faire périr un homme si brave *. 51. La superstition est une peste dont le ciel afflige (2) souvent (1) les irréligieux (*c*). 52. On pardon*ne* une injustice plutôt qu'une insult*e*. 53. Zénon comparait ceux qui parlent bien et qui vivent mal à la monnaie d'Alexandrie, qui était belle, mais compos*ée* de faux métal *. 54. A qui est cette pendule ? Elle est à mon grand-père. 55. Addison est le plus grand prosateur que les Anglais aient encore eu. 56. La lecture est à l'esprit ce que l'exercice est au corps. 57. Par le principe de la division * du travail plusieurs ouvriers concourent à la confection d'une épingle ; l'un coupe le fil de fer, un autre en forme le corps, un troisième en fait la tête, un quatrième en lime la pointe, un cinquième lui donne son poli, etc. 58. Celui qui se loue *ne* gagne jamais nos applaudissements, et celui qui se plaint lui-même n'obtient jamais notre pitié. 59. Un diplomate qui ne plaît pas *à* la cour à laquelle (*d*) il est envoyé ne sera que peu utile à la cour dont il est *l'*envoyé (*e*). 60. Si l'on veut con-

---

(*a-b*) Traduisez : *dont la racine est, dont le fruit est.*
(*c-d-e*) Traduisez des quatre manières.

server ses principes, il faut éviter les situations qui
mettent nos devoirs en opposition avec nos intérêts,
et qui nous montrent notre bien dans le mal d'autrui.

DU VERBE.

Le futur et le conditionnel se conjuguent avec
les verbes auxiliaires *shall*, devoir (*a*), et *will*, vouloir (*b*); et le passé de ces verbes *should* et *would*.
Il sera donc nécessaire de conjuguer d'abord ces
deux verbes auxiliaires.

RÈGLE LXXIX.

VERBE AUXILIAIRE *SHALL*, Devoir.

INDICATIF.

PRÉSENT.

SING.	PLUR.
1. *I shall*, je dois.	*We shall*, nous devons.
2 *Thou shalt*, tu dois.	*You shall*, vous devez.
3. { M. *He shall*, il doit. F. *She shall*, elle doit. N. *It shall*, il *ou* elle doit. }	*They shall*, ils *ou* elles doivent.

PRÉTÉRIT.

1. *I should*, je devais, dus *ou*	*We should*, nous devions, dû-
devrais.	mes *ou* devrions.
2. *Thou shouldst*, tu devais,	*You should*, vous deviez, dûtes
dus *ou* devrais.	*ou* devriez.
3. *He should*, il devait, dut *ou*	*They should*, ils devaient, du-
devrait.	rent *ou* devraient.

(*a-b*) Devoir et vouloir sont bien plutôt la signification approximative que
réelle.

RÈGLE LXXX.

VERBE AUXILIAIRE *WILL*, Vouloir.

INDICATIF.

PRÉSENT.

SING.	PLUR.
1. *I will,* je veux.	*We will,* nous voulons.
2. *Thou will,* tu veux.	*You will,* vous voulez.
3. { M. *He will,* il veut. { F. *She will,* elle veut. { N. *It will,* il *ou* elle veut.	*They will,* ils *ou* elles veulent.

PRÉTÉRIT.

1. *I would,* je voulais, voulus *ou* voudrais.	*We would,* nous voulions, voulûmes *ou* voudrions.
2. *Thou wouldst,* tu voulais, voulus *ou* voudrais.	*You would,* vous vouliez, voulûtes *ou* voudriez.
3. *He would,* il voulait, voulut *ou* voudrait.	*They would,* ils *ou* elles voulaient, voulurent *ou* voudraient.

RÈGLE LXXXI.

VERBE AUXILIAIRE *TO (a) HAVE.*

INFINITIF.	*To have,* avoir.
PARTICIPE PRÉSENT.	*Having,* ayant.
PARTICIPE PASSÉ.	*Had,* eu.

(a) Horne Tooke, en prétendant que les prépositions dérivent de noms, affirme que *from,* de, est le nom anglo-saxon et gothique *frum,* commencement, origine, source, auteur. Il assure également que to (en hollandais *toe* et *tot,* est le nom gothique *taui* ou *tauhts, action, effet, résultat, consommation,* et que ce nom est le participe passé *tauid* ou *tauids,* du verbe *tauyan,* agir, faire. (En teutonique ce même verbe est *tuan* ou *tuon,* d'où dérive l'allemand *thun*). Par conséquent, ajoute-t-il, il n'est pas étonnant que les verbes anglais soient procédés de ce même mot *to* (c'est-à-dire, agir, faire), puisque, quand l'ancienne, terminaison anglo-saxonne des verbes fut supprimée, il était nécessaire d'ajouter le *to* pour revêtir le mot d'un caractère verbal, car sans ce mot il n'a pas de différence entre le nom *love,* amour, et le verbe *love,* aimer. Le mot ot, dit-il (et il ne veut pas que ce soit un verbe auxiliaire), dérive de la même racine. Il est vrai que dans l'étymologie rien n'est plus fréquent que ces changements de *t* en *d* ou de *d* en *t,* qui ne sont que des modifications du même sr- (voyez les sons de consonnes qui paraissent être des modifications des mêmes sons, page 3, et le chapitre sur les permutations de consonnes). Par cette

INDICATIF.

PRÉSENT.

I have, j'ai.	*We have* (a), nous avons.
Thou hast, tu as.	*You have,* vous avez.
H. *He has,* ou *hath* (b), il a.	
F. *She has,* ou *hath* (c), elle a.	
N. *It has,* ou *hath* (d), il ou elle a.	*They have,* ils ou elles ont.

PRÉTÉRIT.

I had,	j'avais, j'eus.
Thou hadst,	tu avais, tu eus.
He had,	il avait, il eut.

---

raison, continue-t-il, *do* se plaçait anciennement devant toutes les parties des verbes qui n'étaient pas distinguées du nom par une terminaison. Ainsi on disait : *I* DO *love, I* DOED ou DID *love,* au lieu de *I love, I loved,* j'aime, j'aimais. En Allemagne, le bas peuple emploie fréquemment aujourd'hui cette forme : *Ich* THUE *lieben,* j'aime. Mais anciennement en anglais, si l'on employait une terminaison distincte, on omettait *do* ou *did.* Du temps de Chaucer (commencement du XIVᵉ siècle) les terminaisons distinctes des verbes se conservaient. Ainsi Chaucer s'en servait ou les omettait à volonté, et quelquefois il employait la terminaison et le signe.

Voici un exemple où Chaucer omet la terminaison et emploie *to.*

Women desyren TO *have soveraynte.* (*Wife of Bath's Tale*)

« Les femmes désirent avoir la souveraineté. »

En voici un autre où il emploie la terminaison en omettant *to.*

But said, he was worthy HAN (*have*) *his lyfe.* (*Idem.*)

« Mais disait qu'il était digne d'avoir sa vie. »

De tels exemples sont innombrables. Dans les phrases négatives ou interrogatives, on emploie aujourd'hui le verbe *do,* mais on l'omet devant les temps formés à l'aide de verbes auxiliaires, tels que le futur et le conditionnel : ces verbes auxiliaires revêtant suffisamment le mot qui suit du caractère verbal. Il est très-remarquable que tous ces verbes auxiliaires qui rejettent *do,* n'aient pas d'infinitif et par conséquent de *to :* ce qui tendrait à confirmer la doctrine ci-dessus énoncée.

En anglo-saxon, c'est le gérondif et non l'infinitif qui est précédé de *to.* Comme le gérondif est, pour ainsi dire, en même temps nom et verbe, la distinction y est établie par l'emploi de cette particule.

Du reste, en hollandais la particule qui précède l'infinitif (*te*) n'est pas le même mot que la préposition (*tot*). En allemand comme en hollandais et en anglais, cette particule (*zu*) ne s'emploie pas avec l'infinitif, si celui-ci est précédé d'un verbe auxiliaire. Ainsi l'analogie prouve également que *to* précédant l'infinitif n'est point une préposition. Même en anglais *to,* préposition, ne régit pas l'infinitif, mais, comme toutes les autres prépositions, il régit le participe présent.

(a) Jusqu'au commencement du XIVᵉ siècle, les trois personnes se formaient au pluriel en ajoutant au singulier *n* ou *en.*

(b-c-d) *Hath* s'employait anciennement au lieu de *has.* Aujourd'hui on ne s'en sert que dans le style sacré, tel que dans l'Écriture Sainte, dans les prières, dans les sermons ou bien encore quelquefois dans les maximes ou proverbes.

We had,	nous avions, nous eûmes.
You had,	vous aviez, vous eûtes.
They had,	ils avaient, ils eurent.

FUTUR.

I shall have,	j'aurai.
Thou wilt have,	tu auras.
He will have,	il aura.
We shall have,	nous aurons.
You will have,	vous aurez.
They will have,	ils auront.

CONDITIONNEL (a).

I should have,	j'aurais.
Thou wouldst have,	tu aurais.
He would have,	il aurait.
We should have,	nous aurions.
You would have,	vous auriez.
They would have,	ils auraient.

IMPÉRATIF.

Let me have,	que j'aie.
Have,	aie.
Let him have,	qu'il ait.
Let her have,	qu'elle ait.
Let us have,	ayons.
Have,	ayez.
Let them have,	qu'ils *ou* qu'elles aient.

SUBJONCTIF (b).

PRÉSENT.

That I have,	que j'aie.
That thou have,	que tu aies.

(a) On emploie quelquefois le conditionnel au lieu du prétérit; ce qui indique *l'habitude, la coutume.*

Ex. *He* WOULD WATCH, *and* WEEP, *and* PRAY *and* FEEL *for all*; il veillait, il pleurait, il priait, il sentait pour tous.

On l'emploie aussi au lieu du prétérit avec *if*, si : *you will find the career,* SHOULD *you embrace it, rather honorable than lucrative,* vous trouverez la carrière, si vous *l'embrassiez,* plutôt honorable que lucrative.

(b) On n'emploie en anglais le subjonctif que dans le cas où il s'agit d'un futur incertain, douteux.

Ex. *If it* RAIN *to-morrow,* s'il pleut demain. Il y a quelquefois un auxiliaire sous-entendu ; *if it* (SHOULD) *rain.*

That he have,	qu'il ait.
That we have,	que nous ayons.
That you have,	que vous ayez.
That they have,	qu'ils aient.

PRÉTÉRIT (a).

That I had,	que j'eusse.
That thou hadst,	que tu eusses.
That he had,	qu'il eût.
That we had,	que nous eussions.
That you had,	que vous eussiez.
That they had,	qu'ils eussent.

RÈGLE LXXXII.

VERBE AUXILIAIRE TO BE (b).

INFINITIF.	To be,	être.
PARTICIPE PRÉSENT.	Being,	étant.
PARTICIPE PASSÉ.	Been,	été.

INDICATIF.

PRÉSENT.

I am,	je suis.	We are,	nous sommes.
Thou art,	tu es.	You are,	vous êtes.
M. He is,	il est.		
F. She is,	elle est.	They are,	ils ou elles sont.
N. It is,	il ou elle est.		

PRÉTÉRIT.

I was,	j'étais, je fus.
Thou wast,	tu étais, tu fus.
He was,	il était, il fut.
We were,	nous étions, nous fûmes.
You were,	vous étiez, vous fûtes.
They were,	ils étaient, ils furent.

(a) On emploie quelquefois le prétérit du subjonctif pour le conditionnel ou pour le prétérit avec if, si : HAD you not been their father, these white locks HAD challenged pity of them, n'eussiez-vous pas (si vous n'aviez pas) été leur père, ces cheveux blancs eussent (auraient) excité leur compassion.

(b) To be, précédant un infinitif, sert souvent à désigner une nécessité, un devoir, une action future, et se traduit en français par devoir : I AM to see him to-morrow, je dois le voir demain.

FUTUR.

I shall be,	je serai.
Thou wilt be,	tu seras.
He will be,	il sera.
We shall be,	nous serons.
You will be,	vous serez.
They will be,	ils seront.

CONDITIONNEL.

I should be,	je serais.
Thou wouldst be,	tu serais.
He would be,	il serait.
We should be,	nous serions.
You would be,	vous seriez.
They would be,	ils seraient.

IMPÉRATIF.

Let me be,	que je sois.
Be,	sois.
Let him be,	qu'il soit.
Let her be,	qu'elle soit.
Let us be,	soyons.
Be,	soyez.
Let them be,	qu'ils *ou* qu'elles soient.

SUBJONCTIF.

PRÉSENT.

That I be,	que je sois.
That thou be,	que tu sois.
That he be,	qu'il soit.
That we be,	que nous soyons.
That you be,	que vous soyez.
That they be,	qu'ils soient.

PRÉTÉRIT.

That I were,	que je fusse.
That thou wert,	que tu fusses.
That he were (a),	qu'il fût.
That we were,	que nous fussions.
That you were,	que vous fussiez.
That they were,	qu'ils fussent.

(a) On emploie souvent *it were*, pour *ce serait* : IT WERE *to be wished, ce serait* à désirer.

THÈMES LXXIX, LXXX, LXXXI et LXXXII.

Thème général.

1. Mentir pour son propre avantage, c'est imposture; mentir pour l'avantage d'autrui est fraude; pour nuire, c'est calomnie. 2. C'est un étrange désir qu'ont les hommes (a) de chercher le pouvoir et de perdre la liberté. 3. C'est savoir quelque chose que (b) de savoir que l'on ignore. 4. Ce que nous avons à apprendre, c'est *de* faire le bien et *d'*éviter le mal : tel est l'avis de Socrate **. 5. Un homme sage est un grand monarque. 6. Assez, c'est un peu plus que nous avons. 7. C'est beaucoup tirer de notre ami, si, étant monté à *une* grande faveur, il est encore un homme de notre connaissance. 8. Tous les sots ne sont pas coquins, mais tous les coquins sont sots. 9. Il y a (c) des hommes de génie dans les pays barbares : il y a des palmiers dans le désert. 10. Un certain homme reprochant *à* Diogène d'avoir fabriqué (2) autrefois (1) de la fausse monnaie : « Il est vrai, répondit Diogène **, que je fus autrefois ce que vous êtes (2) maintenant (1); mais vous ne serez (2) jamais (1) ce que je suis. » 11. S'il fait beau, nous irons demain. 12. On dit (2) souvent (1) d'une personne sans fortune *, et qui a du mérite, qu'il ne lui manque que de l'argent;

(a) On ne connaît pas en anglais cette inversion avec les verbes actifs, à peine avec les verbes neutres; il faut que le sujet précède le verbe, sans quoi on ne saurait pas toujours distinguer le sujet du régime : *the resources which* STATES POSSESS, les ressources que *possèdent les états*. Comme *which* est en même temps sujet et régime, et par conséquent s'emploie pour *qui* et *que*, si l'on mettait *the resources which* POSSESS STATES, ce serait dire, non pas que les états *possèdent les ressources*, mais que *des ressources possèdent les états.*

(b) Dans ces sortes de phrases, le *que* de *c'est que* ne se traduit pas.

(c) *Y avoir*, se rend en anglais par *there to be* (là être), et s'accorde en nombre avec son sujet : THERE ARE *misfortunes in life, il y a des malheurs dans la vie.*

mais on n'a jamais pensé que quelqu'un de riche eût besoin d'autre mérite pour être accompli. 13. Ne soyez pas le premier à essayer les nouveaux mots, et ne soyez pas *non plus* le dernier à mettre (1) de côté (3) les anciens (2). 14. Sénèque fait dire (3) à l'homme (2) avare (1) : «Qu'on m'appelle un homme vil, pourvu que je sois appelé un homme riche. Si l'on est riche, qui demande si l'on est bon? La question est *de savoir* combien nous avons, et non pas d'où et comment nous l'avons. L'(un) homme a autant de mérite qu'il a de richesses. Pour moi, que je sois riche, ô dieux ! ou bien que je meure ! 15. Que la bouche soit la prison * de la langue. 16. Le Koran est le livre sacré des Mahométans *; il fut composé * vers l'an 622 de l'ère chrétienne. 17. Que les plaisirs soient innocents *, l'excès en est toujours criminel *. 18. Aristote, voyant un jeune homme vain * et ignorant *, lui dit : Je voudrais être ce que vous vous croyez, et que mes ennemis fussent ce que vous êtes. 19. Nous ne devrions pas vivre comme s'il n'y avait pas de Dieu dans le monde, disait Addison, et comme s'il n'y avait pas d'hommes non plus. 20. Adam dit à Ève, *en* parlant du travail : «Fût-il fatigant, cependant avec toi il serait doux.» 21. S'il n'est pas ici *la* semaine prochaine, nous serons inquiets. 22. L'habit*ude* de la dissipation a souvent le double * inconvénient de *ne* procurer (*part. prés.*) aucun plaisir et de détacher (*part. prés.*) de ceux qu'on avait trouvés dans une vie intérieure. 23. Un Athénien, reprochant (3) un (1) jour (2) à Anacharsis d'être Scythe, ce dernier *lui* répondit : « Mon pays peut être déshonorant pour moi; mais vous êtes, vous, déshonorant pour votre pays ». Comme on lui demandait une autre fois quelle était la meilleure et la pire faculté de l'homme, il répondit que c'était la langue. 24. La chose la plus indifférente * a de la force * et *de la* beauté ** quand elle est dite par un bon père, et la moindre bagatelle a du prix quand *elle est* offerte par un enfant respectueux. 25. Il n'y a pour l'homme que trois événements : naître, souffrir et mourir. 26. Chaque jour, quelque mauvais qu'il soit, fait nombre dans la vie : mettez-le à profit. 27. Gavius *a* dit à Verrès : « Je suis citoyen romain. » 28. On avait rapporté à Johnson que Dryden, après avoir parcouru quelques vers de Swift, lui dit : « Mon cousin * Swift, vous ne serez jamais poëte, » jugement qui ne fut jamais pardonné. 29. Ceux-là sont riches qui ont des amis. 30. Les diamants ont leur prix ; le bon conseil n'*en* a pas. 31. « Que les œuvres d'Homère soient votre étude et *vos* délices, » dit Pope. 32. Je ne suis pas orateur comme Brutus. 33. Le docteur Johnson a dit, *en* parlant de Goldsmith : « Aucun homme n'était plus sot lorsqu'il n'avait pas de plume à la (sa) main ; ni plus sage lorsqu'il *en* avait *une*. » 34. Un ami, fût-il injuste, mérite toujours d'être écouté. 35. La vie n'est pas à dédaigner tant que l'on peut faire du bien, ne fût-ce que pour l'exemple. 36. Sois le premier *à* favoriser le vrai mérite. 37. Il n'y a que les bons cœurs et les bons esprits qui aient de la délicatesse ; les autres ne soupçonnent pas même ce que c'est. 38. On n'a pas le droit de mépriser quelqu'un si l'on ne vaut pas mieux que lui. 39. Pélopidas dit qu'on doit conseiller *à* chaque particulier *de* veiller à ses propres intérêts, et *aux* fonctionnaires publics * de se consacrer à ceux des autres. 40. « Eh bien, Sophie ** (qui s'était fait dire sa bonne aventure), quelle sorte de mari devez-vous avoir ? — Monsieur, répliqua-t-elle, je dois avoir un seigneur immédiatement après que ma sœur aura épousé l'écuyer. — Comment ! est-ce là tout ce que vous devez avoir pour vos deux schellings ? 41. Souvent nos espérances les plus vives et les plus pro-

bables * sont celles que trompe le plus souvent
l'événement; elles ne nous laissent pour résultat que
d'inutiles regrets * (*singulier*) et une triste humiliation. 42. L'inquiétude de l'esprit pour être ce qu'on
n'est pas et pour avoir ce qu'on n'a pas est la source *
de toute immoralité. 43. Lord Shaftesbury dit qu'il
serait vertueux pour lui-même quoique personne
ne dût le savoir, comme il serait propre pour lui-
même quoique personne ne dût le voir. 44. Quand
le miroir d'une femme ne lui dit pas : vous êtes jolie;
il lui dit : soyez aimable.

VERBES AUXILIAIRES DÉFECTUEUX.

RÈGLE LXXXIII.

PRÉS. *I do*, je fais; PRÉT. *I did*, je fis.

Explétif dans les affirmations, et sert à conjuguer
les verbes non-auxiliaires avec interrogation ou
avec la négation *not*: " DO *you really believe that
I have a soul?* " *said a coxcomb one day to Mr.****
"*I* DO *not know, sir, whether you have a soul or not;
but I* DO *know that I have one,*" *was the reply.*
« *Croyez*-vous que j'aie une âme?» dit un jour un
fat à M.*** « Je *ne sais pas*, monsieur, si vous avez
une âme ou non; mais je *sais bien* que j'en ai une,»
fut la réponse.

THÈME LXXXIII.

1. Vous ne voyez pas ce qu'il ne fait pas devant vous. 2. Que sais-je? Je ne sais pas. 3. Je
ne désapprouve pas assurément, a dit Andrieux,
qu'un cordonnier lise des poëtes, pourvu que
cela ne l'empêche pas de faire de bons souliers.
4. Madame*** se donne *en effet* de la peine *pour*
réparer les ravages du temps. 5. Je dis bien la
vérité. 6. Je la respectais bien. 7. Un orage impé-

tueux flétrit toujours la fleur qu'il ne déracine
pas. 8. La mauvaise foi n'aime pas à définir.

RÈGLE LXXXIV.

Prés. *I let,* je laisse; prét. *I let,* je laissais.

Permission, supplication, exhortation et com-
mandement : *I* let *him go out,* je le *laisse* sortir;
let *him depart from evil and do good, qu'il s'éloigne*
du mal et fasse le bien ; *I* et *there be light, and there
was light. Que* la lumière *soit,* et la lumière fut.

THÈME LXXXIV.

1. Je le laisse aller où bon lui semble. 2. Lais-
sez-nous conserver notre liberté. 3. Je le laissai
jouir du repos qu'il avait gagné à la sueur de son
front. 4. Que ce soit fait d'ici à quelques heures.
5. Que ton inclination soit soumise à ton devoir.

RÈGLE LXXXV.

Prés. *I must,* il faut que je; prét. *I must* (a,
il fallut que je.

Obligation, nécessité : se traduit quelquefois
par *devoir: when destiny wills, we* must *obey,*
quand la destinée commande, il *faut* que nous
obéissions, nous *devons* obéir.

THÈME LXXXV.

1. Pour convaincre, il suffit *de* parler à l'esprit; *pour* persuader, il faut aller jusqu'au cœur.
2. Il faut que le son soit l'écho* du sens. 3. On
perd à se desespérer d'un mal, plus de temps

(a) *Must,* en anglais, n'est pas impersonnel; *mortal man* must *die,* l'homme
mortel *faut* mourir, c'est-à-dire *doit* mourir.

qu'*il* n'*en* faudrait *pour* y remédier. 4. Il fallait (*a*) y consent*ir*. 5. Il faudra que nous partions. 6. Combien vous faut-il ? 7. Nous ferons ce qu'il faut. 8. Faut-il que je vous demande cela ? 9. Il faut être sorcier *pour* deviner cela. 10. Il faut que notre conversation ressemble *à* l'eau dont la meilleure est la plus claire et la plus simple *.

RÈGLE LXXXVI.

Prés. *I ought,* je dois ; prét.*I ought,* je dus , je devrais.

Devoir prononcé : *let us be persuaded that whatever does happen* , ought *to happen.* Soyons persuadés que tout ce qui arrive , *doit* arriver.

THÈME LXXXVI.

1. Les juges doivent se rappeler qu'ils sont chargés d'interpré*ter* la loi et non pas *de* la faire. 2. Les hommes devraient s'aimer comme des frères; ils doivent se considé*rer* comme membres d'une seule famille. 3. On devrait *se* faire un plaisir de son devoir.

RÈGLE LXXXVII.

Prés. *I can*, je peux ; prét. *I could*, je pus , je pourrais (c.-à-d. j'ai, j'eus , j'aurais le pouvoir).

Pouvoir indépendant , physique et moral (avoir le pouvoir) : *fire* can *soften iron*, le feu *peut* (a le pouvoir de) amollir le fer.

THÈME LXXXVII.

1. La plainte d'une injure publique * · ne peut

(*a*) *Falloir* se rend de diverses manières en anglais, j'en ai présenté des exemples dans cet exercice avec le mot propre dans les notes à la fin.

jamais être une diffamation. 2. Un impôt sur les bornes, a dit Shéridan, serait inconstitutionnel, puisqu'elles ne peuvent se réunir pour faire des remontrances. 3. Tout le mal qu'on ne peut éviter est allégé par la patience. 4. L'homme le plus heureux ne saurait (a) se passer d'un ami. 5. L'auteur, dit Bacon, est inférieur à l'homme, comme la meilleure partie de la beauté est celle qu'aucune peinture ne peut exprimer. 6. On ne peut mourir en France que subitement; la mort ne saurait autrement exercer son empire *, car il y a dans tous les coins des gens qui ont des remèdes infaillibles contre toutes les maladies imaginables *. 7. Il n'y a que la modestie ** et la docilité qui puissent excuser l'ignorance.

RÈGLE LXXXVIII.

PRÉS. *I may*, je peux; PRÉT. *I might*, je pus, je pourrais.

Pouvoir dépendant : permission, possibilité et probabilité : *I* MAY *do that if I* CAN, je peux (j'ai la permission de) faire cela si je le peux (si j'en ai le pouvoir). *It* MAY *rain*, il *peut* pleuvoir (il est possible qu'il pleuve, il est probable qu'il pleuvra, enfin, il se peut qu'il pleuve).

THÈME LXXXVIII.

1. Un homme peut braver l'opinion publique une femme doit s'y soumettre. 2. Quoiqu'il pleuve aujourd'hui, il pourrait faire beau demain. 3. Je pourrais le croire, si je ne le connaissais pas si bien. 4. Il pourra être de mon avis ; mais c'est fort incertain. 5. Les passions peuvent bien (3)

(a) Quand *saurait* s'emploie dans le sens de *pouvoir*, il faut traduire en anglais par *pouvoir*.

inspirer (2) quelquefois (1), mais elles conseillent mal. 6. On peut jouir *de* la santé, mais il faut qu'on endure * la maladie.

RÈGLE LXXXIX.

Différence entre can, could, *et* may, might.

La phrase suivante jette une vive lumière sur l'emploi de *can*, *could*, et de *may*, *might* : he MAY *bribe*, *but he* CANNOT *seduce* ; *he* MAY *buy*, *but he* CANNOT *gain* ; *he* MAY *lie*, *but he* CANNOT *deceive*, il *peut* corrompre (il est possible, il se peut qu'il corrompe), mais il ne *peut* pas (n'a pas le pouvoir de) séduire ; il *peut* acheter (il est possible, il se peut qu'il achète), mais il ne *saurait* (n'a pas le pouvoir de) gagner ; il *peut* mentir (il est possible, il se peut qu'il mente), mais il ne *saurait* (n'a pas le pouvoir de) tromper.

THÈME LXXXIX.

1. En Angleterre et en France on ne peut pas mettre un homme en jugement deux fois pour le même délit. 2. Le plus sûr est de ne mépriser et de ne désobliger personne : le moindre ennemi peut faire plus de mal que l'ami le plus zélé ne peut faire de bien. 3. Il se peut qu'il entende, mais il ne peut pas comprendre ; il peut voir, mais il ne saurait juger ; il peut réfléchir, mais il ne saurait décider.

RÈGLE XC.

PRÉS. *I shall*, je dois ; PRÉT. *I should*, je dus, je devrais.

A la première personne, prévient (annonce) ; aux deux autres, promet, commande, ou menace, c.-à-d., énonce une volonté (voir la conjugaison des verbes).

THÈME XC.

1. Nous consult*erons* les principes les plus stricts * de l'honneur. 2. Je ne préfér*erai* pas le plaisir à la réputation , *ni* les richess*es* à l'intégrité. 3. Les hommes devraient (*a*) réfléchir sur la brièveté de la vie et la grandeur de leurs devoirs.

RÈGLE XCI.

PRÉS. *I will*, je veux ; PRÉT. *I would*, je voulus , je voudrais.

A la première personne, promet, commande ou menace, c.-à-d., énonce une volonté ; aux deux autres prévient (annonce) (voir la conjugaison des verbes).

THÈME XCI.

1. Je veux le regarder moi-même. 2. Vous montrerez dans cette occasion la patience et la persévérance qui vous caractérisent , et vous recueillerez le fruit de vos travaux. 3. Celui qui ne veut rien aimer pour ne rien regret*ter*, ne sera pas regretté lui-même. 4. Voulez-vous savoir comment il faut donner? Mettez-vous à la place * de celui qui reçoit. 5. Les hommes voudraient être des anges, les anges voudraient être des dieux. 6. Voulez-vous (*b*) une plume? 7. Que voulez-vous (*c*) que je fasse? Je veux que vous fassiez votre devoir. 8. Quelques-uns voudraient que Dieu fît un autre monde *pour* contenter leurs extravagantes * fantaisies.

RÈGLE XCII.

Ces observations sur *shall* et *should*, et *will*

(*a*) *Should* peut s'employer au lieu de *ought;* c'est-à-dire, quand il s'agit de devoir marqué, obligation.

(*b-c*) *Vouloir* ne peut s'employer en anglais avec un régime sans un autre verbe; ainsi il faut traduire ici par : voulez-vous *avoir* une plume, que voulez-vous *avoir moi* faire? Cette différence provient de ce que *will* n'est pas employé ici comme verbe principal, mais bien comme verbe auxiliaire.

et *would*, s'appliquent parfaitement dans les phrases affirmatives et négatives ; mais , dans les phrases interrogatives , on emploie quand on prévient (annonce), *shall* au lieu de *will* à la seconde personne du singulier et du pluriel : SHALL *you go to the theatre to-morrow? irez*-vous demain au théâtre?

THÈME XCII.

1. Ecrirez-vous à la maison la semaine prochaine ? 2. Que ferez-vous sans votre compagnon de voyage ? 3. Dînerez-vous en ville demain? 4. Aurez-vous fini d'ici à une heure ?

RÈGLE XCIII.

Shall et *should* s'emploient à la 2e et à la 3e personne au lieu de *will* et *would* dans les prédictions ou dans les formes proverbiales ainsi qu'après les conjonctions *if*, si, et *unless*, à moins que : *ten dervises, says the Indian proverb*, SHALL *sleep in peace upon a single carpet, while two kings* SHALL *quarrel though they have kingdoms to divide them*, dix derviches , dit le proverbe indien, *dormiront* en paix sur un seul tapis , pendant que deux rois se *querelleront*, bien qu'ils aient des royaumes qui les séparent. *If he* SHOULD *call during my absence, beg him to wait unless he* SHOULD *be in too great a hurry*, s'il *venait* à passer pendant mon absence , priez-le d'attendre , à moins qu'il ne *fût* trop pressé.

THÈME XCIII.

1. Si vous le croyiez, vous seriez bien embarrassé , à moins que vous trouvassiez quelque moyen de vous tirer d'affaire. 2. Transporté dans les siècles à venir, le prophète commence : Une vierge concevra, une vierge mettra au monde un fils.

Le muet chantera, le boiteux dédaignera sa béquille.
La mort sera enchaînée de chaînes de diamant, et le
cruel * tyran de l'enfer ressentira la blessure éternelle **

RÈGLE XCIV.

Shall et *should*, à la 2ᵉ et à la 3ᵉ personne,
s'emploient au lieu de *will* et *would*, pour prévenir (annoncer), avec le dernier de deux verbes qui ne fait qu'énoncer ce que le sujet du premier dit, pense, ou sent: *do you say, do you
suppose you* SHALL *go to England this year?* dites-
vous, croyez-vous que vous *irez* en Angleterre cette
année? *He fears he* SHALL *lose his reputation*, il
craint qu'il ne *perde* sa réputation. Ainsi, selon
Crombie (*a*), *he hoped he* SHOULD *recover*, c'est
dire, il espérait qu'il (lui-même) se rétablirait,
et *he hoped he* WOULD *recover*, il espérait qu'il
(un autre) se rétablirait.

THEME XCIV.

1. Il a dit qu'il sera heureux de nous être
utile. 2. Swift pensait et prédisait qu'il mourrait
aliéné. 3. Vous espérez que vous ne perdrez pas
votre procès; et moi je crains que vous ne le gagniez.
4. Il prétend * qu'il ne sera jamais seul. 5. Johnson
a dit qu'il aimerait s'essayer à la chambre.

RÈGLE XCV.

Différence entre *shall, should*, et *will, would*.

La différence entre l'emploi de *shall*, *should*
et de *will*, *would*, deviendra très-claire par le
passage suivant extrait de Johnson :

I WOULD *injure no man and* SHOULD *provoke
no resentment: I* WOULD *relieve every distress and*

(*a*) *The Etymology and Syntax of the English Language.*

SHOULD *enjoy the benedictions of gratitude :* **I** WOULD *choose my friends among the wise and my wife among the virtuous ; and therefore* SHOULD *be in no danger from treachery or unkindness. My children* SHOULD *, by my care, be learned and pious, and* WOULD *repay to my age what their childhood had received.* Je ne nuirais (ne *voudrais* nuire) à personne, et je ne *provoquerais* point de ressentiment : je soulagerais (*voudrais* soulager) tous les malheurs, et je *jouirais* de toutes les bénédictions de la reconnaissance. Je choisirais (*voudrais* choisir) mes amis parmi les sages, et ma femme parmi les vertueuses ; et par conséquent, je n'*aurais* à craindre ni trahison ni malveillance. Mes enfants seraient (je *voudrais* qu'ils fussent), par mes soins, instruits et pieux, et ils *rendraient* à ma vieillesse ce que j'aurais accordé à leur enfance.

THÈME XCV.

1. Un étranger à Londres, étant tombé dans la *rivière de la* Tamise, s'écria : Je veux être noyé; je veux que personne ne me secoure : il voulait (2) sans doute (1) dire : je serai noyé; personne ne veut me secourir. 2. Nous dine*rons* à la maison; partagerez-vous notre repas ? 3. Je récompenserai les bons et je punirai les méchants. 4. Viendrez-vous la semaine prochaine ? Non, je ne viendrai pas. 5. Me ferez-vous ce plaisir ? 6. Tu ne tueras point. 7. Tu ne déroberas point. 8. Tu ne porteras point faux témoignage contre ton prochain. 9. Vous soumettrez-vous à cela ?

RÈGLE XCVI.

Après les verbes auxiliaires, y compris *to have* et *to be*, on ne répète pas l'infinitif ou le participe passé. Ils sont sous-entendus, *Have*

you SEEN *him to-day? No I* HAVE NOT (*seen him*
sous-entendu). L'avez-vous vu aujourd'hui? Non,
je n'ai *point* (*vu lui*). *I thought he loved me, but
he* DOES *not* (sous-entendu *love me*), je croyais qu'il
m'aimait, mais il ne m'*aime* pas.

C'est l'auxiliaire *do* qui remplace un verbe non-
auxiliaire, parce que celui-ci se conjugue avec négation ou interrogation à l'aide de *do*.

THÈME XCVI.

1. Nous devrions songer, dit un jour Monsieur Shandy à sa femme, à mettre cet enfant
en culotte. — Nous devrions y songer. Nous tardons
trop à le faire. — Je pense que nous tardons trop.
Mais il est fort bien en veste et en tunique **.— Il
y est fort bien. Et ce serait dommage de les *lui*
ôter. — Ce le serait. Mais il devient grand garçon.
— Il devient grand pour son âge. Je ne peux pas
m'imaginer à qui il ressemble. — Je ne peux pas
me l'imaginer *non plus*. Je suis très-petit. — Oui,
vous l'êtes.

RÈGLE XCVII.

Dans les phrases négatives, les négations *not*,
pas *ou* point, *never*, jamais, se placent après le
verbe auxiliaire, quoique les autres négations
soient placées après l'infinitif ou le participe
passé : *I have* NOT *seen him*, je ne l'ai *pas* vu.
I have seen NOTHING, je n'ai *rien* vu. A l'impératif, *not* et *never* sont séparés de l'auxiliaire par le
pronom personnel : *let me* NEVER *know dishonor*,
que je ne connaisse *jamais* le déshonneur.

On voit bien que *not* et *never* sont de véritables *adverbes*
de négation, tandis que les autres renferment un nom ou un
pronom; ce qui explique la différence de la place qu'ils occu-
pent dans la phrase.

THÈME XCVII.

1. Je ne l'ai pas fait. 2. Il ne nous verra

pas. 3. Je ne peux le dire. 4. Je ne peux rien voir. 5. Il ne faut pas que vous partiez. 6. Vous ne devriez pas vous conduire de la sorte. 7. Nous n'aimons pas ses défauts. 8. Je ne conçois pas ses projets. 9. Je n'ai trouvé personne. 10. Remplissez tous vos devoirs aujourd'hui; vous n'êtes pas sûr de vivre demain. 11. Il n'*en* a caché aucun.

RÈGLE XCVIII.

Dans les phrases interrogatives , le pronom personnel, ou *même le nom*, se place après l'auxiliaire: *Shall I come*? viendrai-*je*? WILL MY FATHER *come*? Littéralement , viendra mon père ? Mon père viendra (–t–il) ? WERE BYRON AND SCOTT *contemporaries*, *Byron et Scott étaient* (–*ils*) contemporains?

Il faut bien remarquer par les deux derniers exemples que quand le nom est sujet du verbe, le pronom personnel du français se retranche en anglais (*a*).

THÈME XCVIII.

1. Le verrez-vous ? 2. Monsieur votre frère le verra-t-il ? 3. Le saurait-il ? 4. Sont-ils heureux? 5. Burns est-il connu en France ? 6. L'avez-vous raconté à d'autres ? 7. L'honneur peut-il remettre une jambe ? ou un bras ? Non; l'honneur est-il donc inexpert en chirurgie ? 8. Les hommes

(*a*) Pour aider l'élève à mieux saisir cette règle d'ailleurs bien facile, reprenons la phrase *Will my father come* ? *Mon père viendra-t-il ?* 1° Le nom n'est pas, en anglais, en tête de la phrase ; c'est par le verbe qu'on commence : Ainsi donc en supprimant le pronom personnel *il*, nous avons *viendra mon père ?* 2° *Viendra* se rend par *veut venir*; donc *veut venir mon père ?* 3° Cette règle même nous apprend que le pronom ou même le nom se place après l'auxiliaire, donc *veut mon père venir* ? WILL MY FATHER *come* ? Encore un exemple : *L'Écriture nous enjoint-elle d'aimer père et mère ?* 1° *Nous enjoint l'Écriture d'aimer père et mère ?* 2° *Nous fait enjoindre l'Écriture d'aimer père et mère?* 3° *Nous fait l'Écriture enjoindre d'aimer père et mère ?* DOES SCRIPTURE ENJOIN *us to love our father and mother* ?

doivent-ils expier non-seulement leurs crimes, mais encore leurs vertus? 9. O puissant César! toutes tes conquêtes, ta gloire⁺⁺, tes triomphes, sont-ils réduits à cette étroite mesure?

RÈGLE XCIX.

Les verbes auxiliaires défectueux n'ont pas d'infinitif, et précédant un autre verbe à l'infinitif, on retranche la particule *to* (a); cependant *ought* la prend.

Ex. : *Why* SHOULD *you* ENVY *others so great an advantage? All skill* OUGHT TO *be exerted for universal good; every man has owed much to others and* OUGHT TO *repay the kindness that he has received.* Pourquoi *envieriez*-vous aux autres un si grand avantage? Tous les talents *devraient* être employés pour le bien général; chacun a dû beaucoup aux autres, et il *devrait* rendre le bienfait qu'il a reçu.

THÈME XCIX.

1. Le conseil doit marcher avant l'action, pour n'être pas suivi du repentir. 2. Le but principal de l'étude est, selon Montaigne, d'apprendre à *bien* vivre et à bien mourir. 3. Comment pouvez-vous le dire? 4. Vous devriez avoir honte. 5. Je ne peux pas croire *à une* telle turpitude; on devrait éviter tout commerce avec lui. 6. Lui direz-vous cela? Lui en parlerez vous vous-même? 7. Je voudrais vous voir faire une chose pareille. 8. C'est vous que je prie de le faire. 9. J'entends parler d'ici. 10. Il me fait faire ce qu'il veut. 11. Vous

---

(a) Il y a quelques verbes, outre les verbes auxiliaires, qui rejettent également la particule *to* devant l'infinitif dont ils sont suivis. Ce sont : *to behold*, contempler, voir; *to bid*, ordonner, prier; *to feel*, sentir; *to hear*, entendre ouïr); *to make*, faire; *to need*, avoir besoin; *to see*, voir. *To dare*, oser, n'exige pas mais peut la prendre.

n'osez pas le lui dire en face. 12. Vous n'avez pas besoin de me l'annoncer ; je le verrai arriver. 13. Quoique trop indolent* *pour* acquérir de la fortune, il n'é:ait pas insensible* au plaisir de le voir s'accumuler.

RÈGLE C.

Ces verbes auxiliaires défectueux n'ayant pas d'infinitif, ne peuvent avoir de participe ni présent ni passé (parce que ceux-ci dérivent de l'infinitif): et conséquemment ne peuvent prendre de temps composés comme en français. On emploie donc ces verbes auxiliaires dans leurs temps simples et le verbe suivant dans ses temps composés : *I* SHOULD HAVE SEEN *you earlier*, j'aurais dû vous voir de meilleure heure ; littéralement, je *devrais* vous *avoir vu* ; *I* WOULD HAVE DONE *so*, *if I* COULD, *j'aurais voulu* le faire si je l'*avais pu;* littéralement, je *voudrais* l'*avoir fait,* si je *pouvais* (l'*avoir fait,* sous-entendu).

THÈME C.

1. J'aurais pu agir différemment si les circonstances m'eussent été plus favorables. 2. N'aurait-il pas dû me prévenir de son arrivée? 3. Seulement un seigneur et un écuyer pour deux schellings ! Sottes (2) *que* vous (1) *êtes !* J'aurais pu vous promettre un prince et un nabab pour *la* moitié *de* l'argent. 4. J'aurais voulu l'entendre. — Pour cela il aurait fallu l'écouter. 5. C'est une réflexion bien mortifiante de considérer ce qu'on a fait, comparé à ce qu'on aurait pu faire.

RÈGLE CI.

Pour rendre l'infinitif et le participe présent des verbes auxiliaires défectueux on emploie une périphrase ; ainsi, au lieu de *pouvoir*, on dit TO BE ABLE, *être capable; devoir*, TO BE NECESSARY, *être nécessaire; vouloir*, TO BE WILLING, *être voulant*, pour ainsi dire, avoir la volonté, le désir; *falloir*, TO BE OBLIGED, *être obligé* ou TO BE NECESSARY, *être nécessaire*. Les autres verbes auxiliaires doivent (et ceux dont je viens de faire l'énumération le peuvent) remplacer cet infinitif par un autre présent ou prétérit de l'indicatif : *I think I* OUGHT *to do it*, je crois (que) je devrais le faire ; *I think I* CAN, je crois (que) je peux.

THÈME CI.

1. J'espère pouvoir vous être utile. 2. Je ne crois pas devoir vous l'écrire. 3. Il n'y a rien de plus satisfaisant que de pouvoir faire du bien avec justice. 4. Il dit vouloir coopérer. 5. Celui qui se venge est bien malheureux, il ne pourra plus pardon*ner*. 6. Un sot jette une pierre dans la mer, cent sages ne pourront la retirer.

Thème général sur les Verbes Auxiliaires défectueux.

1. Le verrez-vous aujourd'hui? Oui, je le verrai. Peut-être l'avez (2) vous (1) déjà vu? Non, je ne l'ai pas vu. 2. N'aurait-il pas dû m'avertir du danger*? 3. Il faut faire le bien pour le plaisir de bien faire. 4. Duguesclin (14ᵉ siècle), connétable de France, le plus grand homme de l'état et l'un des plus grands hommes de son siècle, ne savait (pouvait) ni lire ni écrire. 5. C'est peu, dit Quintilien, que le lecteur puisse nous entendre quand il le veut, il faut qu'il nous entende quand même il ne le voudrait pas. 6. Vous ne travaillez pas toute la journée comme lui. 7. Les jeunes gens devraient cultiver avec soin les affections. 8. Que les grands dieux découvrent maintenant leurs ennemis. 9. Comme on demandait *à* Aristippe quel avantage il retirerait de

sa philosophie**, celui de pouvoir parler librement
aux hommes de toutes les conditions, répondit-il.
10. Il aurait pu faire du bien, s'il l'avait voulu ; mais
il a mieux aimé le mal qu'il aurait pu éviter que le
bien qu'il aurait dû faire. 11. Celui qui admire (2) de
bonne foi (1) le mérite d'autrui, ne peut en manquer
lui-même. 12. Bion, voyant un jour (1) venir (2) à
lui un envieux qui paraissait très-affligé, *il* lui dit :
Vous est-*il* arrivé quelque malheur, ou *bien* quelque bonheur est-*il* arrivé *à* un autre ? 13. Voulez-
vous du succès ? travaillez. Ne faut-il pas prendre de
récréation ? Oui, il en faut ; mais si la vie entière est
une récréation, il n'y a plus de récréation. 14. Ar-
gus avec ses cent yeux a dû pouvoir voir. 15. Vous
flattez-vous, dit un jour Anacharsis à Solon, pendant
que celui-ci formait ses lois, que vous pourrez réprimer l'injustice* et les passions des hommes par
des injonctions écrites ? 16. J'aurais voulu qu'il y
allât plus tôt. 17. Il n'osera jamais le faire. 18. Il
croyait qu'il en serait toujours reconnaissant. 19. La
récompense de la vertu est-elle le pain ? 20. L'avez-
vous obtenu ? Oui, je l'ai obtenu. 21. On devrait
faire son devoir avec discernement. 22. Mon fils ap-
prend-il si bien tout ce qu'on y enseigne ? 23. Un
homme de bien doit être content quand il n'a rien à
se reprocher. 24. Vous n'avez pas besoin de me dire
cela. 25. Apprenons à considér*er* la vie comme un
passage et les hommes comme des voyageurs. 26. Je
croyais qu'il n'apprenait pas l'anglais, mais il l'apprend. 27. La jeunesse doit toujours respect*er* la
vieillesse. 28. Me ferez-vous ce plaisir ? Oui, je vous
le ferai. 29. Alors (au retour du Messie), dit Pope,
les palais s'élèveront ; le fils heureux achèvera ce
qu'aura commencé son père dont la vie fut trop
courte. Leurs *vignes* offriront une ombre à leur race* ;
et la même main qui a semé, récoltera le champ.
30. Je ferais du bien aux hommes ; je jouirais peut-

être *de* leur reconnaissance ; cette reconnaissance serait le motif** de nouveaux services : eux *en* seraient contents, et moi, j'*en* serais heureux. 31. Je devrais le voir. 32. Annoncerez-vous vos intentions à son égard ? 33. Dans le mal, la première condition, dit Bacon, est de ne pas vouloir, la seconde, de ne pas pouvoir. 34. Il sera heureux ; qu'il le soit, s'il le peut. 35. Pourquoi l'homme n'a-t-il pas un œil microscopique** ? *C'est* par la simple raison que l'homme n'est point une mouche. 36. Il se peut que je sache quelquefois ce que je ne veux pas dire ; mais je ne dois jamais dire ce que je ne sais point. 37. Priez-le de parler. 38. Il aurait pu faire plus de progrès. 39. Ne m'avez-vous pas dit que vous iriez en Italie cette année ? — Oui, je vous l'ai dit ; mais c'est mon frère qui croyait qu'il y irait et moi je devais l'accompagner. 40. Que direz-vous à cela ? 41. Souvent un homme qui a pris part à une affaire publique * ne veut pas l'écrire avec impartialité ; et un homme qui n'y a pas pris part, ne *le* peut pas. 42. On répète souvent que pauvreté n'est pas vice* ; on devrait aussi se persuader que richesse (*pl.*) n'est pas vertu. 43. Quand on peut tout ce que l'on veut, il n'est pas aisé de ne vouloir que le bien d'autrui. 44. Sterne dit de son père qu'on aurait pu le tromper dix fois par jour. si neuf *fois* n'eussent pas suffi.

VERBE REGULIER. SEULE CONJUGAISON.

RÈGLE CII.

TO SEAL (a).

INFINITIF.	To *seal*,	cachet-er.
PARTICIPE PRÉSENT.	*Seal-ing*,	cachet-ant.
PARTICIPE PASSÉ.	*Seal ed*,	cachet-é.

(a) Les verbes conservent, dans leurs conjugaisons, l'accent ainsi que la prononciation entière de l'infinitif : *To wa'ter*, arroser, *wa'tering* : to per'don, pardonner, *par'doneat*.

INDICATIF.

PRÉSENT.

I seal, je cachèt-e.   *We seal,* nous cachet-ons.
Thou seal-est, tu cachèt-es.   *You seal,* vous cachet-ez.

He seal-s, seal-eth (a), cachèt-e. { *They seal,* ils *ou* elles cachèt-ent.

PRÉTÉRIT.

I seal-ed,	je cachet-ais, aî.
Thou seal-edst,	tu cachet-ais, aî.
He seal-ed,	il cachet-ait, a.
We seal-ed,	nous cachet-ions, -âmes.
You seal-ed,	vous cachet-iez, -âtes.
They seal-ed,	ils cachet-aient, -èrent.

FUTUR

de simple énoncé.   indicatif de la volonté de la personne
                             qui parle ou qui écrit.

I shall seal, je cachèterai.   *I will seal,* je veux cacheter.
Thou wilt seal, tu cachèteras.   *Thou shalt seal,* je veux que tu cachètes.
He will seal, il cachètera.   *He shall seal,* je veux qu'il cachète.
We shall seal, nous cachète-rons.   *We will seal,* nous voulons cacheter.
You will seal, vous cachèterez.   *You shall seal,* je veux que vous cachetiez.
They will seal, ils cachèteront.   *They shall seal,* je veux qu'il cachètent.

CONDITIONNEL

de simple énoncé.   indicatif du devoir conditionnel (b).

I should seal, je cachèterais.   *I would seal,* je voudrais cacheter.

(a) *Th,* de la troisième personne du présent de l'indicatif des verbes réguliers, s'emploie comme *hath* au lieu de *has.* (V. note *b-c-d,* p. 99.)
(b) C'est-à-dire à la seconde et à la troisième personne du singulier et du pluriel. La première personne exprime plutôt un désir.
Il existe la même différence entre les deux futurs et les deux conditionnels de tous les verbes.

Thou wouldst seal, tu cachète- | Thou shouldst seal, tu devrais
rais. | cacheter.
Hé would seal, il cachèterait. | He should seal, il devrait ca-
| cheter.
We should seal, nous cachète- | We would seal, nous voudrions
rions. | cacheter.
You would seal, vous cachète- | You should seal, vous devriez
riez. | cacheter.
They would seal, ils cachète- | They should seal, ils devraient
raient. | cacheter.

IMPÉRATIF.

Let me seal,   que je cachèt-e.
Seal,   cachèt-e.
Let him seal,   qu'il cachèt-e.
Let her seal,   qu'elle cachèt-e.
Let us seal,   cachet-ons.
Seal,   cachet-ez.
Let them seal,   qu'ils ou qu'elles cachèt-ent.

SUBJONCTIF.

PRÉSENT.

That I seal,   que je cachèt-e.
That thou seal,   que tu cachèt-es.
That he seal,   qu'il cachèt-e.
That we seal,   que nous cachet-ions.
That you seal,   que vous cachet-iez.
That they seal,   qu'ils cachèt-ent.

PRÉTÉRIT.

That I seal-ed,   que je cachet-asse.
That thou seal-edst,   que tu cachet-asses.
That he seal-ed,   qu'il cachet-ât.
That we seal-ed,   que nous cachet-assions.
That you seal-ed,   que vous cachet-assiez.
That they seal-ed,   qu'ils cachet-assent.

THÈME CII.

(On comprend dans les thèmes sur le verbe régulier, les temps réguliers même des verbes irréguliers.)

1. Le philosophe chinois visit*ant* l'Angleterre à *l'époque* *d*'une élection générale, fit cette réflexion: Si j'avais cinq cents têtes, et *que* chacune

d'elles fût munie d'*un* cerveau, elles (3) seraient (2-4) encore (1) insuffisantes *pour* calculer le nombre de vaches, de cochons, d'oies et de dindons qui, dans cette occasion, meurent pour le bien de la patrie. 2. On suppose* que le premier journal fut publié en Angleterre en 1588, sous le règne d'Elisabeth, pour dissiper les terreurs du peuple, lorsque ce pays fut menacé de l'armée espagnole, dite l'Invincible, qu'avait envoyée Philippe II, fils de Charles-Quint. 3. On a dit de la mort : elle sépare les amis, elle ruine la beauté, elle rit de la jeunesse et elle jette un voile noir sur les plaisirs de la vie. 4. Prêtez à (*a*) Jean mon dictionnaire. 5. Ecrivez à Madame votre mère une longue lettre ; mais adressez à M. votre père les renseignements que vous avez pris. 6. Il a envoyé à son ancien précepteur une magnifique édition de Byron. 7. Il ne m'a pas annoncé votre arrivée. Donnez-moi la lettre, je l'y trouverai. 8. Appliquez à un autre, mais non pas à moi, votre nouvelle mesure. 9. Mon parent m'a accordé la faveur que je lui ai demandée. 10. C'est lui qui m'a appris le peu que je sais. 11. Franklin a attiré à la terre les éclairs (*sing.*) du ciel. 12. Donnez moi un compagnon de voyage , ne fût-ce que pour lui dire comme nos ombres s'allongent à mesure que le soleil descend ! Quelle fraîcheur dans la nature ! Que les fleurs des champs sentent

---

(*a*) Quand le datif précède l'accusatif, on retranche la préposition *to* , afin d'arriver plus directement à l'accusatif : *the last words of Lord Chesterfield , the politest man of his age , were : Give* DAYROLLES *a chair.* Les dernières paroles de lord Chesterfield , l'homme le plus poli de son siècle, furent, Donnez *a Dayrolles* une chaise. Si le datif avait suivi l'accusatif, il aurait dit : *Give a chair to Dayrolles.*

Mais lorsque le verbe se compose de la préposition latine *ad* , le *to* doit être conservé , parce que , par un principe plus élevé encore, tout mot qui prend une préposition régit celle qu'il renferme en lui-même : *he* APPROPRI-*ates* (*ad-proprius*) TO *himself the property of others,* il s'approprie le bien d'autrui. Ici le *to* ne pourrait pas se retrancher.

Le datif doit précéder l'accusatif, quand celui-là se compose d'un membre de phrase moins long que l'accusatif : *give* HIM *a chair* , donnez-*lui* une chaise. Personne ne dirait : *give a chair* TO HIM.

bon! Que ces fruits* sont délicieux. 13. Le monde,
vu de loin, est comme une riante perspective ; tout le
charme disparaît lorsqu'on y pénètre. 14. La petitesse
d'esprit fait l'opiniâtreté. 15. Les maximes des
hommes décèlent leurs cœurs. 16. L'avare dérobe
tout à ses besoins pour enrichir son imagination.
17. Guillaume III témoigna sa bienveillance à Swift,
en *lui* offrant *de* le nommer capitaine de cavalerie.
18. Le guerrier y cueillait des lauriers, mais il y ré-
pandait aussi des cyprès. 19. Il ne march*era* jamais,
dit le Caporal Trim. — Il marchera *bien*, répondit
mon oncle Toby. Il ne marchera jamais, si ce n'est
au tombeau. — Je veux qu'il marche à son régiment.
Il ne pourra pas y tenir. — Il sera soutenu. Il tombera
à la fin, et que deviendra son fils? — Je ne veux pas
qu'il tombe. Le pauvre homme mourra. — Je ne
veux pas qu'il meure, s'écria mon oncle Toby.
20. L'homme faible tremble* devant l'opinion, le fou
la brave*, le sage la juge, l'homme habile la dirige.
21. Les pères revivraient dans leurs enfants. 22. Nous
verserions notre sang pour le bien de la patrie.
23. Je ne l'en croyais pas capable. 24. Qu'il élève son
âme si haut, que l'offense ne parvienne pas jusqu'à
elle. 25. Que personne, dit un proverbe oriental,
ne tire un lion mort par la barbe. 26. Examinons
d'abord, et jugeons après. 27. Espérez tout, et ne
désespérez de rien. 28. Une femme qui vise à la célé-
brité n'atteint (2) souvent (1) que (2) le ridicule (1).
29. Lisez les œuvres d'Homère le jour, et méditez-
les *pendant* la nuit. 30. Un homme *fait* qui abuse *de*
sa force contre des enfants, peut craindre qu'ils *ne*
rendent (a) ces violences (*sing.*) à sa décrépitude.

(a) Le subjonctif (*Voyez* note de la *Grammaire* sur le subjonctif du verbe
to have) est d'un usage très-restreint. Il n'y a pas de verbe en anglais,
à peine de conjonction qui demande, comme en français, à en être suivi. Il
faut traduire le verbe au subjonctif par le temps de l'indicatif qu'on em-
ploierait en français, si l'indicatif pouvait s'employer: *I desire you* WILL

31. On se croit dispensé* d'être un homme de bien, pourvu qu'on soit un homme agréable. 32. On ne demande que quatre choses à (de) une femme : que la vertu habite *dans* son cœur ; que la modestie brille sur son front ; que la douceur découle de ses lèvres, et que le travail occupe ses mains. 33. Il est impossible que je croie cela. 34. Permettez que je vous fasse ce plaisir. 35. Que vouliez-vous qu'il fît ? Qu'il mourût. 36. Regulus exhort*a* les Romains à continue*r* la guerre quoiqu'il sût que ce conseil lui coûterait la vie. 37. Entends d'abord et parle après. 38. Lorsque Arnauld désira que Nicolle (tous deux du Port-Royal) l'aidât dans un nouvel ouvrage, celui-ci dit : « Nous sommes maintenant vieux, n'est-il pas temps que nous *nous* reposions ? » — « *Nous* reposer, » répondit Arnauld, « n'avons-nous pas toute l'éternité *pour nous* y reposer ? »

OBSERVATION SUR LE PRÉSENT ET LE PASSÉ DES VERBES.

RÈGLE CIII.

Le présent de l'indicatif peut s'exprimer en anglais de trois manières :

I seal,	*I do seal,*	*I am sealing,*	je cachète.
He sings,	*he does sing,*	*he is singing,*	il chante.

---

do it, je désire que vous le *fussiez* : *I desired you* WOULD *do it,* je désirais que vous le *fissiez* (littéralement *ferez* et *feriez*). Si l'élève se trouve embarrassé pour trouver le temps dont il doit se servir, qu'il change le verbe qui régit le subjonctif en un autre qui ne le régit pas (*espérer*, par exemple), et le temps se présentera alors tout naturellement.

On a également une autre forme en anglais qui remplace le subjonctif français, c'est la préposition *for* avec l'infinitif, forme qui s'emploie principalement après les adjectifs : *it is more essential* FOR *him* TO HAVE *judgment than courage,* il est plus essentiel *qu'il ait* du jugement que du courage.

Quelquefois on emploie comme en latin un simple régime, suivi de l'infinitif : *if you wish* ME TO WEEP, si vous voulez *que je pleure* (littéralement si vous voulez *moi à pleurer,* en latin, *si vis me flere*).

On ne peut toujours employer ces trois formes indifféremment. L'usage indiquera laquelle il faudra choisir.

Le passé de l'indicatif peut aussi s'exprimer de trois manières, savoir :

I sealed,	*I did seal,*	*I was sealing,*	je cachetais.
He sang,	*he did sing*	*he was singing,*	il chantait.

I seal, I sealed, énonce l'idée générale, indéterminée ou bien l'habitude : je cachète, je cachetais ou je suis, j'étais habitué à cacheter. *I do seal, I did seal,* ajoute de la force, de l'énergie, je cachète, je cachetais, quoiqu'on dise le contraire *a*. *I am sealing* désigne que c'est au moment actuel que je cachète ; comme *I was sealing* désigne *simultanéité*, ce qui est le véritable imparfait français : *I cannot say that I* READ *novels, but I* DO READ *Sir Walter Scott, and at present I* AM READING *Bulwer*, je ne puis dire que je *lis* les romans, mais je *lis bien* Sir Walter Scott, et à présent je *lis* Bulwer.

THÈME CIII.

1. Quand Savage aimait quelqu'un, il supprimait tous ses défauts; et quand il en avait été offensé, il taisait toutes ses vertus. 2. Il ne sent pas sa perte. — Si, il la sent bien. 3. Olivier Cromwell, en débouchant une bouteille de vin, laissa tomber le tire-bouchon. Ses courtisans et ses généraux se jetèrent à terre pour le ramasser. Cromwell éclata de rire. « Un sot, dit le protecteur, s'imaginerait que vous cherchez le Seigneur (phrase * très-célèbre des puritains du temps), et vous ne cherchez qu'un tire-bouchon. 4. Pope sommeilla un jour à sa propre table * pendant que le prince de Galles, qui est toujours l'héritier de la couronne d'Angleterre, parlait de poésie. 5. Il n'écrivit pas à sa famille. — Je

---

(a) C'est-à-dire dans les phrases affirmatives, car dans les négations ou interrogations c'est le sens ordinaire, précisément comme *I seal, I sealed.*

sais qu'il lui écrivit. 6. Je le comprends (a) bien,
mais j'en doute. — Vous en doutez? — Oui, j'en
doute fort. 7. Je vois, je sens qu'il a tort. 8. Et moi,
je crois le comprendre. 9. Vous allez, mon fils, à
Londres à pied, de la manière dont Hooker, notre
grand ancêtre, y allait 10. Il accomplit sa promesse.
— Oh *que* oui ! il l'accomplit bien ! 11. Nous nous
plaignons toujours de la brièveté de la vie, et nous
agissons comme si elle devait durer toujours.

RÈGLE CIV.

La prononciation exige que les verbes réguliers
subissent, dans leur conjugaison, des modifications
semblables à celles des adjectifs dans leurs degrés de comparaison (*Voy.* Règles XLIV, XLV,
XLVI).

A ces modifications près, les verbes réguliers forment leur prétérit et leur participe passé, en ajoutant *ed* à l'infinitif, comme : *to call,* appeler,
called.

THÈME CIV.

1. Saladin, le plus héroïque des monarques
sarrazins, apprenant que Richard, surnommé «Cœur
de Lion, » chef de l'armée ennemie, était dangereu-
sement malade, et que sa maladie exigeait du fruit
frais et de la neige, fut assez généreux pour lui en
envoyer à profusion, et ainsi *il* sauva la vie du seul
ennemi qu'il redoutât. 2. Une défiance continuelle**
fait payer trop cher l'avantage de n'être pas trompé.

(a) Il faut excepter de la dernière manière (*to be* avec le participe présent),
les verbes qui marquent les mouvements de l'âme ou de l'esprit et l'opération
des sens, parce que, dans ces verbes en général, l'action s'accomplit dès
qu'elle commence, elle se termine en commençant; par conséquent elle ne
peut avoir que le *moment actuel* de son existence, et ainsi aucune distinction de temps ne peut être nécessaire : I CONCEIVE *his success*, je conçois ses
succès; I HEAR *a sound from afar*, j'entends un son au loin. On ne pourrait
dire, ni *I am conceiving* ni *I am hearing.*

3. L'enfer, a dit Johnson, est pavé* de bonnes intentions. 4. On l'a assourdi. 5. Il m'a ruiné. 6. La probité et l'honneur seront toujours préférés au talent. 7. Il adorait les arts. 8. Vous avez projeté beaucoup d'excellentes* choses. 9. C'est un homme qui réjouissait le cœur de la veuve et de l'orphelin. 10. Il différa de commencer (*part. prés.*). 11. Malheureusement nous avons trop longtemps différé; soyons d'accord en tout point*. 12. Il jouait fort mal. 13. Dans la guerre entre César et Pompée, Cicéron se joignit à Pompée : Vous êtes *le* bienvenu, dit celui-ci; mais où est votre gendre (Dolabella, qui était du parti de César)? Avec votre beau-père, répondit Cicéron (César était le beau-père de Pompée; il lui avait donné en mariage sa fille Julie). 14. Les hommes honorables* dont les poignards ont frappé César. 15. Ils eurent besoin de secours. 16. Il a été un temps où la hauteur immense des coiffures mettait le visage d'une femme au milieu d'elle-même; dans un autre c'étaient les pieds qui occupaient cette place*; les talons faisaient un piédestal qui les tenait en l'air*. 17. La vie de tous ceux qui aiment et sont aimés est double*. 18. Ce n'est pas quand une vilaine action vient d'être faite qu'elle nous tourmente; c'est quand longtemps après on se la rappelle; car le souvenir ne s'en éteint point.

RÈGLE CV·

La même observation s'applique également au participe présent (-*ing*); seulement, afin que les deux *i* ne se trouvent pas ensemble, le *y*, même précédé d'une consonne, ne se change pas en *i*, et les verbes se terminant par *ie*, changent *ie* en *y* : *to die*, mourir, *dying*.

THÈME CV.

1. Sir William Jones, à l'âge de trente-

6.

cinq *ans*, résolut *de* ne plus apprendre de rudiments d'aucune espèce, mais de se perfec*tionner* d'abord, en douze langues, comme le moyen d'acquérir (*part. prés.*) une connaissance exacte de l'histoire des sciences et des arts*. Ces langues étaient le grec, le latin*, l'italien, le français, l'espagnol, le portugais, l'hébreu, l'arabe, le perse, le turc, l'allemand et l'anglais. 2. En remédiant au mal, le médecin tua le malade. 3. Le pharmacien est continuellement occupé à contre-miner (*part. prés.*) le cuisinier et le cabaretier. 4. Concourons tous au bien général, ensevelissant dans l'oubli toutes nos discordes passées et présentes. 5. En différant le danger*, souvent (2) on (1) l'augmente. 6. On dit que Galilée se relevant lorsqu'il abjura son hérésie** devant les cardinaux* de l'inquisition, le 22 juin 1633, dit à l'oreille d'un de ses amis : Mais cependant (4) elle (1) (la terre (2)) tourne (3). 7. Un misérable impie traînait son père le long d'un mur. Le père le pria de ne le traîner qu'à un certain endroit; car, dit-il, je n'ai pas traîné mon père plus loin. 8. Aspirant à être des dieux, les anges tombent; aspirant à être des anges, les hommes sont rebelles.

RÈGLE CVI.

A la troisième personne du singulier du présent de l'indicatif de tous les verbes réguliers ou irréguliers (à l'exception seulement des verbes auxiliaires), on ajoute s. La prononciation exige les mêmes modifications à cette règle que celles que subissent les noms au pluriel (*voy.* Règles XIV, XV, XVI); cependant le *f* du verbe ne change jamais en *ves*.

THÈME CVI.

1. La liberté, dit Longin, est la nourrice du vrai génie; elle anime l'esprit et fortifie les espé-

rances des hommes; elle excite* une honorable
émulation et le désir d'exceller (*part. prés.*) dans
tous les arts. Vous pouvez trouver toutes *les* autres
qualités parmi ceux qui sont privés de la liberté;
mais un esclave ne devint jamais un bon orateur;
il ne peut être (2) qu' (1) un pompeux flatteur. 2. Un
homme qui garde des richesses et n'en jouit pas,
ressemble à un âne qui porte de l'or et mange des
chardons. 3. Il sort tous les matins. 4. La vertu finit
où l'excès commence*. 5. Il congédie souvent ses domestiques. 6. Exiger de la reconnaissance c'est se faire
payer une dette qui ne profite pas au créancier (par
laquelle le créancier n'est pas avantagé), et que le
débiteur paie avec répugnance. 7. Il mouche la
chandelle. 8. La flatterie corrompt la vertu, et la
médisance la décrie. 9. Celui qui fait tort à un, *en*
menace cent. 10. Celui qui étudie la vengeance,
tient ses propres blessures ouvertes. 11. La mort
éteint l'envie**. 12. La mer engloutit (2) aujour-
d'hui (1) toute (4) leur (3) armée.

RÈGLE CVII.

NÉGATION. Pour conjuguer avec négation les
verbes non-auxiliaires, on ajoute dans le style relevé *not*, ne pas; *never*, ne jamais, etc., comme aux verbes auxiliaires; mais dans le style ordinaire, on emploie, excepté à l'infinitif, le verbe
to do avec la négation *not*, quoiqu'on ne l'emploie
pas avec les autres négations.

Le futur et le conditionnel, ayant déjà un verbe
auxiliaire, ne peuvent en prendre d'autre; ainsi
partout où il n'y a pas déjà verbe auxiliaire, excepté à l'infinitif, on emploie *do* avec le mot *not*.

VERBE RÉGULIER AVEC NÉGATION.

INFINITIF.	*Not to seal*,	ne pas cacheter.
PART. PRÉS.	*Not sealing*,	ne cachetant pas.
PART. PASS.	*Sealed*,	cacheté.

INDICATIF.

PRÉSENT.

I do not seal,	je ne cachète pas.
Thou dost not seal,	tu ne cachètes pas.
He does not seal,	il ne cachète pas.
We do not seal,	nous ne cachetons pas.
You do not seal,	vous ne cachetez pas.
They do not seal,	ils ne cachètent pas.

PRÉTÉRIT.

I did not seal,	je ne cachetai pas.
Thou didst not seal,	tu ne cachetas pas.
He did not seal,	il ne cacheta pas.
We did not seal,	nous ne cachetâmes pas.
You did not seal,	vous ne cachetâtes pas.
They did not seal,	ils ne cachetèrent pas.

FUTUR.

I shall not seal,	je ne cachèterai pas.
Thou wilt not seal,	tu ne cachèteras pas.
He will not seal,	il ne cachètera pas.
We shall not seal,	nous ne cachèterons pas.
You will not seal,	vous ne cachèterez pas.
They will not seal,	ils ne cachèteront pas.

CONDITIONNEL.

I should not seal,	je ne cachèterais pas.
Thou wouldst not seal,	tu ne cachèterais pas.
He would not seal,	il ne cachèterait pas.
We should not seal,	nous ne cachèterions pas.
You would not seal,	vous ne cachèteriez pas.
They would not seal,	ils ne cachèteraient pas.

IMPÉRATIF.

Let me not seal,	que je ne cachète pas.
Do not seal,	ne cachète pas.
Let him not seal,	qu'il ne cachète pas.
Let us not seal,	ne cachetons pas.
Do not seal,	ne cachetez pas.
Let them not seal,	qu'ils ne cachètent pas.

SUBJONCTIF.

PRÉSENT.

That I do not seal,	que je ne cachète pas.
That thou do not seal,	que tu ne cachètes pas.

That he do not seal,	qu'il ne cachète pas.
That we do not seal,	que nous ne cachetions pas.
That you do not seal,	que vous ne cachetiez pas.
That they do not seal,	qu'ils ne cachètent pas.

PRÉTÉRIT.

That I did not seal,	que je ne cachetasse pas.
That thou didst not seal,	que tu ne cachetasses pas.
That he did not seal,	qu'il ne cachetât pas.
That we did not seal,	que nous ne cachetassions pas.
That you did not seal,	que vous ne cachetassiez pas.
That they did not seal,	qu'ils ne cachetassent pas.

THÈME CVII.

1. Rien n'est plus facile que de tromper un homme de bien; celui qui ne ment (2) jamais (1), croit (2) facilement (1), et celui qui ne trompe (2) jamais (1), se fie beaucoup aux autres. 2. Etre trompé n'est pas toujours signe de faiblesse; tromper les autres, l'est toujours; car l'emploi de la ruse est une preuve qu'on n'a pas confiance dans sa force. 3. Les grands ne se croiraient pas des demi-dieux si les petits ne les adoraient pas. 4. En fait d'illusions, *il n'y a* guère que l'espérance *qui* (l'espérance seule) ait un avantage réel : le prisme du bonheur est dans ses mains, c'est une coquette* richement parée, qui ne vieillit jamais; elle trompe tout le monde et ne rebute personne. 5. Il est rare* que ceux qui ne savent pas se taire sachent bien parler. 6. Comme vous n'êtes pas sûr d'une heure, ne prodiguez jamais une minute* 7. Je ne vous aime pas, et je ne sais pourquoi, mais je sais que je ne vous aime pas. 8. L'ambition, dit Sénèque, ne regarde jamais derrière *elle.* 9. Ne faites rien que votre ennemi ne puisse savoir. 10. Il ne convient pas au roi de France, disait Louis **XII**, de venger les querelles du duc d'Orléans. 11. Les hommes ne savent rien de l'avenir, rien d'eux-mêmes pour demain. 12. Le fruit le plus mûr ne nous tombera pas dans

la bouche. 13. Ne faites jamais, dit Chesterfield, deux choses à la fois.

INTERROGATION. Dans les interrogations, quel que soit le style du discours, on emploie le verbe *to do* partout où il ne se trouve pas déjà un verbe auxiliaire. Il faut en excepter les locutions familières : *said-he*, dit-il ; *replied-he*, répondit-il, *cried-they*, s'écrièrent-ils, etc., qui ne sont pas de véritables interrogations ; on dit également, *say-you*, dites-vous ? *comes-it*, vient-il (a) ?

VERBE RÉGULIER AVEC INTERROGATION.

INDICATIF.

PRÉSENT.

Do I seal,	cacheté-je.
Dost thou seal,	cachètes-tu.
Does he seal,	cachète-t-il.
Do we seal,	cachetons-nous.
Do you seal,	cachetez-vous.
Do they seal,	cachètent-ils.

PRÉTÉRIT.

Did I seal,	cachetai-je.
Didst thou seal,	cachetas-tu.
Did he seal,	cacheta-t-il.
Did we seal,	cachetâmes-nous.
Did you seal,	cachetâtes-vous.
Did they seal,	cachetèrent-ils.

FUTUR.

Shall I seal,	cachèterai-je.
Shalt thou seal,	cachèteras-tu.
Will he seal,	cachètera-t-il.
Shall we seal,	cachèterons-nous.
Shall you seal,	cachèterez-vous.
Will they seal,	cachèteront-ils.

(a) Quand *who*, qui, ou *what*, qu'est-ce qui, est le sujet d'un verbe non-auxiliaire avec interrogation, le *do* ou *did* ne s'emploie pas : *who calls me*, qui m'appelle ? *who dares accuse him*, qui ose l'accuser ? *what makes the difference*, qu'est-ce qui fait la différence ?

CONDITIONNEL.

Should I seal,	cachèterais-je.
Shouldst thou seal,	cachèterais-tu.
Would he seal,	cachèterait-il.
Should we seal,	cachèterions-nous.
Should you seal,	cachèteriez-vous.
Would they seal,	cachèteraient-ils.

THÈME CVIII.

1. Voyez-vous quelque chose *de* ridicule dans cette perruque ? a dit un juge à Monsieur Curran, célèbre avocat irlandais. — Rien que la tête, fut sa réponse. 2. Qui vous a dit cela ? 3. Qu'est-ce qui vous le fait croire ? 4. Qui pense à cela dans ce moment. 5. Qu'est-ce qu'il leur est arrivé ? 6. Le joueur n'est jamais satisfait. Gagne-t-il ? Il ne se trouve pas assez riche. Perd-t-il ? Aucun crime* ne le fait reculer. 7. Dieu n'est point *comme* l'(un) homme pour être capable de mentir ; ni *comme* le fils de l'homme, pour être sujet au changement. Quand donc il a dit *une chose* (a-t-il dit) et ne la fera-t-il pas ? Quand il a parlé (a-t-il parlé) n'accomplira-t-il point *sa parole* ? 8. Que crains-tu ? Tu portes César. 9. Le croirait-on ? 10. L'amènerez-vous à la campagne ?

RÈGLE CIX.

Si dans les phrases interrogatives le sujet du verbe est un nom, il suit le verbe auxiliaire comme un pronom personnel : Does my father *love me ?* Mon père m'*aime* (-t-il) ? On voit que le nom ne se place pas, comme en français, en tête de la phrase, et qu'on n'emploie pas en anglais le pronom personnel et le nom, mais seulement le nom. (*Voy.* Règle XCVIII, et surtout le dernier exemple).

THÈME CIX.

1. Ai-je maintenant soixante *ans* ? — Hélas ! pourquoi deux et deux font-ils quatre ? 2. L'hy-

pocrite* dissimulera-t-il? tergiversera-t-il? se ca-
chera-t-il? 3. La fortune joua-t-elle jamais un tel
tour à aucun mortel? 4. La vertu conserva-t-elle
toujours son ascendant sur le vice *. 5. Pourquoi le
prodigue se moque-t-il de l'avare et pourquoi l'avare
se moque-t-il du prodigue? Il n'appartient qu'au
sage économe de rire de tous les deux.

RÈGLE CX.

NEGATION ET INTERROGATION. Il faut suivre
la même règle que pour l'interrogation seule (a).

VERBE RÉGULIER AVEC NÉGATION
ET INTERROGATION.

INDICATIF.

PRÉSENT.

Do I not seal, etc.,   ne cacheté-je pas, etc.

PRÉTÉRIT.

Did I not seal, etc.,   ne cachetai-je pas, etc.

FUTUR.

Shall I not seal, etc.,   ne cachèterai-je pas, etc.

CONDITIONNEL.

Should I not seal, etc.,   ne cachèterais-je pas, etc.

THÈME CX.

1. L'expérience ne donnera-t-elle pas la vraie
science ? 2. N'affecte-t-on pas de dédaigner , de
braver l'opinion publique quand elle condamne?
3. Si la mort terminait tout, la vie ne serait-elle pas
une dérision amère du Créateur. 4. Les hommes ne
craignent-ils pas la mort, comme les enfants crai-

(a) La place de la négation est après le pronom, à moins qu'il n'y ait
contraction ; et alors les deux mots à contracter sont nécessairement placés à côté l'un de l'autre : DON'T *I* (*do not I*) *seal*; SHAN'T *I* (*shall not I*)
seal.

gnent les ténèbres ? 5. N'admirerez-vous pas toujours Montaigne s'enveloppant du manteau de son père, afin, comme il le disait, de s'envelopper de son père ? 6. La piété filiale ne fait elle pas le bonheur de la jeunesse, ou plutôt de tous les âges ?

RÈGLE CXI.

En répondant aux questions, on ne répète que le verbe auxiliaire avec la négation, si la phrase est négative ; ou bien en adressant des questions, le verbe, dans le second membre de la phrase, est souvent sous-entendu : cela répond au français, *est-ce ?* ou *n'est-ce-pas ?*

(En général on ne répète que l'auxiliaire ; l'infinitif ou le participe passé étant sous-entendu. (*Voy.* Règle XCVI.)

Ex : *Does it rain?* pleut-il? *no,* IT DOES NOT, non, *il ne pleut pas. It does not rain,* DOES IT? il ne pleut pas, *n'est-ce pas ?* ou bien *est-ce* qu'il pleut (*a*)?

RÈGLE CXII.

Il faut bien remarquer que si le premier membre de cette sorte d'interrogation est affirmatif, le second doit être négatif ou *vice versa,* c'est-à-dire que si le premier est négatif, le second est affirmatif : *you* BELIEVE *that, do you* NOT ? vous croyez cela, *n'est-ce pas? You do* NOT *believe that,* DO *you?* vous *ne croyez pas* cela, *n'est-ce pas ?* ou *est-ce* que vous croyez cela (*b*) ?

(*a-b*) Cette règle sera d'une application facile si l'on se rappelle qu'en anglais la question se fait par la répétition du même verbe, c'est-à-dire par celle de l'auxiliaire ; l'infinitif ou le participe passé étant sous-entendu. Ainsi si j'ai à traduire en anglais, *vous comprenez la règle, n'est-ce pas?* 1° je répète le verbe dans ma question, et je dis *vous comprenez la règle, ne la comprenez-vous pas?* (On voit par cet exemple la nécessité d'ajouter la négation, comme on verra par le second exemple celle de la retrancher, ainsi qu'il est énoncé par la Règle CXII). 2° Pour *ne comprenez-vous pas,* je suis obligé de dire (voir Règle CVIII) *ne faites-vous pas comprendre ;* ainsi j'ai maintenant

1. Les sauvages de l'Amérique septentrionale ne croient-ils pas *qu'il est* fortement indécent* d'interrompre quelqu'un, même dans la conversation ordinaire? — Oui, ils le croient. 2. Me direz-vous cela plus tard? — Oui, je vous le dirai. 3. Vous le verrez tôt ou tard, n'est-ce pas? 4. Il va pleuvoir, n'est-ce pas? 5. Vous le craignez, n'est-ce pas? 6. Vous viendrez dîner avec nous, n'est-ce pas? 7. Il ne fera pas cela, n'est-ce pas? 8. Est-ce que vous le croyez sur parole? — Non! je ne le crois pas sur parole. 9. Mes amis me pardonneront volontiers mes négligences apparentes*, n'est-ce pas? 10. Est-ce que vous nous prenez pour des sots? 11. Est-ce que vous vous laisserez persuader si facilement? 12. Il me trompe, n'est-ce pas? 13. Vous n'auriez pas dû le maudire, mon père, *tout* criminel qu'il est. — Je ne l'ai pas maudit, mon fils, n'est-ce pas? — *Si*, vraiment, vous l'avez maudit deux fois. — Alors, si je l'ai maudit, que Dieu me pardonne ainsi qu'à lui.

VERBES RÉFLÉCHIS.

RÈGLE CXIII.

Les verbes réfléchis se conjuguent en ajoutant au verbe les pronoms personnels réfléchis.

---

vous comprenez la règle, ne faites-vous pas la comprendre. 5° Comme on ne répète en anglais que l'auxiliaire en sous-entendant l'infinitif ou le participe passé; ou bien, s'il n'y a pas d'auxiliaire, on remplace le verbe non-auxiliaire par *do* (voir Règle XCVI). Je conserve *ne faites vous pas*, et je sous-entends *la comprendre* : ce qui réduit ma phrase à ces mots : *vous comprenez la règle, ne faites-vous pas*, YOU UNDERSTAND THE RULE, DO YOU NOT? Prenons un second exemple : *Est-ce que vous comprenez la règle*, qu'il faut rendre par l'autre forme française qui en est l'équivalent, *vous ne comprenez pas la règle, n'est-ce pas?* 1° *Vous ne comprenez pas la règle, la comprenez-vous?* (dans ma question je retranche la négation du premier membre, ou il n'y aurait pas de sens). 2° *Vous ne comprenez pas la règle, faites-vous la comprendre?* 5° *Vous ne comprenez pas la règle, faites-vous*, YOU DO NOT UNDERSTAND THE RULE, DO YOU?

INDICATIF. PRESENT.

1. *I love myself*, je m'aime. | *We love ourselves*, nous nous aimons.

2. *Thou lovest thyself*, tu t'aimes,

| *You love yourselves*, vous vous aimez.

3. {
M. *He loves himself*, il s'aime.
F. *She loves herself*, elle s'aime.
N. *It loves itself*, il ou elle s'aime.
}

| *They love themselves*, ils ou elles s'aiment.

Et ainsi de suite.

THÈME CXIII.

1. Il faut se (*a*) pourvoir longtemps à l'avance contre la vieillesse et la mort. 2. Je me crois trop honoré de l'estime et l'amitié d'un tel homme. 3. A la voix de la mode, les femmes, si jalouses de leur beauté, se *déforment* elles-mêmes. 4. Nous nous croyons malheureux dans les jours les plus heureux de notre *vie* (*pl.*). 5. Connais-toi toi-même. 6. Il faut se *respecter* assez pour se croire déshonoré par une mauvaise action. 7. Le méchant se nuit *à* lui-même avant de nuire *aux* autres. 8. Il s'énerve. 9. Dans le cas de doute, il faut s'abstenir de juger (*part. prés.*). 10. Ils se repent*ent* de nous avoir offensés. 11. Vous vous plaignez amèrement. 12. Faites-vous tout miel, dit un proverbe italien**, et les mouches vous dévoreront.

VERBES RÉCIPROQUES.

RÈGLE CXIV.

Pour les verbes réciproques, on se sert en an-

(*a*) Beaucoup de verbes français, sinon réfléchis, du moins pronominaux, ne le sont aucunement en anglais. On n'emploie en anglais la forme du verbe réfléchi que dans le seul cas où le verbe est véritablement réfléchi, où le sujet agit sur l'objet, et où le sujet et l'objet sont la même personne ou la même chose.

glais de *one another* (qui ne semploie que pour deux), ou bien plus élégamment de *each other* (qui s'applique également à deux ou à plusieurs), l'un l'autre, les uns les autres.

INDICATIF. PRESENT.

We love each other,	nous aimons l'un l'autre.
You love each other,	vous aimez l'un l'autre.
They love each other,	ils aiment l'un l'autre.

Et ainsi de suite.

THÈME CXIV.

1. Les hommes devraient s'aimer et se secourir. 2. Le curé de Wakefield et sa femme s'aimaient tendrement. 3. Nous nous estimerons toujours. 4. Vous vous regardez les uns les autres.

RÈGLE CXV.

Pour former les temps composés des verbes réfléchis ou réciproques, on emploie l'auxiliaire *to have.*

Ex. : *That young man* HAS *conducted* HIMSELF *ill,* HE HAS *condemned* HIMSELF , ce jeune homme *s'est* mal conduit, il *s'est* condamné lui-même. Littéralement : *a conduit lui-même*, *a condamné lui-même*; *s'a* conduit, *s'a* condamné; *s'est* conduit, *s'est* condamné.

THÈME CXV.

1. Diogène ** étant pressé de faire courir après son esclave Manès, qui s'était enfui : « Il serait bien ridicule, dit-il, que, si Manès peut se passer de Diogène , Diogène ne pût se passer de Manès. » 2. Vous êtes-vous embrassés? 3. Nous nous étions vus deux fois; mais nous nous serions vus beaucoup plus fréquemment si l'occasion s'*en* fût présentée.

Thème général sur les Verbes Réguliers.

1. Les Goths étaient divisés en Ostrogoths, Visigoths et Gépides. Les Ostro et les Visigoths (orientaux et occidentaux) reçurent ces dénominations dès leur premier établissement en Scandinavie. Dans toutes leurs courses, ils conservèrent la même situation relative. La première fois qu'ils partirent de la Suède, trois vaisseaux continrent la colonie ** naissante. Le troisième étant mauvais voilier, resta en arrière, et l'équipage, devenu ensuite une nation, reçut, à cause de cette circonstance, le nom de Gépides, ou paresseux. 2. Il a appris à son élève l'anglais et l'allemand. 3. Il y avait dans la boutique une négresse qui, avec quelques plumes blanches attachées au bout d'une longue canne, chassait les mouches, mais ne les tuait pas. C'est un joli tableau. Elle avait souffer*t* la persécution, et avait appris la compassion. 4. Vous l'avez fait, n'est-ce pas ? 5. Le joueur ne finit-il pas par le suicide * ou l'échafaud 6. L'évêque de Londres administra à Shéridan le sacrement deux ou trois jours avant la mort de cet illustre orateur et homme de génie. 7. J'explique à mes élèves les règles et autant que possible les raisons des règles ; et l'on me reproche de ne leur rien expliquer ! C'est trop fort ! je leur explique bien toutes les règles faciles et difficiles, et j'explique dans ce moment celle des trois temps présents et passés. 8. La fortune est si aveugle, que si, dans la foule, il n'y a qu'un sage, il n'est pas à craindre qu'elle aille l'y démêler. 9. Pourquoi employer tant d'art * à paraître généreux et *à* feindre des vertus qu'on ne possède pas ? Que n'emploie-t-on les mêmes efforts * *à* les acquérir ? 10. La fortune est comme un marché, où souvent, si l'on attend un peu, on paie moins *cher*. 11. J'y réfléchis_

sais, quand on vint m'annoncer votre arrivée. 12. Plutarque appelle le mensonge le vice * d'un esclave. 13. Lorsque Franklin était imprimeur à Philadelphie, *pour* montrer qu'il ne se croyait pas au-dessus de sa profession, il portait à la maison, sur une brouette, le papier qu'il avait acheté. 14. L'homme qui vilipende l'autorité établie, dit Johnson, sera toujours sûr de trouver un auditoire. 15. Les richess*es* s'en vont, mais les bonnes actions demeurent. 16. Ne dites point à votre ami : Allez et revenez demain, je vous rendrai service *. 17. Celui qui entreprend trop, finit peu. 18. Le paresseux voudrait bien manger l'amande, mais il craint jusqu'à la peine de casser le noyau. 19. Combien de personnes doivent (*a*) leurs vertus à la nature, et leurs défauts à l'éducation. 20. Il est étonnant que je n'y aie pas pensé auparavant. 21. Quel spectacle * de misère ! Un homme dépouillé de ses vêtements, blessé, couché (*part. prés.*) sur la terre et expirant. 22. Il en est de nos jugements comme *de* nos montres, aucune ne va comme une autre ; cependant, chacun croit *à* la sienne. 23. Damon et Pythias s'estimaient-ils l'un l'autre ? Oui, ils s'estimaient l'un l'autre, ils s'aimaient même, n'est–ce pas ? 24. Veuillez passer à Jean le grand encrier. 25. Les cœurs froids veulent être enviés, les bons cœurs demandent qu'on les aime. 26. Je m'imagine * très (2) bien (3) cela (1). 27. Otez les passions du monde, il reste immobile ; déchaînez-les, il est bouleversé; réglez-les, il marche à la gloire et au bonheur. 28. Je plains l'homme accablé du poids de son loisir. 29. Il chérit ses amis. 30. Nous disons la vérité, n'est-ce pas ? 31. Je me souviens qu'un poëte latin compare notre mort à notre sortie d'un festin.

(*a*) Devoir, dans le sens de *être redevable*, se rend par *to owe*, verbe régulier.

Cette pensée s'est souvent présentée à mon esprit,
en voyant (quand j'ai vu) les hommes s'efforcer
(*part. prés.*) *de* prolonger un repas pour jouir quelques moments de plus *de* la société de leurs amis.
Hélas! qu'elle est courte, *celle* de (4) ces (5) jouissances (6) *qui est* la (1) plus (2) prolongée (3). Qu'*elle* est
petite la différence *qu'il y a* entre celui qui se retire * le plus tôt, et celui qui reste le plus tard!
32. Je vois ce que vous me montrez là. Non, vous
ne pouvez pas le voir. Pardon, je le vois bien.
33. Vous ne consent*irez* jamais à cela, n'est-ce pas?
34. Je lui ai prêté trop d'argent ; il se l'approprie
comme si je lui avais donné ce fruit * de mes travaux
assidus. 35. Dans tous les maux qui nous arrivent (*a*)
nous regardons plus à l'intention qu'à l'effet. Une
tuile qui tombe d'un toit peut nous blesser davantage, mais ne nous navre pas tant qu'une pierre lan-
cée à dessein par une main malveillante. 36. N'ad-
mirez-vous pas l'amitié de Sully et de Henri IV?
Oui, je l'admire. Qui peut oublier ce mot (ces mots)
célèbre, quand Sully se jeta à ses pieds : « Relevez-
vous, Rosny; mais relevez-vous donc, on croirait
que je vous pardonne. » 37. Il était naturel qu'il fît
cette demande. 38. Le roi admit à sa table des étrangers de distinction. 39. Pline le naturaliste assure
que l'éléphant * croit en Dieu, et fait sa prière du
matin. 40. J'en doutais pendant qu'il me le racon-
tait. Oui, j'en doutais. 41. Ne descendez point jusqu'à vous offenser de chaque bagatelle ; cela montre
un grand orgueil ou peu d'esprit. 42. Le style de
Platon **, suivant le témoignage de son disciple *
Aristote, tenait un juste milieu entre l'élévation

(*a*) *To arrive*, *to happen*, *to occur. Arrive* s'emploie au propre ; *to happen, to occur* au figuré. *He* ARRIVED *in perfect health after his long journey, during which no accident* HAPPENED *ou* OCCURRED, il est arrivé en parfaite
santé après un long voyage, pendant lequel il ne lui est arrivé aucun
accident.

de la poésie et la simplicité de la prose *. Quant à Cicéron, il lui paraissait si noble *, qu'il n'hésite pas *à déclarer* que si Jupiter devait parler la langue des mortels *, il ne se servirait *d*'aucune autre que de celle de Platon. 43. Ne soyez jamais assez sot pour vous croire plus sage que les autres. 44. C'est une pensée qui me vient. 45. Vous plaisantez, n'est-ce pas? 46. Lord Chesterfield ordonne par son testament que si son héritier, son filleul, tient des chevaux de courses, des meutes de chiens ou que (si) il perde par un pari, aux cartes ou à un jeu quelconque, la somme de 12,500 francs en un seul jour, il paiera pour chaque délit de ce genre la somme de 125,000 francs au doyen et chapitre de Westminster. 47. Les grades universitaires de Bachelier et de Docteur furent institués au treizième siècle. 48. Je ne pense pas, dit Andrieux, qu'il y ait une situation importante * dans la vie à laquelle on ne trouve dans Shakspeare une sentence applicable *. 49. Il faut attache*r* à ses actions toute l'importance qui leur est due. 50. Jugurtha s'écria en quit*tant* Rome : O ville vénale, tu te vendrais s'il se trouvait quelqu'un assez riche pour t'acheter. 51. La crainte ne produit jamais l'attachement. 52. Que celui qui ne voit pas bien aille doucement. 53. Un sot perdra son bien avant de trouver sa folie. 54. Vous voulez que je vous apprenne que je suis heureux. Eh! qui *est-ce qui* l'est ici-bas! Le bonheur est un mot vide de sens pour la pauvre humanité. 55. (Celui) qui promet à la hâte se repent à loisir. 56. Que cette parole de la sagesse divine est admirable * : jugez-vous et vous ne serez point jugés!

VERBES IRRÉGULIERS SIMPLES

ARRANGÉS

D'APRÈS UNE NOUVELLE MÉTHODE.

Tout verbe qui ne forme pas le prétérit et le participe passé en ajoutant *ed* à l'infinitif (sauf les modifications indiquées), est irrégulier.

Mais il n'y a d'irrégularités que pour ces deux parties du verbe, qui, du reste, se conjugue d'une manière parfaitement régulière.

Ces verbes irréguliers sont pour la plupart d'origine saxonne, et conservent en anglais la même irrégularité qu'en saxon (*a*). Les listes suivantes en faciliteront beaucoup l'étude, qui est d'une nécessité absolue.

On n'y a présenté que les verbes irréguliers *simples*. Les verbes qui en sont composés conservent dans toutes leurs parties les mêmes irrégularités.

Ire REMARQUE. Les verbes suivis du N° (1) peuvent se conjuguer irrégulièrement ; mais ils se conjuguent aussi et mieux régulièrement.
IIe REMARQUE. Ceux qui sont suivies du N° (2) se conjuguent mieux par le mot ainsi marqué.

_____

(*a*) Une comparaison établie par l'élève entre les verbes irréguliers de l'allemand et ceux de l'anglais, ne pourra manquer de lui être très-utile.

IIIe REMARQUE. Ceux qui sont suivis du N° (3) se conjuguent mieux irrégulièrement, quoiqu'on puisse les conjuguer régulièrement.

(Le premier mot anglais des trois est l'infinitif, le second est le prétérit, et le dernier le participe passé.)

PREMIER ORDRE.

RÈGLE CXVI.

L'Infinitif, le Prétérit et le Participe passé sont le même mot (a).

Battre,	Beat,	Beat,	{ Beat. { Bea'ten (2).
Crever, *Éclater,*	{ Burst,	Burst,	Burst.
Jeter,	Cast,	Cast,	Cast.
Coûter,	Cost,	Cost,	Cost.
Couper,	Cut,	Cut,	Cut.
Frapper,	Hit,	Hit,	Hit.
Blesser,	Hurt,	Hurt,	Hurt.
Tricoter,	Knit,	Knit,	Knit.
Laisser,	Let,	Let,	Let.
Mettre,	Put,	Put,	Put.
Lire,	Read,	Read,	Read.
Débarrasser,	Rid,	Rid,	Rid.
Poser,	Set,	Set,	Set.
Verser,	Shed,	Shed,	Shed.
Hacher,	Shred,	Shred,	Shred.
Fermer,	Shut,	Shut,	Shut.
Fendre,	Slit,	Slit,	Slit.
Cracher,	Spit,	Spit,	{ Spit (2). { Spit'ten.
Fendre,	Split,	Split,	Split.
Étendre,	Spread,	Spread,	Spread.
Suer,	Sweat,	Sweat,	Sweat.
Pousser,	Thrust,	Thrust,	Thrust.

(a) L'irrégularité consiste dans la contraction, et n'a lieu que pour les verbes se terminant en *d* ou *t*, afin d'éviter le son désagréable qui résulterait du redoublement de cette consonne.

THÈME CXVI.

1. J'ai lu l'histoire d'un roi d'Orient, qui mit un juge à mort pour *avoir rendu* une sentence injuste. 2. Votre fortune vous place* bien au-dessus de la nécessité d'acquérir de l'instruction pour en acheter du pain , mais elle ne vous a pas mis au-dessus d'en avoir besoin (*part. prés.*). 3. L'offre d'une récompense de la part des hommes a détruit l'espoir des récompenses à venir. 4. Je souffre quand je vois des jeunes gens de fortune assez livrés aux plaisirs pour négliger l'étude de la sagesse et de la science.

DEUXIÈME ORDRE,

Dont le Prétérit et le Participe passé sont le même mot.

PREMIÈRE DIVISION.

RÈGLE CXVII.

Pour former le Prétérit et le Participe passé on ajoute un d à l'Infinitif, en changeant y en i, ou la voyelle double en voyelle simple.

	4	4	4
Mourir,	Die,	Died,	Died, dead (a).
S'enfuir,	Flee,	Fled,	Fled.
Entendre,	⎱ 1		
Ouïr,	⎰ Hear,	Heard,	Heard,
Poser,	Lay,	Laid,	Laid.
Payer,	Pay,	Paid,	Paid.
Dire,	Say,	Said,	Said.
Rester,	Stay,	Staid,	Staid.

(a) *Died* s'emploie avec *to have* et *dead* avec *to be.*

THÈME CXVII.

1. Votre fils a payé la dette du soldat. 2. J'ai beaucoup entendu *parler* de cet homme. 3. Nous aurions entendu le professeur si nous l'avions écouté. 4. J'ai fait une visite à Madame *** , ayant appris qu'elle était partie pour la campagne la veille. 5. L'homme le plus parfait de la terre est celui qui mourut pour le sauver.

DEUXIÈME DIVISION.

RÈGLE CXVIII.

Le d de l'Infinitif se change en t (a).

Plier,	Bend,	Bent,	Bent.
Bâtir,	Build,	Built,	Built.
Dorer,	Gild,	Gilt,	Gilt.
Ceindre,	Gird,	Girt,	Girt.
Prêter,	Lend,	Lent,	Lent.
Déchirer,	Rend,	Rent,	Rent.
Envoyer,	Send,	Sent,	Sent.
Dépenser,	Spend,	Spent,	Spent.

THÈME CXVIII.

1. Il a dépensé sa fortune à s'acheter du repentir. 2. La peinture et la poésie, dit Dryden, sont deux sœurs tellement ressemblantes, qu'elles se prêtaient l'une à l'autre leur nom et leurs fonctions. L'une s'appelle une poésie muette, et l'autre un tableau parlant. 3. Il a envoyé les lettres par estafette; il aurait pu les envoyer par le retour du courrier.

(a) Ce changement s'opère également par contraction : *bended, ben'd bent.*

TROISIÈME DIVISION.

RÈGLE CXIX.

On ajoute à l'Infinitif un t.

Brûler,	Burn (1),	Burnt,	Burnt.
En user,	Deal,	Dealt,	Dealt.
Plonger,	Dip (1),	Dipt,	Dipt.
Rêver,	Dream,	Dreamt,	Dreamt.
Habiter,	Dwell (1) (a),	Dwelt,	Dwelt.
Sauter,	Leap,	Leapt,	Leapt.
Apprendre,	Learn (1),	Learnt,	Learnt.
Signifier,	Mean,	Meant,	Meant.
Sentir (par l'odorat),	Smell (a),	Smelt,	Smelt.
Répandre,	Spill (a) (1),	Spilt,	Spilt.
Empreindre,	Stamp (1),	Stampt,	Stampt.

THÈME CXIX.

1. Je rêvais que l'on me conduisait dans une plaine d'*une* vaste et incommensurable étendue.
2. Ces fonctions, a dit Young, étaient destinées au mérite, quoiqu'elles soient tombées sur moi.

QUATRIÈME DIVISION.

RÈGLE CXX.

On ajoute à l'Infinitif un t, *en changeant la voyelle double en voyelle simple.*

Ramper,	Creep,	Crept,	Crept.
Sentir,	Feel,	Felt,	Felt.
Garder,	Keep,	Kept,	Kept.
S'agenouiller,	Kneel,	Knelt,	Knelt.
Dormir,	Sleep,	Slept,	Slept.
Balayer,	Sweep,	Swept,	Swept.
Pleurer,	Weep,	Wept,	Wept.

(b) Un des deux *l* se retranche au prétérit et au participe.

THÈME CXX.

1. J'ai bien (2) dormi (1) toute *la* nuit. 2. Darius pleura sur son armée, *en* songeant que dans un siècle *il* ne resterait pas un seul homme de toute cette innombrable multitude. 3. Avez-vous pleuré votre péché de manière à ce que votre âme soit véritablement contristée?

CINQUIÈME DIVISION.

RÈGLE CXXI.

La syllabe finale de l'Infinitif, à commencer de la voyelle, se change en ought, ou, si la voyelle est a ou ea, en aught (a).

Supplier,	Beseech',	Besough't,	Besough't.
Apporter, Amener,	Bring,	Brought,	Brought.
Acheter,	Buy,	Bought,	Bought.
Attraper,	Catch,	Caught,	Caught.
Se battre,	Fight,	Fought,	Fought.
Chercher,	Seek,	Sought,	Sought.
Enseigner,	Teach,	Taught,	Taught.
Penser,	Think,	Thought,	Thought.

THÈME CXXI.

1. Vous pensiez m'aider, et je vous *en* remercie. 2. L'esprit devrait être amené par degrés insensibles, aux branches élevées de la science. 3. Les occupations utiles ne seraient pas moins agréables que les jeux frivoles de la mode, si l'on pouvait amener les hommes à les goûter.

(a) Il n'est pas étonnant que les *gh* ne se prononcent pas; dans les verbes saxons dont ils dérivent, il n'y a pas de *g : To think*, saxon, *thencan, thohte; to teach,* saxon, *tæchan, tæhte.*

SIXIÈME DIVISION.

RÈGLE CXXII.

On change la voyelle double en simple; ou la longue en brève.

Mordre,	Bite,	Bit,	Bit. Bit'ten (2).
Saigner,	Bleed,	Bled,	Bled.
Engendrer, Produire,	Breed,	Bred,	Bred.
Gronder,	Chide,	Chid,	Chid. Chid'den (2).
Nourrir,	Feed,	Fed,	Fed.
Cacher,	Hide,	Hid,	Hid. Hid'den (2).
Mener,	Lead,	Led,	Led.
Rencontrer,	Meet,	Met,	Met.
Tirer,	Shoot,	Shot,	Shot.
Glisser,	Slide,	Slid,	Slid (2). Slid'den.
Hâter,	Speed,	Sped,	Sped.

THÈME CXXII.

1. Samson renversa ces deux piliers massifs sur les Philistins, qui s'étaient réunis de toutes parts *pour* célébrer cette solennité. **2.** Il a mené une vie heureuse dans sa calme retraite. **3.** Enée fut appelé le pieux, non pas parce que, quand il s'enfuit des flammes de Troie, il emmena par la main son fils Ascagne; mais parce qu'il porta sur ses épaules le vieil Anchise ** , son père.

SEPTIÈME DIVISION.

RÈGLE CXXIII.

On change i en u.

Tibullus (a).

S'accrocher,	Cling,	Clang, Clung (2),	Clung.

(a) Ces mots techniques ne sont qu'un moyen artificiel d'aider la mémoire. Les voyelles des trois syllabes représentent successivement celles de l'infinitif, du prétérit et du participe passé du verbe.

Bêcher,	Dig,	Dug,	Dug.
Jeter,	Fling,	Flung,	Flung
Se rétrécir,	Shrink,	Shrank, Shrunk (2),	Shrunk.
S'enfoncer,	Sink,	Sank, Sunk (2),	Sunk.
Fronder,	Sling,	Slung,	Slung.
Se dérober,	Slink,	Slank, Slunk (2),	Slunk.
Filer,	Spin,	Span, Spun (2),	Spun.
S'attacher,	Stick,	Stuck,	Stuck.
Piquer,	Sting,	Stung,	Stung.
Puer,	Stink,	Stank, Slunk (2),	Stunk.
Enfiler,	String,	Strung,	Strung.
Balancer,	Swing,	Swung,	Swung.
Tordre,	Wring,	Wrung,	Wrung.

THÈME CXXIII.

1. Le pirate coula bas avec ses richesses mal acquises. 2. Les Italiens ont souvent creusé la terre *aux endroits* désignés par de vieux auteurs comme remarquables par la présence de statues et d'obélisques; et rarement *ils* ont été trompés dans leurs conjectures.

HUITIÈME DIVISION.

RÈGLE CXXIV.

On change i en ou

Lier,	Bind,	Bound,	Bound.
Trouver,	Find,	Found,	Found.
Moudre,	Grind,	Ground,	Ground.
Tourner,	Wind,	Wound,	Wound.

THÈME CXXIV.

1 Les Lacédémoniens s'informaient rarement du nombre de leurs ennemis, mais de l'endroit où l'on pouvait les trouver. 2. Virgile trouva qu'Homère et la nature étaient les mêmes.

NEUVIÈME DIVISION.

RÈGLE CXXV.

On change e *ou* i *en* o.

Dishonor (*a*).

Demeurer,	Abi'de,	Abo'de,	Abo'de.
Acquérir, *Devenir,*	Get,	Got,	Got (2). Got'ten (*b*).
		2	2
Luire,	Shine,	Shone,	Shone.
		5	5
Gagner,	Win,	Won,	Won.

THÈME CXXV.

1. L'homme qui vivait d'aumône se fit un cercle d'admirateurs et se réjouissait dans sa supériorité. 2. Ta vertu t'a gagné mon cœur.

RÈGLE CXXVI.

Exceptions au deuxième Ordre.

Priver,	Berea've,	Bereft',	Berea'ved (2). Bereft'.
Fendre,	Cleave,	Cleft,	Clo'ven (2). Cleft.
Laisser,	Leave,	Left,	Left.
S'éveiller, *Se réveiller,*	Awa'ke,	Awo'ke,	Awa'ked (2). Awo'ke.
Habiller,	Clothe,	Clad,	Clothed Clad (2).
	2		
Avoir,	Have,	Had,	Had
Suspendre,	Hang,	Hung,	Hung
	4		Ho'lden.
Tenir,	Hold,	Held,	Held (2).

(*a*) *Voyez* note (*a*), page 151.
(*b*) Les composés de ce verbe exigent *gotten.*

Allumer,	Light (1),	Lit,	Lit.
Perdre,	Lose,	Lost,	Lost.
Faire (former, façonner),	Make,	Made,	Made.
Vendre,	Sell,	Sold,	Sold.
Ferrer,	Shoe,	Shod,	Shod.
S'asseoir, Etre assis,	Sit,	Sat,	Sat (2). Sit'ten.
Rester debout,	Stand,	Stood,	Stood.
Frapper,	Strike,	Struck,	Strick'en. Struck (2).
Dire à,	Tell,	Told,	Told.
Travailler,	Work (1),	Wrought,	Wrought.

THÈME CXXVI.

1. Auguste disait, qu'il était assis entre des soupirs et des larmes; il avait Virgile à sa droite et Horace à gauche. 2. Voltaire, parlant de l'Esprit des lois de Montesquieu, a dit : « Le genre humain avait perdu ses titres, Montesquieu les a retrouvés et les *lui* a rendus. » 3. Cicéron fut privé de sa fille Tullia. 4. Les conseils (*sing.*) sont toujours perdus lorsqu'ils offensent l'amour-propre. 5. La nature ne fit jamais de fat; elle fait souvent des sots; mais les fats se sont formés eux-mêmes. 6. Le ciel prévoyant que l'homme s'égarerait dans de faux systèmes, n'a rien laissé d'important à sa décision. 7. Celui qui achète une conscience a déjà vendu la sienne.

TROISIÈME ORDRE,

Dont l'Infinitif, le Prétérit et Participe passé sont différents.

PREMIÈRE CLASSE,

Dont le participe se termine par en.

PREMIÈRE DIVISION.

RÈGLE CXXVII.

Les voyelles sont invariables. Ces Verbes sont réguliers au prétérit, mais ils prennent n *au lieu de* d *au Participe.*

Graver,	Grave,	Graved,	Gra'ven.
Charger,	Lade,	La'ded,	La'den.
Fendre,	Rive,	Rived,	Riv'en.
Former,	Shape (1),	Shaped,	Sha'pen.
Raser,	Shave (1),	Shaved,	Sha'ven.
Devenir,	Wax,	Waxed,	Waxen.
Se tordre,	Writhe (1),	Writhed,	Writh'en.

THÈME CXXVII.

1. On ne disserte point sur les sentiments qui sont profondément gravés dans le cœur(*pl.*). 2. Selim fut le premier des Ottomans qui se rasa la barbe.

DEUXIÈME DIVISION.

RÈGLE CXXVIII.

La diphthongue de l'Infinitif se change au Prétérit en o, *rendu long par un* e *muet à la fin, s'il n'y en a pas déjà ; pour former le Participe passé, on ajoute au prétérit* n.

Rompre, casser, briser,	Break,	Broke,	Bro'ken.
Choisir,	Choose, chuse,	Chose,	Cho'sen.
Geler,	Freeze,	Froze,	Fro'zen.
Élever,	Heave,	Hove,	Heaved. Ho'ven.
Parler,	Speak,	Spoke,	Spo'ken.
Voler (commettre un vol),	Steal,	Stole,	Sto'len.
Tisser,	Weave,	Wove,	Wo'ven.

THÈME CXXVIII.

1. Spartacus rompit ses liens *pour* défendre ses compatriotes. 2. Sir William Jones parlait vingt-huit langues. 3. Une fois dites on ne peut jamais rétracter ses paroles.

TROISIÈME DIVISION.

RÈGLE CXXIX.

Le i de l'Infinitif se change en o au Prétérit ; et au Participe, le Verbe reprend la voyelle de l'Infinitif avec n, ou en si la consonne se double.

Diorism (a).

Faire avancer Pousser,	Drive,	Drove,	Driv'en.
Aller à cheval ou en voiture,	Ride (b),	Rode,	Rode. / Rid'den (2).
Se lever,	Rise.	Rose,	Ris'en.
Se confesser,	Shrive,	Shrove,	Shriv'en.
Frapper,	Smite,	Smote.	Smit'ten.
Enjamber,	Stride (b),	Strode,	Strid'den.
S'efforcer,	Strive,	Strove,	Striv'en.
Prospérer,	Thrive,	Throve,	Thriv'en.
Écrire,	Write (b),	Wrote,	Writ'ten.

THÈME CXXIX.

1. Les mauvaises mœurs des hommes vivent dans l'airain, leurs vertus sont écrites dans l'eau. 2. Le prix du pain a haussé d'un sou, mais il diminuera bientôt. 3. Quelques-uns s'élevèrent par le vice. 4. L'antiquaire écrivait des essais sur les médailles dans la proportion de douze pages pour chaque lettre de la légende.

(a) Voyez Note (a), p. 151. (b) Le t et le d se doublent au Participe.

RÈGLE CXXX.

Exceptions à la 1re Classe du 3e Ordre.

Manger,	Eat, [1]	Ate,	Ea'ten.
Donner,	Give, [2]	Gave,	Giv'en.
Abandonner	Forsa'ke,	Forsook',	Forsa'ken.
Secouer ,	Shake,	Shook,	Sha'ken.
Prendre,	Take,	Took,	Ta'ken.
Ordonner,	Bid,	Bid, Bade (2),	Bid. Bidden (2).
Tomber,	Fall, [4]	Fell,	Fall'en. [4]
Mitonner,	Seeth,	Sod,	Sod'den.
Enfler,	Swell (3),	Swelled,	Swo'llen.
Marcher,	Tread,	Trod,	Trod. Trod'den (2).

THÈME CXXX.

1. J'avais un maître qui me donnait tout ce que je pouvais demander; mais il a jugé à propos de me reprendre un seul objet, dit Temple dans sa lettre de condoléance à la comtesse d'Essex sur la perte de sa fille. 2. Quelques peintres, *en* prenant les préceptes trop au pied de la lettre, sont (ont) tombés par là dans de graves inconvénients. 3. Nous avons rendu compte de ces phénomènes. 4. Il prédit d'abord le cruel destin de César, et plaignit Rome, lorsque Rome tomba avec César. 5. Démosthène prenait tant de plaisir à lire l'histoire de Thucydide ** que, pour se former à son style, il le recopia huit fois.

DEUXIÈME CLASSE.

PREMIÈRE DIVISION.

RÈGLE CXXXI.

Le Prétérit est régulier et le Participe change ed *du Prétérit en* n (a).

Tailler,	Hew (3),	Hewed,	Hewn.

(a) N est une contraction de en.

Faucher,	Mow (3),	Mowed,	Mown.
Scier,	Saw (3),	Sawed,	Sawn.
Montrer,	Shew, Show,	Showed,	Shown.
Neiger,	Snow (3),	Snowed,	Snown.
Semer,	Sow (3),	Sowed,	Sown.

THÈME CXXXI.

1. Il montra dans cette occasion de là fermeté et de la modération. 2. Il a neigé toute la nuit. 3. Il s'est montré digne de toute sa bonne fortune.

DEUXIÈME DIVISION.

RÈGLE CXXXII.

Le Prétérit change la diphthongue en ew, *et le Verbe reprend, pour le Participe, la diphthongue de l'Infinitif en ajoutant* n.

Souffler,	Blow,	Blew,	Blown.
Tirer,	Draw,	Drew,	Drawn.
Croître,	Grow,	Grew,	Grown.
Savoir, con- naître,	Know,	Knew,	Known.
Jeter,	Throw,	Threw,	Thrown.

THÈME CXXXII.

1. Une pauvre veuve jeta deux deniers offrande plus agréable au ciel, que l'or du riche. 2. Les uns pouvaient être mis dans ses intérêts par l'argent, les autres ramenés par la crainte. 3. Plusieurs hommes d'esprit eurent commerce avec les Egyptiens, et puisèrent chez eux les éléments des sciences. 4. Lorsque des marins sont jetés sur quelque côte américaine *encore* inconnue, ils n'osent jamais goûter les fruits (*sing.*) d'aucun arbre, s'ils ne sont pas becquetés des oiseaux.

TROISIÈME DIVISION.

RÈGLE CXXXIII.

Le Prétérit change la voyelle en o long, et le Verbe reprend pour le Participe n, en omettant le e muet.

Tondre,	Shear,	Shore,	Shorn.
Jurer, prêter serment,	Swear,	Swore,	Sworn.
Déchirer,	Tear,	Tore,	Torn.
Porter (des vê-tements, des ornements),	Wear,	Wore,	Worn.

THÈME CXXXIII.

1. Il faut découdre et nou pas déchirer les liaisons. 2. Je ne voudrais pas te nuire dans l'esprit d'un seul individu, pour la plus riche couronne portée par le plus fier monarque. 3. Dans la haute antiquité les couronnes n'étaient l'attribut que des dieux; Pline dit que Bacchus fut le premier qui en porta une.

QUATRIÈME DIVISION.

RÈGLE CXXXIV.

L'Infinitif est i, le Prétérit a et le Participe u.

Hiatus (a).

Commencer,	Begin',	Began',	Begun'.
Boire,	Drink,	Drank,	Drunk.
Sonner,	Ring,	Rang,	Rung.
Chanter,	Sing,	Sang,	Sung.
Jaillir, s'é-lancer,	Spring,	Sprang,	Sprung.
Nager,	Swim,	Swam,	Swum.

(a) Voyez note a, page 151.

THÈME CXXXIV.

1. Commence chaque jour à te repentir : commence le lendemain avec le même zèle, la même crainte, la même humilité que si tu n'avais jamais commencé auparavant. 2. Tout commença, tout finit par l'amour de Dieu, par l'amour de l'homme. 3. Socrate ** a dit que bien des hommes vivent pour manger et pour boire, mais que lui buvait et mangeait pour vivre.

RÈGLE CXXXV.

Exceptions à la 2ᵉ Classe du 3ᵉ Ordre.

Être,	Be,	Was,	Been.
Porter, sup-porter,	Bear,	Bore.	Borne.
Produire,	Bear,	Bare,	Born.
Venir,	Come,	Came,	Come.
Coqueriquer,	Crow,	Crew,	Crowed.
Oser (v. neut.),	Dare (3) (a),	Durst,	Dared.
Faire,	Do,	Did,	Done.
Voler (comme un oiseau),	Fly,	Flew,	Flown.
Fréter,	Freight (b),	Freighted,	Fraught.
Aller,	Go (c),	Went,	Gone.
Coucher, se trouver,	Lie,	Lay,	Lain.
Courir,	Run,	Ran,	Run.
Voir,	See,	Saw,	Seen.
Tuer, Egorger,	Slay,	Slew,	Slain.

(a) *To dare* (v. act.), défier, est régulier.
(b) Au propre, ce verbe est régulier ; au figuré, il est irrégulier.
(c) Ce verbe n'est pas aussi irrégulier qu'il paraît l'être. Le prétérit se forme de *to wend*, aller, que Shakspeare a employé. Ce même verbe s'est conservé en allemand, quoique le sens en soit un peu changé.

THÈME CXXXV.

1. Le plus grand ennemi de l'humanité fut celui qui osa (3) dire (4) le (1) premier (2) : il n'y a point de Dieu. 2. Je me trouvai malade au lit dans ce moment. 3. On trouva Cincinnatus conduisant la charrue et on le revêtit de pourpre. 4. Salut, bardes triomphants ! nés dans des jours plus heureux.

	INFINITIF.	PRÉTÉR.	PARTIC.	
1ᵉʳ ORDRE.	. . . .	. . . .	. . . .	*Dont l'Infinitif, le Prétérit et l Participe sont le même mot.*
	—	—	—	Beat, burst, cast, cost, cut, h hurt, knit, let, put, read (*a*), ri set, shed, shred, shut, slit, spl spread, sweat, thrust.
2ᵉ ORDRE.	. . . .	. . . .	. . . .	*Dont le Prétérit et le Particip sont le même mot.*
1ʳᵉ DIVISION.	y ee	-d id ed	-d id ed	Die, flee, hear (*a*), lay, pay, sa stay.
2ᵉ DIVISION.	d	t	t	Bend, build, gild, gird, ler rend, send, spend.
3ᵉ DIVISION.	—	-t	-t	Burn (1), deal (*a*), dip (dream (*a*), dwell (*b*) (1), leap (learn (3), mean (*a*), smell (*b*) (spill (*b*) (1), stamp (1).
4ᵉ DIVISION.	ee	e-t	e-t	Creep, feel, keep, kneel, slee sweep, weep.
5ᵉ DIVISION.	— a ou ea	ought aught	ought aught	Beseech', bring, buy, cat fight, seek, teach, think.
6ᵉ DIVISION.	ī i ea ou ee oo	ï ĕ ŏ	ï ĕ ŏ	Bite, bleed, breed, chide, fe hide, lead, meet, shoot, sli speed.
7ᵉ DIVISION. Tibullus.	ing ink } i	u	u	Cling, dig, fling, shrink, sin sling, slink, spin, stick, stir stink, string, swing, wring.
8ᵉ DIVISION.	ind	ound	ound	Bind, find, grind, wind.
9ᵉ DIVISION. Dishonor.	e ou i	o	o	Abi'de, get, shine, win.

(*a*) Prononcez au prétérit et au participe comme s'il n'y avait pas de *a*.

ERBES IRRÉGULIERS SIMPLES.

	INFINITIF.	PRÉTÉR.	PARTIC.	
ceptions au e ORDRE.	. . . . .	. . .	. . .	eave eſt eſt Berea've, cleave, leave, awa'ke, clотнe, have, hang, hold, ligнt (1), lose, make, sell, shoe, sit, stand, strike, tell, work (1).
e ORDRE.	. . . . .	. . .	. . .	*Dont l'Infinitif, le Prétérit et le Participe sont différents.*
e CLASSE.	. . . .	. . .	. . .	*Dont le Participe se termine par en.*
e DIVISION.	—	-d	-n	Grave, lade, rive, shape (1), shave (1), wax, writнe.
e DIVISION.	ca, ee, oo	ō	ō-cn	Break, choose, freeze, heave, speak, steal, weave.
e DIVISION. Diorism.	ī	ō	ĭ-en	Drive, ride, rise, shrive, smite (c), stride (c), strive, thrive, write (c).
ceptions à la e CLASSE.	. . . .	. . .	. . .	ake ook aken Eat, give, forsa'ke, shake, take, bid, fall, secтн, swell (3), tread.
e CLASSE. re DIVISION.	—	-ed	-n	Hew (3), mow (3), saw (3), show, snow (3), sow (3).
2e DIVISION.	aw / ow	ew	awn / own	Blow, draw, grow, know, throw.
3e DIVISION.	ear	ore	orn	Shear, swear, tear, wear.
je DIVISION. Hiatus.	i	a	u	Begin', drink, ring, sing, spring, swim.
ceptions à la e CLASSE.	. . . .	. . .	. . .	Be, bear, bear, come, crow (1), dare (3), do, fly, freight, go, lie, run, see, slay.

'c) Le t et le d se doublent au participe

Thème général sur les Verbes irréguliers.

1. **Notre** vue est plus perçante lorsqu'un œil est fermé , que lorsque les deux sont ouverts : car les rayons visuels se réunissent davantage, et deviennent plus forts. 2. Comme les feuilles, dit Homère, une génération tombe et une autre s'élève *pour* tomber aussi et *pour* être oubliée. 3. On parle anglais jusque sous le Tropique. 4. La mort est triste pour celui qui est trop connu des autres , et trop peu de lui-même. 5. Le moine me fit un salut. 6. Le pain mangé est oublié. 7. Il alla à son bureau, mit sa bourse dans sa poche, se coucha et s'endormit. 8. N'ai-je pas été élevé avec lui? Désirait-il qu'on égorgeât (*a*) ses semblables, qu'on fît des esclaves, et qu'on chassât encore des familles de leurs paisibles demeures? 9. Pourquoi un homme qui a du sang dans les veines resterait-il comme son grand-père sculpté en albâtre? 10. Souvent nos cœurs sont tellement livrés à *la considération de* la valeur d'un bienfait *que nous avons* reçu , que nous ne pensons pas au bienfaiteur. 11. David prit une pierre, la posa dans sa fronde, et frappa le Philistin avec tant de force, que la pierre s'enfonça dans sa tête. 12. Je suis aussi libre que l'homme lorsqu'il sortit jadis des mains de la nature, avant que n'eussent commencé les dégradantes lois de la servitude, lorsque noble sauvage, *l'homme* errait dans les forêts. 13. Il y a à Montmorency une grande table taillée dans l'épaisseur d'un cep de vigne. 14. Celui-là ne pardonne jamais qui a fait l'injustice. 15. On raconte l'anecdote suivante de Guillaume Penn, le célèbre fondateur de la Pensylvanie, qui était de la

---

(*a*) Traduisez par le verbe au passif.

secte des Quakers. Penn se rendit à la cour de Charles II, et garda son chapeau en présence de ce monarque; le roi s'en apercevant, ôta le sien. Sur quoi, Penn lui dit : « Ami Charles, pourquoi ne gardes-tu pas ton chapeau ? » Le roi répondit : « Ami Penn, c'est l'usage ici que jamais plus d'une personne ne soit couverte à la fois. Les Quakers n'ôtent le chapeau à personne, et tutoient tout le monde. 16. Les richesses d'un pays s'acquièrent en consommant moins de denrées étrangères qu'on ne paie en denrées ou en travail. 17. Lorsque Frédéric, roi de Prusse, eut terminé son Histoire de la guerre des sept ans, le manuscrit, écrit de sa propre main, se trouvait sur une table sous une lampe. Par la négligence d'un page, une étincelle tomba sur le papier, y mit le feu et le détruisit (2) entièrement (1). Le page tout consterné courut au monarque, et se jeta à ses pieds pour lui annoncer ce malheur. Frédéric répondit (2) avec calme (1) : Il faut donc que mon histoire soit récrite. 18. Je ne savais pas que la dispute pût être rendue aussi douce que je le sentais. 19. La coiffure était élevée en deux cônes ou flèches qui étaient si hauts sur le côté de la tête, qu'une femme d'une taille de pygmée sans sa coiffure, paraissait un colosse dès qu'elle l'avait mise. 20. Vous connaissez (2) tous (1) ce manteau. Je me rappelle la première fois que César le porta; ce jour-là il vainquit les Nerviens : ici perça le fer de Cassius : voyez quel trou l'envieux Casca y fit ! 21. Le célèbre amiral Blake, qui avait enlevé tant de millions aux ennemis de l'Angleterre, les versa tous dans le trésor public, et ne mourut pas de 500 livres *sterling* plus riche que son père ne l'avait laissé. 22. Épicure ne prenait jamais d'autre nourriture que du pain et de l'eau, ou les fruits et les légumes qui venaient dans son jardin. Il disait quelquefois à ses serviteurs : « Apportez-moi un peu de lait et de fromage, *pour* que je me régale. » Telle était, dit Laërte, la vie de celui qui a été représenté comme un voluptueux. 23. On raconte qu'Otway, auteur de la Venise Préservée, sortit un jour affamé et presque nu. Il trouva un monsieur dans un café voisin, et le supplia de lui prêter un schelling. L'étranger lui donna généreusement une guinée. Otway acheta un petit pain, et fut suffoqué au premier morceau qu'il mangea. 24. Les juges et les sénats ont été achetés à prix d'or; l'estime et l'amitié ne se vendirent jamais. 25. Yorick combattit avec courage, mais épuisé par les calamités de la guerre, il jeta au loin l'épée et mourut, comme on le croyait généralement, le cœur brisé. 26. Marc-Antoine a dit qu'il avait tout perdu, excepté ce qu'il avait donné. 27. Un bienfait reçu ne devrait jamais être oublié. 28. Le Jeu des échecs fut le premier livre imprimé en Angleterre; il fut publié en 1474. Un exemplaire original en fut acheté en Hollande au prix de 4 sous et revendu en Angleterre au prix de 170 livres *sterling* (4,250 fr.). 29. Le feu d'artifice ne fut pas connu des anciens. 30. Amphinomus et Anapus étaient deux frères qui prirent leur père et leur mère sur leurs épaules et les emportèrent au travers des flammes du mont Etna. 31. Un Écossais original, du nom de Jean M'Cree, avait écrit quatre actes d'une tragédie qu'il montra à Garrick; ce dernier lui dit qu'il ne croyait pas que son talent fût *de* ce genre. M'Cree renonça *à* la tragédie et se mit à écrire une comédie. Il la montra à Garrick, qui la trouva moins bien que la tragédie. « Ne m'avez-vous pas dit que je n'avais pas de talent pour le tragique? — Oui, répondit Garrick, mais je ne vous ai pas dit non plus que la comédie fût votre affaire. — S'il ne se trouve pas là non plus, où se trouve-t-il donc? répliqua le malheureux dramaturge. 32. Shakspeare s'enfuit de sa ville natale, Stratford sur l'Avon, où il s'était rendu coupable de braconnage. 33. Il faut

enseigner aux hommes (*a*) comme si on ne leur en-
seignait pas, et les choses *qui leur sont* inconnues
doivent être présentées comme des choses oubliées.
34. L'esprit de parti est funeste aux femmes. Je n'ai
jamais vu, je n'ai jamais connu, dit Addison, une
femme de parti qui ait gardé sa beauté une année. Il
ne permet ce travers qu'à celles qui ne courent aucun danger de gâter leur figure ou de faire des
convert*is* 35. Mon frère Thomas, dit le caporal Trim,
alla *comme* domestique à Lisbon*ne*, et *il y* a épousé
la veuve d'un juif qui tenait une petite boutique et
qui vendait des saucissons. Pour ce crime, il fut
enlevé, au milieu de la nuit, de son lit où il était
couché (*part. prés.*), et emmené sur-le-champ à
l'inquisition où, Dieu l'assiste, continua Trim en
poussant un profond soupir, le pauvre *et* brave garçon est encore enfermé à cette heure. 36. Tiens, dit
Le Fèvre à son fils. L'enfant vola à travers la chambre,
tomba à genoux, prit la bague dans sa main et la
baisa... ensuite embrassa son père, s'assit sur le lit
et pleura. 37. Il prit l'épée et la tira du fourreau
comme il *le* dit : c'est toute la fortune que Dieu t'a
laissée; mais il t'a donné un cœur. 38. Curran, célèbre avocat irlandais, raconte (2) ainsi (1) ses débuts
dans sa carrière : J'avais une famille pour laquelle
je n'avais pas de dîner, et une hôtesse pour laquelle
je n'avais pas d'argent. J'étais sorti abattu; je ren-
trai désespéré lorsque j'ouvris la porte de mon cabinet, où Lavater seul eût pu trouver une bibliothèque;
le premier objet qui se présent*a*, fut un dossier avec
vingt guinées en or et le nom de Lyons. Je payai
mon hôtesse, *j'*achetai un bon dîner, en (4) donnai (1)
une partie (3) *à* Lyons (2), et ce dîner fut la date de
ma prospérité.

(*a*) Traduisez, *il faut que les hommes soient enseignés comme si vous ne
les enseigniez pas.*

OBSERVATIONS.

RÈGLE CXXXVII.

On ne connaît pas en anglais la substitution du prétérit indéfini ou composé du présent au prétérit défini.

Le prétérit, comme le nom l'indique, sert à désigner un temps complétement passé, comme *I* SAW *him yesterday*, je le *vis* hier. *I* WROTE *to him last year*, je lui *écrivis* l'année passée. Mais, s'il reste encore du temps à s'écouler, s'il y a continuation du temps jusqu'au moment où l'on parle, ou s'il y a, comme dit Harris dans son Hermès, « extension du passé jusqu'au présent », il faut employer le composé du présent ou prétérit indéfini, comme : *I* HAVE SEEN *him to-day*, je l'*ai vu* aujourd'hui. *I* HAVE *not* WRITTEN *to him this year*, je ne lui *ai* pas *écrit cette année*.

Butler, the author of Hudibras, WAS *admired by Charles II, and* HAS BEEN *rewarded by posterity*, Butler, l'auteur *de* Hudibras, *a été* admiré par Charles II, mais il *a été* récompensé par la postérité.

En analysant ces divisions du temps où il entre du temps présent, telles que *cette heure, ce jour, cette semaine, ce mois, cette année, ce siècle*, on y trouve le passé, le présent et le futur : le passé qui précède le moment actuel dont se compose le présent, et le futur qui le suit ; mais, comme le dit si bien Harris, « ce moment actuel étant l'essence même du *présent*, répand sa *présence* sur toute cette durée de temps, même la plus longue, qui le renferme dans ses limites (*a*). » Quand on parle de ce qui s'est passé jusqu'au moment actuel dans quelque division de temps que ce soit, on en exclut évidemment le futur ; et il n'y reste que le présent et le passé, ou, en termes de gram-

---

(*a*) Les anciens grammairiens appelaient ceci le temps *médiat* pour le distinguer du temps *immédiat*, comme ils avaient leur lieu médiat et immédiat. Ainsi je suis en Europe, parce que je suis en France ; en France, parce que je suis à Paris, et à Paris, parce que je suis dans la maison, et dans la

maire, le présent et le participe passé, ce dont se forme ce composé du présent qu'on appelle préférablement, dans la grammaire française, prétérit indéfini.

THÈME CXXXVII.

1. Lorsque Brummel était en France, il se procura une grammaire pour étudier la langue française. On demanda *à* Scrope Davies quels progrès Brummel avait faits en français ; il répondit qu'il avait été arrêté, comme Bonaparte en Russie, par les éléments. 2. Hier j'ai vu briser ce qui est fragile ; aujourd'hui j'ai vu mourir ce qui est mortel. 3. Avez-vous jamais lu l'Othello de Shakspeare?—Oui, je l'ai lu pendant les vacances. 4. Avez-vous lu son Macbeth ou son Hamlet?—Je n'ai encore lu ni l'un ni l'autre. 5 La bataille de Crécy (en 1346) est la première où l'on ait employé le canon. L'a-t-on toujours employé depuis? — Oui, toujours. 6. Platon est mort le jour de l'anniversaire de sa naissance dans la première année de la 108e olympiade, et dans la 81e année de son âge. 7. La fourrure qui chauffe un monarque, dit Pope, a chauffé un ours. 8. Je suis venu, j'ai vu, j'ai vaincu. Moi, je n'ai pas vu et je n'ai pas vaincu.

RÈGLE CXXXVIII.

C'est par ce même principe qu'on emploie en anglais le composé du présent ou prétérit indéfini dans les phrases telles que les suivantes, parce qu'il s'y trouve *extension du passé jusqu'au présent*, *continuation jusqu'au moment actuel.*

---

maison, parce que je me trouve dans mon cabinet; et conséquemment, j'ai pour lieu (médiat) l'Europe, parce que j'en occupe un tout petit coin obscur. De même à l'égard du temps : je suis au moment actuel, donc je suis dans cette heure, ce jour, cette semaine, ce mois, cette année, ce siècle; et je suis ainsi dans tout un siècle, parce que je suis dans un de ces instants que ce siècle renferme, parce que « ce *présent* répand sa *présence* sur la plus longue durée de temps qui le renferme dans ses limites ».

Shakspeare HAS BEEN DEAD *more than* 200 *years,* *il y a* plus de 200 ans *que* Shakspeare *est* mort. *I* HAVE HAD *my book a month*, il y a un mois *que* j'ai mon livre. *I* HAVE BEEN *in Paris these three years*, il y a trois ans *que je suis* à Paris. Mais si j'étais parti de Paris, je dirais : *I* WAS *in Paris three years*, je *fus* à Paris trois ans. *I* HAVE BEEN *traveling these two years*, il y a deux ans que je *voyage.*

Il y a se rend en anglais par *ago*, ou plus élégamment par *since*, dans les phrases où il n'y a pas *continuation jusqu'au moment actuel*, c'est-à-dire lorsqu'on emploie le prétérit défini, comme : I SAW *him three days* AGO ou mieux SINCE, je l'*ai vu il y a* trois jours.

THÈME CXXXVIII.

1. Combien y a-t-il que Milton est mort ? Il y a cent soixante et un ans, puisqu'il est mort en 1674. 2. Il y a six mois, Lady Teazle m'a rendu le plus heureux des hommes, et depuis ce moment, je suis l'être le plus misérable *qu'il y ait* au monde. Nous nous sommes chamaillés un peu en nous rendant à l'église, et nous *en* sommes venus à une querelle avant que les cloches eussent cessé de sonner. 3. On a demandé à Cicéron l'âge d'une dame : Nous devons croire, dit ce grand orateur, qu'elle n'a que quarante *ans*; car il y a dix ans qu'elle nous l'assure. 4. Byron est mort en Grèce dans l'année 1824 ; combien y a-t-il donc qu'il est mort ? Il y a onze ans qu'il est mort. 5. Il y a vingt ans que je le connais et que je l'aime, mais il n'y a que dix ans qu'il voyage en France. 6. Il est venu à Paris il y a trois ans. 7. Combien y a-t-il que vous aspirez à ces fonctions ? J'y aspire (*a*) depuis très-

(*a*) Il importe peu qu'on emploie en français *il y a* avec le présent, ou le présent sans *il y a*, le temps étant le même, on doit le rendre en anglais de la même manière, quelle qu'en soit la forme.

longtemps, et enfin j'y suis parvenu. 8. Je suis au collége depuis 1830 ; il y a par conséquent cinq ans que j'y suis. 9. Combien y a-t-il que vous apprenez l'anglais ? Il y a au moins trois ans que je l'apprends. Moi, je l'apprends depuis cinq ans. 10. Chesterfield a dit dans sa vieillesse : Tyrawley et moi nous sommes morts depuis deux ans ; mais nous ne voulons pas qu'on le sache.

RÈGLE CXXXIX.

☞ Après *when*, quand, *as soon as*, aussitôt que, *as long as*, tant que, ou *while*, pendant que (surtout si deux futurs se suivent immédiatement dans la même phrase), on emploie généralement, pour éviter la répétition du signe de ces temps, le présent au lieu du futur : *While thy master is worth a shilling, thou shall never ask elsewhere for a penny*, pendant, tant que ton maître *aura* un schelling, tu ne demanderas jamais ailleurs un sou. Mais cette remarque ne s'applique pas aussi rigoureusement au composé du futur, où l'on peut employer le futur ou le présent selon le caractère que l'on veut imprimer au style : le futur est plus relevé ou plutôt moins familier que le présent.

Ex. *When you* WILL HAVE SEEN *him, you will return*, quand vous l'*aurez vu*, vous reviendrez. *S...'s poem of T..... will be read when Homer and Virgil* ARE *forgotten—but not till then*, le poëme de.... par.... sera lu quand Homère et Virgile *seront* oubliés—mais pas avant.

THÈME CXXXIX.

1. Je crois que vous trouverez bien ces élégies ** quand vous les verrez sur une belle page *in*-quarto où un joli petit ruisseau de texte murmure*ra* à travers une prairie de marge. 2. Quand vous aurez acheté une belle chose, dit Franklin, il

vous en faudra acheter encore dix pour que tout
soit uniforme. 3. Tant que je vivrai, je n'oublierai
point cette dette de reconnaissance. 4. Quand nous
aurons remporté encore une victoire, nous aurons
de l'honneur pour toujours. 5. Aussitôt qu'on verra
que les hommes de parti les plus violents sont incor-
rigibles, il sera facile de ramener les autres.

RÈGLE CXL.

On emploie souvent le participe présent au lieu
du nom, ou, pour mieux dire, il devient alors nom,
comme dans cette phrase ironique : *your* ABSENT-
ING YOURSELF *frequently from the lessons will*,
doubtless, greatly contribute to your ACQUIRING
the language promptly, vos *absences* fréquentes
des leçons contribueront sans doute beaucoup à
la prompte *acquisition* de la langue. Littéralement : votre *absentant vous-même fréquemment*
et votre *acquérant promptement*. Il faut souvent
rendre en français cette forme par *de ce que*, *à ce
que*, *en ce que*, selon la préposition qu'on emploie,
ou bien, par *que*.

On dit également *eating* et *drinking* pour signifier le manger et le boire.

THÈME CXL.

1. La pure satisfaction de la curiosité; (le)
savoir aujourd'hui plus que nous ne savions hier;
(le) comprendre clairement (de) ce qui nous semblait obscur et embarrassant; (le) contempler les
(des) vérités générales et (le) comparer les différentes choses entre elles, *tout cela* forme une agréable occupation pour l'esprit, et, outre la jouissance
du moment, élève les facultés au-dessus des petits
soins, raffine et purifie les passions, et aide notre raison à en calmer la violence. 2. Ses succès (*sing.*) sont
dus à ce qu'il a consacré à ce travail ses nuits et ses

jours. 3. Lorsque les hommes commencèrent à augmenter en nombre, la première chose à *laquelle* ils s'adonnèrent, nous disent les livres, fut la culture (cultiver) de la terre et la pâture (paître) des troupeaux. 4. Cela résulte de ce que vous désirez son avancement. 5. Plaire *aux* gens est un grand pas de fait pour les persuade*r*. 6. Aimer à lire est, selon Montaigne, échanger des heures d'ennui contre des heures délicieuses. 7. Quelqu'un ayant dit à Johnson : « Monsieur, vous êtes si bon, que j'ose vous importuner ; » Johnson répondit : « Monsieur, *si* je suis bon, ce n'est pas une raison pour *que* vous soyez mauvais. »

RÈGLE CXLI.

Un participe passé, précédé de *very*, très, *too*, trop, *so*, si, *as*, aussi, *how* comment, exige *much*, ou quelquefois *well*: *he is* VERY MUCH REGRETTED, il est *très-regretté*; mais ni l'adjectif, ni le participe présent ne le prennent, comme; *I am* VERY SORRY, je suis *très-fâché*; *it is* VERY SURPRISING, il est *très-surprenant*. Quelques participes passés, devenus adjectifs, rejettent le *much* ou *well*.

THÈME CXLI.

1. J'en suis très-étonné, quoique ce ne soit pas fort étonnant. 2. Il est aussi connu dans la ville que s'il y eût toujours demeuré. 3. Les petits esprits sont trop blessés des petites choses ; les grands esprits les voient et n'en sont point offensés. 4. Les dames furent très-affligées de cette nouvelle ; mais ayant appris que nous n'étions pas blessés, elles en furent très-contentes : mais étant informées que (de) nous étions presque morts de frayeur, elles en furent très-fâchées ; mais étant assurées que nous avions passé une bonne nuit, elles en furent encore une fois bien aises.

RÈGLE CXLII.

Le verbe prend souvent un sens tout particulier que lui prête la *préposition* ou l'*adverbe* qu'on y ajoute, comme : *to go in*, aller dans, entrer ; *to go out*, aller dehors, sortir ; *to go up*, aller en haut, monter ; *to go down*, aller en bas, descendre.

Quelquefois le sens devient un peu moins clair par la signification figurative ou arbitraire que lui imprime l'usage, comme : *to put*, mettre ; *to put out*, mettre dehors, chasser, éteindre, faire perdre le fil de ses idées ; *to have on*, avoir sur, porter ; *to give out*, donner dehors, répandre dans le public ; *to give in*, donner dedans, ne plus se porter dehors, céder ; *to give up*, donner en haut, mettre en haut, mettre hors de la portée, n'avoir plus à s'occuper de, abandonner *ou* livrer.

Quand ces mots sont suivis de leurs régimes, il n'y a pas grande difficulté ; dans le cas contraire, il faut suppléer les mots sous-entendus, comme : *to have* ON, avoir *sur*, veut dire avoir sur soi.

RÈGLE CXLIII.

Ces adverbes ne précèdent jamais les verbes pour y être réunis dans aucune partie de la conjugaison. Les adverbes peuvent précéder le régime ou le suivre selon l'euphonie de la phrase, mais les prépositions doivent absolument le précéder : *take* OFF *your hat*, ou bien, *take your hat* OFF, ôtez votre chapeau (parce que *off* est adverbe). *Go* UP *the hill*, *go* DOWN *the hill*, montez la colline, descendez la colline. On ne pourrait pas dire *go the hill* UP ou *down* ; *up* ou *down* étant prépositions.

La raison m'en paraît être dans la nature même du régime. Avec l'adverbe, le régime du verbe peut en être séparé ou non ; mais la préposition doit nécessairement précéder les mots qu'elle régit elle-même.

RÈGLE CXLIV.

Il est en général, avec l'adverbe, plus élégant de faire suivre le régime si c'est un nom, parce que cette tournure est moins commune : ainsi *take* off *your hat* est préférable à *take your hat* off. Si le régime est un pronom monosyllabique, ce pronom doit, par euphonie, précéder l'adverbe : *take it* off. On ne pourrait pas dire *take* off *it*.

La raison n'en est probablement qu'euphonique, afin de mieux arrondir le membre de phrase, en faisant placer a la fin le mot qui est ordinairement le plus long, comme l'adverbe en comparaison avec le pronom qui est, dans ce cas, presque toujours en anglais un monosyllabe. Les pronoms polysyllabes se trouvent dans le même cas que les noms, c'est-à-dire, peuvent précéder le régime ou le suivre.

RÈGLE CXLV.

Quelquefois dans le style très-familier l'adverbe précède le verbe, ce qui donne au style une tournure familière et répond au français *voilà que*. *Down came my wife and daughters dressed out in all their former splendor*, voilà que ma femme et mes filles descendirent parées de toute leur ancienne splendeur.

THÈMES CXLII, CXLIII, CXLIV, ET CXLV.

1. Il ramasse (prendre) ce que j'ai laissé tomber. 2. On a élevé (poser) une croix.—Non ! on ne l'a pas encore élevée. 3. J'ôte (tirer) mes bottes, ou je ne les ôte pas comme bon me semble. 4. Il s'arrache (tirer) les cheveux. 5. Il ôte (prendre) sa perruque, mais il la remet (mettre). 6. Vous tirez (prendre) votre bourse. 7. Nous serrons (mettre) nos livres. — Vous ne les serrez pas toujours. 8. Ils déposent (mettre) leur fardeau. 9. Shakspeare fut élevé (amener) à l'état de son père, celui de carder la laine. 10. La nature nous donne des enfants et des amis pour nous

les enlever (prendre), mais n'en enlève point pour nous les rendre (donner). 11. Les frères de Joseph le retirèrent (prendre) de la citerne pour le vendre aux Ismaëlites. 12. Une ombre s'évanouit, un éclair brille, un nuage se dissipe, ainsi passe (passer) la gloire. 13. Scipion et Lelius s'amusaient dans leur retraite à recueillir (cueillir) des coquilles sur le rivage. 14. Voilà qu'ils entrent (venir) sans me saluer. 15. Voilà qu'ils montent (venir) sans consulter personne. 16. Voilà qu'ils partirent (aller) sans dire adieu à leurs meilleurs amis. 17. Un teinturier étant invité dans une cour de justice à lever (tenir) la main, et comme la sienne (elle) était toute noire, le juge lui dit: Otez (prendre) votre gant, mon ami. — Mettez vos lunettes, monseigneur, répondit le teinturier.

Thème général sur les Observations sur les Verbes.

1. Aussitôt que j'arriverai, j'espère pouvoir aller à la chasse. 2. Parler avec un ami n'est autre chose, dit Addison, que penser tout haut. 3 Je n'ai été à la campagne qu'une fois cette année; j'y ai vu monsieur votre frère, madame votre mère et mesdemoiselles vos sœurs qui s'y sont trouvés réunis. 4. Desservez (prendre), s'*il* vous plaît. 5. Quand vous le verrez, vous le lui direz. 6. Rien n'est délicieux, dit Platon, comme d'entendre ou de dire la vérité. 7. Je n'ai pas encore vu monsieur le président. 8. J'attribue ses progrès (*sing.*) en allemand à ce qu'il sait l'anglais. 9. Je reconnaîtrai mon erreur dès qu'on m'en aura convaincu. 10. Je n'ai jamais vu lord Byron. 11. Quand il aura de l'expérience, il pensera différemment. 12. Il faut effacer (frapper) toute cette phrase. Je l'ai déjà effacée. 13. Voilà qu'ils sortent (aller) sans jamais fermer la porte. 14. Il y a deux cent neuf ans que Bacon est mort, car il est mort

en 1626. 15. Les morceaux littéraires de Franklin sont très-amusants, généralement très-instructifs, quelquefois très-philosophiques. 16. Tant qu'il ne m'obligera pas à le faire, je m'en abstiendrai. 17. Veuillez descendre (apporter) mon canif et monter (prendre) mon encrier. 18. Combien y a-t-il que Sheridan est mort? — Il est mort en 1816; par conséquent il y a dix-neuf ans qu'il est mort. 19. La mort prématurée du célèbre navigateur le capitaine Cook fut bien pleurée dans toute l'Europe. 20. Voilà qu'il monta (venir) sans se faire annoncer, sans la moindre cérémonie. 21. Rien n'est plus pernicieux aux bonnes mœurs que de donner de beaux noms aux mauvaises actions; c'est confondre le vice avec la vertu, et affaiblir notre horreur naturelle pour le mal. 22. Je ne puis pas sortir (venir). 23. Franklin est mort en 1790; il y a donc quarante-cinq ans qu'il est mort. 24. J'en suis aussi persuadé que de mon existence, et cependant ce n'est pas si évident. 25. Je me plaindrai à son père de ce qu'il ne fait pas de progrès. 26. (Le) faire une chose et penser en même temps à une autre, ou essayer de faire deux choses à la fois, ce sont les indices immanquables d'un petit esprit frivole. 27. L'opinion des Stoïciens que (de) la douleur n'est point un mal est une dérision forcée et le plus haut degré de feinte et d'affectation. 28. Elle laisse tomber par accident son éventail pour donner l'occasion de le ramasser (prendre). 29. Vouloir surpasser les autres en mérite et en savoir est une ambition louable; au lieu que vouloir les surpasser en rang, en dépense, en habits et en équipage, n'est qu'une sotte vanité qui rend un homme fort ridicule. 30. Il (Picard) est moins vieux que moi (Andrieux) de 10 ans; il y en a près de 50 que je le connais et que je l'aime; et je crains bien d'avoir la douleur de lui survivre.

DE L'ADVERBE.

RÈGLE CXLVI.

On fait des adverbes de la plupart des adjectifs en y ajoutant *ly*, comme : *honest, honestly*, honnêtement; *virtuous, virtuously*, vertueusement.

Aux adjectifs se terminant en *ble*, on n'ajoute que *y*, et l'on retranche le *e* final, parce que le *e* muet étant retranché, la terminaison commence déjà par *l*, comme : *irrevocable, irrevocably*, irrévocablement. Si l'adjectif finit par *y* précédé d'une consonne, *y* se change en *i* avant d'ajouter *ly: witly*, spirituel, *wittily*, spirituellement.

RÈGLE CXLVII.

Quand il y a verbe auxiliaire et infinitif ou participe passé, la place de l'adverbe est entre les deux : *He will* GLORIOUSLY *pursue* ou *he has* GLORIOSUSLY *pursued his career*, il poursuivra *glorieusement* ou il a *glorieusement* poursuivi sa carrière ; mais quand un verbe simple est accompagné d'un régime direct, l'adverbe ne se place pas en anglais entre les deux, mais bien après le régime ou avant le verbe. Cette dernière forme est la plus élégante pour les adverbes employés familièrement : *he pursues his career* GLORIOUSLY ou *he* GLORIOUSLY *pursues his career*, il poursuit *glorieusement* sa carrière. Pour les adverbes suivants, cette dernière forme est indispensable avec tous les verbes, à l'exception de *to be; always, even* (toujours), *even* (même), *never* (jamais), *often* (souvent), *rather* (plutôt), *scarce* (à peine), *soon* (bientôt), *still* (encore), *then* (alors), etc. I ALWAYS *write my exercise*, j'écris *toujours* mon thème. *I am* OFTEN *at home*, je suis *souvent* à la maison.

Les adverbes les plus usités se trouveront dans

la liste alphabétique de mots qui sera placée avant les Notes explicatives.

THÈMES CXLVI ET CXLVII.

1. L'homme qui agit honnêtement agit sagement; le malhonnête homme est un sot. 2. Ne suffit-il pas, dit Young, que la ganache ne sache à peine lire, mais faut-il qu'il ait l'air sage et qu'il plaide gravement ? » 3. La contagion des mauvais précédents infecte horriblement les enfants. 4. La conversation de Johnson était spirituellement (spirituel (a)) plaisante. 5. Il poursuit activement ses affaires. 6. Il déclare positivement ses intentions. 7. Cela se fait facilement. 8. Il se conduit sottement à l'égard de sa famille. 9. Il rencontra heureusement un ami. 10. Il a accompli sa tâche dignement. 11. Je le pense toujours (b). 12. Je lui donnai alors le livre. 13. J'écris ainsi ma lettre tous les mois. 14. J'en reçois une toutes les semaines. 15. Je ne le vois jamais (c). 16. Je ne le fais point. 17. Je ne dis rien. 18. Le faites-vous toujours? 19. Combien (d) y a-t-il de Paris à Londres ? Combien y a-t-il de Douvres à Calais? Combien du Hâvre à Southampton ? 20. Un homme se rend toujours plus grand, dit Johnson, à mesure qu'il augmente ses connaissances. 21. Les anciens Goths avaient une coutume fort sage, de débattre deux fois (e) toute affaire d'importance à l'état, c'est-à-dire, une fois étant ivres, et une fois étant sobres...Ivres pour ne pas manquer de vigueur, et sobres pour ne pas manquer de prudence.

(a) Le y précédé d'une consonne se change en i avant d'ajouter ly.
(b) Toujours se rend par still dans le sens de encore.
(c) Il est à peine nécessaire de rappeler à l'élève que les adverbes de négation se rendent par un seul mot en anglais.
(d) Combien dans le sens de la distance se rend en anglais par how far, et y avoir par to be, avec le pronom neutre it: how far is it from Saint-Étienne to Lyons? combien y a-t-il de Saint-Étienne à Lyon?
(e) Deux fois doit se placer après le mot état. Voyez les notes raisonnées de l'Étude Raisonnée, note 4 du N. 108.

LES PRÉPOSITIONS, LES CONJONCTIONS ET LES INTERJECTIONS

S'apprendront à mesure que l'élève avancera. Les principales se trouveront dans la liste alphabétique de mots placée avant les Notes explicatives.

DES PRÉPOSITIONS.

REMARQUES SUR QUELQUES PRÉPOSITIONS.

RÈGLE CXLVIII.

AT et TO, *à*.

To indique *mouvement vers*; *at*, *repos*, ou plutôt *non-mouvement vers*; *I am going* TO *Lyons, but I reside* AT *Havre*, je vais à Lyon, mais je demeure *au* Havre. Cette règle s'applique tant au figuré qu'au propre.

RÈGLE CXLIX.

IN, *dans* ou *en* et quelquefois *à*.

' Dans le sens de *non-mouvement vers*, et lorsqu'il s'agit d'une ville capitale ou de toute autre grande ville, on emploie *in* au lieu de *at*.

Ex. *My friends are* IN *London*, mes amis sont à Londres.

RÈGLE CL.

INTO, *dans* ou *en*.

INTO, *dans* ou *en*, s'emploie après des verbes

qui marquent *le mouvement vers,* ou *le changement en* : *I am going* INTO *the country* , je
vais à la campagne; *industry turns lead* INTO *gold*,
le travail change le plomb *en* or. *He dances* IN
the room veut dire : il danse *dans* la chambre; et
he dances INTO *the room* signifie : il *entre* dans la
chambre *en dansant.*

RÈGLE CLI.

OF et FROM, *de.*

Of exprime les divers sens de la préposition
française *de,* excepté celui de *l'éloignement* ou de
la *séparation,* qui se rend par *from* : *London is
not* FAR FROM *Paris,* Londres n'est pas *loin* de
Paris.

Ces observations doivent s'appliquer tant au figuré qu'au propre.

RÈGLE CLII.

BY et WITH (après un verbe), *par* et *avec.*

By se dit de l'agent, *with* de l'instrument
avec lequel l'agent opère.

Ex. *He was killed* BY *a man* WITH *a sword,* il fut
    tué *par* un homme *avec* une épée.

By s'emploie également pour *la cause* qui se
personnifie pour ainsi dire, et devient agent.

Ex. *He dies* BY *violence,* il meurt *par* violence, BY
    a fall, par suite d'une chute.

On trouve, dans l'Histoire d'Ecosse de Robertson, une phrase qui marque parfaitement cette
distinction. Un des anciens rois d'Ecosse faisant
une enquête pour s'informer de la mouvance des

terres de ses nobles, ceux-ci se levèrent et s'écrièrent en tirant leurs épées : " By *these we acquired our lands, and* WITH *these we will defend them.*"
« *Par* nos épées nous avons acquis nos terres, et *avec* elles nous les défendrons. ».

By these, par celles-ci; ce qui signifie par l'épée, celle de leurs ancêtres, et non par celle que chacun tenait à la main. *With these,* avec celles-ci, indique avec les épées mêmes qu'ils venaient de tirer du fourreau.

RÈGLE CLIII.

Toutes les prépositions régissent le participe présent. Ex *A soldier, said my uncle Toby , is no more exempt* FROM SAYING *a foolish thing than a man of letters,* un militaire, a dit mon oncle Toby, n'est pas plus exempt *de dire* une bêtise qu'un homme de lettres; littéralement *de disant* (*a*).

THÈMES CXLVIII — CLIII.

1. A l'âge de vingt-huit *ans* , Platon alla avec les autres disciples de Socrate à Mégare , pour (*b*) étudier sous Euclide. De cette ville il se rendit à Agrène , où il étudia les mathématiques sous Théodore. Il passa ensuite en (*c*) Italie pour entendre Pitholaüs, Archytas de Tarente, et Curitius , les trois plus fameux pythagoriciens de ce temps-là. Cependant, non content de (avec) ce qu'il avait appris sous ces grands maîtres, il alla en

---

(*a*) *To*, en qualité de préposition (et précédant l'infinitif, to n'en est point, comme on pourra le voir par la note, page 98), régit en effet le participe présent : *I attribute his progress to his* KNOWING *German,* j'attribue ses progrès à ce qu'il sait l'allemand (littéralement *à son sachant*).

(*b*) *Pour* devant un infinitif, ne se rend jamais en anglais par FOR : On le supprime, ou bien, dans le sens de *afin de*, on le traduit par IN ORDER TO : *No slave is viler than he who affects a vice to please others* ou IN ORDER TO *please others,* il n'y a pas de plus vil esclave que celui qui affecte un vice, pour plaire aux autres.

(*c*) *To* s'emploie pour *en* devant les noms de pays : *I am going to England,* je vais en Angleterre.

Egypte, pour profiter de la science des prêtres et des docteurs de ce pays ; et il s'était même proposé d'aller jusqu'aux Indes , mais il en fut empêché par la guerre qui se faisait alors en Asie, 2. Il arrivait souvent à Héraclite *de* jouer avec de petits enfants devant le temple de Diane. Les Ephésiens s'assemblaient alors autour de lui , et le regardaient avec étonnement : « Misérables ! s'écria-t-il , pourquoi êtes-vous si étonnés de me voir jouer avec ces petits enfants ? Ne vaut-il pas mieux que je m'occupe de la sorte avec eux , que de vous aid*er* à mal gouverner la république ? » 3. Comme on demandait à Antisthène quel avantage *il* lui était revenu de sa philosophie : « L'avantage , répondit-il , de pouvoir converser avec moi-même , et de faire par goût ce que d'autres font par force. » 4. On triomphe de la calomnie en (*a*) la dédaignant. 5. Le dédain naît d'une opinion exagérée de soi-même. 6. En revenant , après être sorti pour affaire , examinez ce que vous aurez fait. 7. Les hommes parlent sans penser, et pensent sans parler. 8. Une maison de jeu est un repaire d'infamie , où l'on court le danger d'être ruiné par la perte ou déshonoré par le gain. 9. Ce n'est pas en vivant long*temps* , c'est en voyant beaucoup qu'on apprend quelque chose. 10. « Celui qui tombe de fatigue pour (tomber avec la fatigue de) amasser du bien, dit Johnson , se délasse dans la vieillesse par le doux soin de l'épargner. » 11. La perfection de notre conduite vient de la pureté et de la sagesse de nos pensées habituelles. 12. On est riche , non pas en augmentant ses possessions , mais en diminuant ses désirs. 13. De Witt, un des plus grands hommes d'état de son siècle , disait que tout (2) son (1) art d'expédier la multitude d'affaires dans lesquelles il était engagé , consistait à (en) faire une chose à la fois. 14. L'émulation est une noble passion quand elle cherche à *exceller* en s'élevant elle-même, et non pas en abaissant les autres. 15. La plus véritable preuve qu'on puisse avoir d'être né avec de grandes qualités, c'est d'être né sans envie. 16. Tout homme est capable de faire du bien à un homme; mais c'est ressembler aux dieux *que de* contribuer au bonheur d'une société entière. 17. Quand la fortune nous décharge du travail, la nature nous accable de (avec) temps. 18. Il faut être bien maître de soi pour discuter sans disputer. 19. On blâme les malheureux pour se dispenser de (avec) les secourir. 20. Une âme forte, qui ose regarder le malheur en face, trouve bientôt des moyens pour (de) le combattre ou pour le supporter. 21. On fait beaucoup de mal à ses amis, même en les justifiant, quand on irrite l'amour-propre de ceux qui les ont attaqués. 22. Le pardon ôte à (de) un ennemi le pouvoir d'altérer votre caractère ou votre repos. 23. Rien n'empêche tant d'être naturel que l'envie de le paraître. 24. On devrait apprendre les mathématiques, disait Watts, non pas pour être mathématicien, mais pour être homme.

DES CONJONCTIONS.

CONJONCTIONS CORRÉLATIVES.

RÈGLE CLIV.

As........ *so*, comme .... ainsi.

As *you sow*, so *you shall reap, comme* vous semerez, *ainsi* vous récolterez.

THÈME CLIV.

1. Comme la guerre a ses faveurs, ainsi

elle a ses disgrâces. 2. Comme la science nous montre combien nous sommes ignorants, ainsi la science fait naître la modestie. 3. Comme les étoiles, ainsi sera ta race. 4. Comme la colombe amollit le grain dont elle veut nourrir ses petits, ainsi une mère tendre prépare et adoucit l'instruction qu'elle veut faire goûter à ses enfants.

RÈGLE CLV.

As..... so, de même que.... de même.

As you do good to others, so *shall others do good to you,* de même que vous faites du bien aux autres, *de même* les autres vous feront du bien à vous.

THÈME CLV.

1. De même que les aliments nourrissent le corps, de même la science nourrit l'esprit. 2. De même que le hibou cherche l'obscurité, de même le méchant cherche les ténèbres. 3. De même que la cire molle reçoit aisément toute sorte d'empreintes et de figures, de même un jeune homme reçoit facilement toutes les impressions qu'on veut lui donner.

RÈGLE CLVI.

Either....or, ou....ou , soit.... soit (a).

The city founded by the emperor Constantine is called EITHER *Byzantium* OR *Constantinople,* la ville fondée par l'empereur Constantin s'appelle *ou* Byzance *ou* Constantinople.

THÈME CLVI.

1. A Venise on peut aller à toutes les

(a) *Either, or* et *neither, nor,* ne doivent s'employer que pour réunir deux membres d'une phrase, et prennent un verbe au singulier, à moins qu'un des deux sujets ne soit au pluriel.

maisons ou par terre ou par eau. 2. Le travail est toujours ou utile ou agréable. 3. L'homme doit être probe ou par moralité ou par intérêt. 4. La religion chrétienne défend *aux* hommes de jurer soit par le ciel soit par la terre. 5. Ou un homme maîtrise ses passions, dit Temple, ou ses passions le maîtrisent.

RÈGLE CLVII.

Neither.............. *nor,*
ou *nor*................... nor, } ni..... ni (*a*).
dans le style poétique.

Lay up for yourselves treasures in heaven where NEITHER *moth* NOR *rust doth corrupt*, faites-vous des trésors dans le ciel où *ni* la rouille *ni* les vers ne les mangent.

I whom NOR *avarice* NOR *pleasures move*, moi que n'émeuvent *ni* l'avarice *ni* les plaisirs.

THÈME CLVII.

1. Ni lui ni moi n'en sommes coupables. 2. Il ne faut abuser ni *de* son mérite ni *de* la bonne volonté des autres. 3. Ni l'ange ni l'homme, dit Bacon, ne peuvent encourir le danger par la bonté. 4. Quand on n'a ni vertu ni vice, on n'a ni ami ni ennemi. 5. Ni l'or ni la grandeur * ne nous rendent heureux.

RÈGLE CLVIII.

So,...as, comme.... —
(ne s'emploie que dans le style biblique).

To see thy glory, SO AS *I have seen thee in the sanctuary*, voir ta gloire, comme je t'ai vu dans le sanctuaire.

(*a*) Voir la note *a* de la page 185.

RÈGLE CLIX.

Though.... yet, quoique.....cependant.
Though...:. nevertheless, quoique..... néanmoins.
Though.... ——, quoique.

THOUGH *he is great*, YET *he has no pride*, quoiqu'il soit grand, *cependant* il n'a pas d'orgueil. THOUGH *he is poor*, NEVERTHELESS *he is charitable*, *quoiqu'*il soit pauvre, *néanmoins* il est charitable. THOUGH *not rich, he is generous*, quoique peu riche, il est généreux.

THÈME CLIX

1. Quoiqu'il ait des riches*ses* , cependant il ne sait pas en jouir; il n'a pas encore appris « le luxe de faire le bien. » 2. Quoique j'admire ses qualités, néanmoins je n'ignore pas ses défauts. 3. Quoiqu'il ait de la fortune, l'abus qu'il en a fait l'oblige de vivre comme s'il n'en avait pas. 4. Quoiqu'on soit pauvre, néanmoins on peut faire du bien.

RÈGLE CLX.

Whether..............or, { soit que....soit que.
{ soit que....ou que.

WHETHER *you accept my proposal* OR *reject it*, *soit que* vous acceptiez ma proposition, *soit que* vous la rejetiez, *ou que* vous la rejetiez.

THÈME CLX.

1. Soit qu'il y ait du monde, soit qu'il n'y en ait point, vous n'en aurez pas moins un sermon, dit le ministre de Wakefield à sa femme. 2. Soit qu'on parle, soit qu'on écrive, c'est une obligation

pour tout le monde de ne jamais dire que l'exacte vérité. 3. Le travail, dit Moore, est le père de toutes les merveilles durables de ce monde, soit en **vers,** soit en pierre, soit en poésie, soit en pyramides.

RÈGLE CLXI.

Les conjonctions ne régissent pas en anglais le subjonctif. *If,* si ; *lest,* de crainte que, *although,* quoique ; *unless,* à moins que, sont les **seules** susceptibles de le prendre, et elles ne le prennent que dans le cas où le futur et le doute soient réunis. (*Voyez* Note (*b*), page 100.)

THÈME CLXI.

1. S'il ne vient pas demain, je ne l'attendrai pas. S'il est ici dans ce moment, c'est à lui que je m'adresse. 2. Je ne ferai pas cela moins demain, quoiqu'il n'y soit pas. 3. Quoiqu'il soit pauvre, il est content. 4. Il conservera son bonheur actuel, à moins qu'il ne se crée quelque infortune ou que le ciel ne lui envoie quelque affliction. 5. N'aime pas le sommeil, de crainte que tu n'arrives à la pauvreté. 6. A moins qu'il n'y ait consenti, l'acte devient nul et non-avenu. 7. Quoiqu'il fût riche, cependant pour l'amour de nous (pour notre amour) il se fit pauvre.

Thème général sur les Conjonctions corrélatives.

1. S'il est discret, il réussira. 2. Quoique riche, il n'est ni estimable ni heureux. 3. Il y a des gens qui ne sont ni de leur siècle ni de leur pays. 4. Ou nous avons de l'esprit, ou nous n'en avons point. Si nous en avons, la modestie en est une preuve ; si nous n'en avons pas, la modestie en dissimule l'absence. 5. De même que nous nous affectionnons de

plus en plus aux personnes à qui nous faisons du bien, de même nous haïssons violemment ceux que nous avons beaucoup offensés. 6. Si vous êtes sincère, je suis heureux. 7. Comme le soleil chasse les ténèbres, ainsi la science chasse l'erreur. 8. Quoiqu'il paraisse simple et sans artifice, il nous a trompés. 9. Soit qu'un menteur mente, soit qu'il dise la vérité, on ne le croit plus; ainsi il ne trompe que quand il dit la vérité. 10. Quoiqu'il soit riche, néanmoins il n'est nullement généreux. 11. Je lui écrirai à moins qu'il ne soit déjà ici, ou à moins qu'il n'arrive dans la nuit. 12. Le silence en société (si ce n'est ni sottise ni modestie), est ou observation ou discrétion. 13. Soit que les maux qui nous arrivent soient proportionnés à nos forces, soit que nos forces se proportionnent à nos maux, nous apprenons à les supporter a mesure que nous nous y accoutumons. 14. De même que les belles actions naissent des belles pensées, de même les belles pensées sont la suite des belles actions.

PARTICULES INSÉPARABLES.

J'appelle *particules* ces petits mots qu'il serait difficile de ranger sous aucune dénomination des parties du discours; car ils sont tantôt prépositions, tantôt adverbes, et quelquefois ils ne sont ni l'un ni l'autre. Ce ne sont enfin que des particules préfixes, inséparables des mots à côté desquels elles se trouvent.

RÈGLE CLXII,

A signifie *on*, sur; *in*, dans ou en; *at*, à; comme: *afoot*, *on foot*, sur pied, à pied; *asleep*, *in sleep*, dans le sommeil, endormi ; *alive, in life,* en vie ; *aworking, at working* ou *at work*, au travail (a).

1. Au-dessus *de sa tête*, rien que le ciel; autour (tour) de lui, rien que l'Océan 2. Ils courtiseraient votre habit lors même que votre visage en serait loin (sur le chemin). 3. Là gisait son cadavre étranglé ; il semblait pourtant crier tout haut (haut) pour avertir le puissant et instruire le superbe. 4. Il isole ce sujet de questions qui *le* touchent de près (proche).

BE sert : 1° à rendre actifs des verbes neu-

(a) Cette particule semble dériver de l'anglo-saxon *an* ou *on*, qui se transformait également en *a*, comme : *drifan*, pousser, *adrifan*; *sundrian*, séparer, *asundrian*. Dans le vieux langage du Nord, cette particule est *in*; en teutonique, *aen*; en gothique, *ana*; en hollandais, *aan*; en allemand, *an*. L'allemand, qui des langues du Nord est celle dans laquelle on retrouve le plus la source commune d'où elles dérivent toutes, rattache une multitude de significations à *an*; on y trouve toutes celles que comporte la particule anglaise *a*. Dans l'ancien anglais, on employait des mots commençant par la particule *a*, ou bien la préposition que cette particule représentait.

" *On horse and* ON FOTE *in al the felde aboute.*" CHAUCER.
A cheval et à pied tout autour du champ.
" *Which longe* ON SLEPE *doth tary.* " CHAUCER.
Qui reste longtemps dans le sommeil.
" *In these provynces the fayth of Chryste was all quenchyd and* IN SLEPE. "

FABIAN.

Dans ces provinces la foi du Christ fut éteinte et endormie.

" *Right so without aier,* ON LIUE
No man ne beast might thriue. "

GOWER.

Sans air, ni l'homme ni l'animal ne peuvent vivre.
On trouve *afire*, brûlant, et *aloft*, en haut, *in fyre*, on *loft* (*), *in the lift* (**). Encore, *anew*, de nouveau, *of new* ; *aside*, de côté, *on side. Thomas a Becket* doit signifier Thomas à ou bien de Becket.

(*) En islandais *loft* signifie *air*.
(**) En anglo-saxon *hyft* et en écossais *lift* signifient *air* comme en allemand on dit aujourd'hui *Luft*.

tres, comme : *to lie*, mentir ; *to belie*, calomnier, *to weep*, pleurer ; *to beweep*, pleurer quelqu'un ; ou bien à donner un caractère particulier à un verbe déjà actif, comme : *to speak*, parler ; *to bespeak*, commander.

2° A transformer des adjectifs en verbes.

Ex. *Calm*, calme ; *to becalm*, calmer ; *wet*, humide ; *to bewet*, humecter.

3° A transformer les noms en verbes auxquels, dans ce cas, ils impriment souvent une signification particulière : *dew*, rosée ; *to bedew*, humecter par la rosée ; *head*, tête ; *to behead*, décapiter ; *night*, nuit ; *to benight*, surprendre par la nuit. (Ce dernier n'est usité qu'au passif, *to be benighted*.)

4° A étendre l'action du verbe à l'objet en entier, et s'emploie habituellement en mauvaise part, comme : *to paint*, peindre ; *to bepaint*, enduire de peinture ; *to deck*, parer ; *to bedeck*, charger de parure ; *lord*, seigneur ; *to belord*, monseigneuriser *(a)*.

THÈME CLXIII.

1. Soyez le premier à bien accueillir (ami) le vrai mérite : elle est perdue, la louange qui ne vient qu'après celle du public. 2. Cette disgrâce leur est arrivée (tomber) ; non qu' (parce que) ils

(a) Cette particule est employée en allemand bien plus fréquemment qu'en anglais. Elle ne se trouve guère dans les langues du Nord (excepté dans le hollandais, où on l'emploie de la même manière qu'en anglais), et arcment dans les anciens dialectes de l'allemand. Les Anglais l'ont tirée de l'anglo-saxon, dans lequel existait la même variété de signification : anglo-saxon, *be* ; allemand, *be* ou *bei* ; hollandais, *be* ; danois et suédois, *bi*. Adelung et Becker font dériver la particule allemande de la préposition *bei*. Le *by* anglais vient probablement de la même source : cependant, sauf le sens indiqué dans le N° 1, je n'ai pu parvenir à trouver aucune analogie entre la préposition anglaise et la particule.

la méritassent, mais parce que le peuple aime le changement. 3. Des généraux qui autrefois traînaient des foules sur leurs pas, que louangeaient (louange) des journaux et des revues, sont *depuis* long*temps* tombés dans l'oubli *qu'ils* méritaient (mérité). 4. Arrière, serpent ! Ce nom te convient (seoir), à toi, l'allié du serpent, aussi perfide que lui. 5. Les charmes de la poésie enchantent (ensorceler) (sorcier) notre âme (*pl.*); le désir d'écrire est une démangeaison sans fin.

RÈGLE CLXIV.

FOR dénote *la privation, la dépravation, l'idée de détourner du but* du verbe, qu'il précède, comme: *to bid*, ordonner; *to forbid*, défendre; *to swear*, jurer; *forswear*, être parjure ou renoncer; *to give*, donner; *forgive*, pardonner.

Cette particule a probablement de l'analogie avec *far*, loin ; elle a précisément le sens de la préposition *from* (*a*); ainsi, *to forbid*, signifie *to bid from*, ordonner de, ordonner de s'éloigner de, de s'abstenir de, défendre ; *to forswear*, *to swear from* (la vérité, sous-entendu, étant l'objet du serment); *to forgive*, *to give from* (sous-entendu, la vengeance qu'on poursuivait) (*b*).

(*a*) *From* signifie *de*, dans le sens d'éloignement ou de séparation (*Voyez* Règle CI.I).

(*b*) L'étymologie servira à confirmer cette signification. La particule anglaise dérive du saxon *for*, qui a la même signification que *from*. Dans le vieux langage du Nord, *fyrir*, avant, pour, ne se trouve que rarement comme particule; en général, il se transforme, comme en danois, en *for*; en gothique, cette particule est *fra*, qui ne dérive pas de *faura*, avant, mais de *fram* (ab ou ex du latin), de. Et cette préposition, en même temps gothique et saxonne, *fram*, est évidemment l'origine de la préposition anglaise *from*. Les changements de *a* en *o* sont fréquents. *Fram* est devenu *from*, comme *an* s'est transformé en *on* (*Voyez* a) et *nat* en *not*. Chaucer a employé les deux. On trouve également, dans ce poëte, *fra* au lieu de *from*.

Cette particule se trouve en vieux allemand, dans les diverses formules de *far*, *furi*, *vor*; en bas-saxon, *ver*; en gothique, *fra*; en anglo-saxon et en danois, *for*; en suédois, *for*; en allemand et en hollandais, *ver*.

En français, on a également *for*, ainsi que *par*: *faire, forfaire; donner, pardonner*; et même *four*; *fourvoyer, fourconseiller*.

1. Abstenez-vous (porter loin de) (porter) de paraître devant lui jusqu'à ce que le temps ait calmé l'ardeur de sa colère. 2. Il n'est pas une seule action que l'on doive faire ou dont il faille s'abstenir (porter), pour laquelle on ne trouve dans l'Ecriture un précepte ou une défense directe. 3. N'oublie (aller loin de) (aller) pas ton ami dans ton âme; et, riche, souviens-toi de lui. 4. Lente à s'irriter, elle pardonne aisément. 5. J'ai fait le vœu de renoncer (abjurer) (jurer) à tout commerce avec les paresseux, qui me font perdre trop de temps.

FORE a souvent la même signification que *for*, mais généralement celle de *before*, avant comme en français *pré* : *to foresee*, prévoir; *to fore-judge*, préjuger. Quelquefois cette particule se rend en français par *avant*, comme : *foretaste*, avant-goût ; par *devant*, *forefoot*, pied de devant. Mais de quelque manière qu'elle se rende, on y trouvera toujours (si ce n'est quand elle s'emploie pour *for*) le sens de *avant*: *forefathers*, ancêtres (pères *avant* nous) (*a*).

1. Chaque degré de croissance et de végé-

(*a*) Le docteur Johnson suppose que *fore*, dans la première signification, n'est qu'une corruption de *for*; mais je crois qu'il se trompe, car cet ordre de mots, d'où dérive *for*, était extrêmement variable (allemand, *for*, *für*, *ver*, *vor*, et ce dernier avait bien les deux significations de *fore* et *for*). Ainsi, ce sont plus probablement des mots formés avant que la distinction fût nettement établie, et qui ont conservé leur ancienne forme. Dans le vieux langage du Nord, on trouve *fyri*, qui a la signification de *fore*, dans le sens de *for*.

Ex. *Fyribioda ;* anglais, *forbid*, défendre; et *fyrigefa ;* anglais, *forgive*, pardonner.

Cette particule dérive du mot saxon *forne*, qui signifie avant, et s'écrivait autrefois en anglais de cette manière. En suédois, *före ;* en gothique, *faura ;* en bas-saxon, *vür ;* en hollandais, *voor ;* en allemand, *vor*.

tation pour les animaux et pour les plantes a été prévu (voir) et prédestiné (destiner) par le sage créateur de toutes choses. 2. Assis dans mon fauteuil, je m'étais complu aux spéculations précédentes (aller). 3. Un plaisir que l'homme peut appeler sien ainsi que son âme et sa conscience, un plaisir qui est à l'abri des accidents et des injustices, est l'avant-goût (goût) du ciel, et le gage de l'éternité. 4. Le Koran défend aux Mahométans l'usage des boissons fermentées et les dessins représentant des figures humaines.

RÈGLE CLXVI.

GAIN signifie *contre*, comme : *to gainsay*, contredire ; *to gainstand* (vieilli), résister, opposer.

Cette particule sert à former bien peu de mots ; elle est abrégée de *gainst*, *against* (a).

THÈME CLXVI.

1. Des discours qui se contredisent (dire) l'un l'autre doivent nécessairement être appliqués à un seul et même sujet. 2. Les destins ne luttent pas (lutter) contre nous. 3. Il se montra courageux ; car, armé de (avec) l'épée du devoir, il ne craignit pas de résister (se tenir debout contre) à tant de désirs forcenés.

RÈGLE CLXVII.

OVER précède des noms, des adjectifs ou des verbes, et dénote en général *excès*, comme : *overdose*, trop forte dose ; *overbold*, trop hardi ; *overfill*, trop remplir. Quelquefois *la supé-riorité*, comme : *to overcome*, surmonter ; *to overpower*, vaincre.

(a) Elle dérive de l'anglo-saxon *gean, ongean, agen.* En vieux allemand, *kagan, gagan, gagen, gegen ;* en hollandais, *tegen, tegens ;* en danois, *gjen ;* en suédois, *gen, igen ;* en islandais, *gegn.* Dans toutes ces langues, ces mots signifient *contre* ou *vers ;* en allemand, *gegen* s'emploie également dans les deux significations, et en hollandais on a *jegens* dans le sens de *vers.*

Cette particule est la préposition *over*, dessus au-dessus de , quelque signification particulière qu'elle puisse prendre au figuré (*a*).

THÈME CLXVII.

1. Des hommes pieux entachent souvent leur réputation de piété en exagérant (agir) certaines pratiques religieuses par un zèle indiscret pour des choses qui n'ont pas rapport à la religion. 2. Une chose (ainsi) exagérée (trop faite) (faire), dit Shakspeare, s'éloigne de l'objet du théâtre, dont le but est, pour ainsi dire, de tenir le miroir à la nature. 3. Les jours de notre vieillesse sont tristes et obscurcis (*quelque chose* jeté sur *eux*) (jeté); nous y trouvons que, de toutes nos *vaines* passions et affections passées, le chagrin seul *nous* reste.

RÈGLE CLXVIII.

OUT signifie *au delà*, tant en bonne qu'en mauvaise part, comme: *to outdo*, surpasser; *to outfool*, surpasser en folie. Quelquefois, cette particule signifie *hors*. Ex. *Out-cast*, une personne rejetée de la société: *outlaw*, une personne mise hors la loi, un proscrit (*b*).

THÈME CLXVIII.

1. L'on appelle ici-bas surpasser (*part. prés.*) de finesse (finesse), ce qui n'est que surpasser (*part. prés.*) de friponnerie (fripon). 2. Il n'est pas un seul vice contre lequel le monde ait poussé

(*a*) En anglo-saxon, on trouve *ufa*, haut; *ufera* plus haut. De ce dernier vient *ufera, ofere, ofer*, plus haut, au-dessus, sur. En gothique, *ufar*; en suédois, *öfver*; en vieux allemand, *obor*; en bas-saxon, *upper*; en hollandais, *over*; en allemand, *über* et *ober*.

(*b*) Cette particule dérive du saxon *ut*. En mœso-gothique et en suédois, *ut*; teutonique, *uyt*; en danois, *ud*; gothique, *us, ut, uta*; vieux allemand, *uz*; hollandais, *uit*; allemand, *aus*.

plus de huées (cri) (*sing.*) que contre l'ingratitude. 3. « Par trop de célérité, dit Shakspeare, nous
pourrions dépasser (passer en courant) (courir) notre
but. »

RÈGLE CLXIX.

UP signifie *en haut*: *to uphold*, tenir en haut,
soutenir; *to upraise*, lever en haut, exalter.

Cette particule ne sort jamais de cette signification. Il est aussi facile de l'y rapporter au figuré
qu'au propre: *to upset*, poser en haut, verser,
c'est-à-dire poser le dessous en haut, et par conséquent le haut en bas, renverser (*a*).

THÈME CLXIX.

1. Dans les pays élevés (pays d'en haut), l'air
est plus raréfié que dans les vallons. 2. Il était
le plus droit (droit) des mortels; elle, la plus sincère et la plus pieuse des femmes. 3. Orphée pouvait conduire la race sauvage, et les arbres déracinés
(racine) quittaient leur place pour suivre sa lyre.

RÈGLE CLXX.

UNDER signifie *sous* et s'emploie de diverses
manières, où l'on peut toujours reconnaître la
signification originale: *to underline*, souligner;
to undersell, vendre à un prix inférieur; *under-
agent*, sous-agent.

Au propre, le sens de *sous* ou de *subordonné* se
trouve au premier coup d'œil; mais, au figuré, il y
a quelquefois un peu moins de facilité. Ex. *to un-*

(*a*) Cette particule dérive du saxon *up*; *ufa*, en anglo-saxon, qui a la même
signification, veut dire également *haut*. Dans les divers dialectes du vieux
allemand, on trouve *up*, *uff*, *ufan* (ce dernier est probablement l'origine du
mot anglais *upon*, sur), *uffe* et *oba*; en gothique, *iup*; islandais, *off*; danois
et hollandais, *op*; en suédois, *op*, *opp*, *oppe*, ou *up*, *upp*, *uppe*; allemand, *auf*.

dergo (*an operation*), sous-aller, aller sous, passer sous, subir (*sub-ire*). *To undertake*, sous-prendre, prendre sous (sa direction, son inspection, enfin, sous soi), entreprendre, prendre entre (les mains); comme, en latin, *aggredi* (*ad-gradi*), aborder (une chose); en allemand, *übernehmen*, surprendre, prendre sur (soi). *To understand*, sous se tenir, se tenir sous (le sens), comprendre. En allemand *verstehen* (*per stare*, pour ainsi dire), se trouver (dans le sens); en latin, *percipere* (*per-capere*), prendre, saisir parfaitement (le sens) (*a*).

THÈME CLXX.

1. Toutes ces fermes sont sous-louées (louer).
2. Pouvons-nous croire que Dieu donne *à* l'homme moins (fournir au-dessous) que ce qui *lui* est nécessaire, et qu'il ne lui donne pas une âme assez large pour atteindre le bonheur? 3. Un ouvrage peut être trop travaillé (travailler), aussi bien que pas assez travaillé (sous-travailler). Les Anglais mangent leur viande plutôt trop peu cuite que trop cuite.

RÈGLE CLXXI.

WITH signifie, comme particule, *contre*: *to withstand*, résister; *to withhold*, retenir; *to withdraw*, retirer.

En faisant passer ces trois verbes par une analyse pareille à celle que nous avons fait subir à quelques-uns des exemples de la particule *under*, nous arriverons au même résultat, c'est-à-dire, nous trouverons l'idée de *contre* dans le sens, quelque figuré qu'il ait pu devenir.

(*a*) Cette particule dérive de l'anglo-saxon, *under*, qui signifie *on neder*, sur en bas. En bas-saxon, en danois et en suédois, *under*; en gothique, *undar*; en hollandais, *onder*; en vieux allemand, *untar*, *unter*; en allemand moderne, *unter*.

To with-stand, être debout contre, se tenir contre, résister ; *to with-hold*, tenir contre (dans le sens de refuser, de ne pas accorder ce qu'on nous demande) ; *to with-draw* a probablement passé par les significations suivantes: tirer contre (dans le sens de ne pas s'accorder), se séparer, se retirer, ou bien, retirer (*a*)

THÈME CLXXI.

1. Il résista *à* toute espèce de persuasion, *à* tout effort qui ne fût pas violence. 2. Duumvir a passé le midi de la vie, et ne peut cependant pas se retirer (contre - tirer) de ces plaisirs qui ne sont excusables qu'avant cette époque. 3. Une foule de duels * ont pour cause des paroles injurieuses, un soufflet ou quelque autre raison légère, qui ne laisse *après elle* aucun mal permanent ; et si nous pouvions empêcher (tenir, contre-tenir) nos passions de leur prêter une valeur, ils passeraient sans nous causer de préjudice.

RÈGLE CLXXII.

UN, prête en général, au mot dont il est la particule, un sens *privatif* ou *négatif*: *unjust,* injuste ; *unripe,* non mûr ; *unkind,* non bienveillant.

Cette particule sert de préfixe aux adjectifs et aux mots qui en dérivent, aux participes passés ou aux participes présents devenus adjectifs. Elle s'ajoute aux mots purement anglais, comme : *wise,* sage ; *unwise,* peu sage ; et aux mots empruntés au positif (degré de comparaison) , dont on forme

---

(*a*) Cette particule dérive du saxon *with* ou *wither,* contre ; en anglo-saxon le préfixe est *wither* et la préposition est *widh,* contre ; en vieux allemand, *widhar, widar* ; en bas-allemand, *wedder* ; en gothique, *vithra* ; en suédois, *veder* ; en hollandais, *weder* ; en allemand, *wider.*

en anglais le négatif : *just*, juste ; *unjust*, injuste. Mais quand on emprunte les deux mots, on emploie la particule étrangère : *elegant*, *inelegant*; *politic*, *impolitic*. Ainsi on dit : *unjust*, mais *injustice*; *unapt* et *unaptness*, mais *inaptitude* (a).

THÈME CLXXII.

1. Quoique je m'en sentisse incapable (capable), j'avais résolu de mettre ce projet à exécution. 2. Celui qui recule devant un devoir désagréable (non acceptable) garde dans l'âme une arrière-pensée d'infidélité. 3. Je suis soldat et inaccessible (accessible *) aux larmes.

RÉGLE CLXXIII.

EN, français, sert à transformer en verbes des noms et des adjectifs. Ex. *Able*, capable ; *to enable*, rendre capable, mettre à même ; *throne*, trône ; *to enthrone*, introniser.

THÈME CLXXIII.

1. Assis sur son trône, sous un dais de sculpture, il est entouré d'un cercle (cercle) de ses pairs. 2. Le calomniateur dérobe aux autres ce qui ne l'enrichit pas (riche). 3. Celui qui est le plus abaissé, celui qui est le plus asservi (esclave) est l'homme dont l'âme est asservie. 4. Que devais-je faire? Tandis que mes mains étaient enchaînées (chaîne), il ne me restait rien de la liberté, divin présent des dieux.

(a) *Un* est la particule négative saxonne, et paraît être de la même origine et de la même signification que *ohn*, ancien allemand, et *ohne*, allemand moderne, *sans*.

Dans le style de chancellerie, on a conservé en Allemagne *ohn*, qu'on substitue à *un*, et encore en quelques mots, comme : *Ohnmacht* (sans force), défaillance.

On trouve en suédois, *o* ; en danois et en islandais, *u* ; en hollandais, *on*, en anglo-saxon, *un*, *on* ; en allemand, *un* ; en latin, *in* ; en grec, ἀν ou bien α qui forme le privatif.

RÈGLE CLXXIV.

DIS, français de dés, qu'on écrit aujourd'hui devant une consonne dé : discompose.

THÈME CLXXIV.

1. Sa longue absence, ses voyages (a) l'ayant défiguré (figure), le rendaient complétement méconnaissable. 2. Les incursions des Goths et des autres peuples (b) barbares mirent le désordre dans (ordre) les affaires de l'empire romain. 3. L'homme est par lui-même abusé * ou désabusé. 4. Je suis dégoûté (goût) de sa conduite. 5. L'ignorance est aujourd'hui une disgrâce (grâce).

RÈGLE CLXXV.

MIS, français de més, qu'on écrit aujourd'hui devant une consonne mé : misuse.

Il est tout naturel de supposer que l'application de ces particules françaises se soit étendue. On dit : dislike, désaimer, pour ainsi dire, n'aimer que peu ; to disjoin, (déjoindre), séparer. On dit en français disjonction ; to mislead, mémener, c'est-à-dire mener mal (c).

THÈME CLXXV.

1. Les domestiques, dit Swift, se méprennent (prendre) et quelquefois ils occasionnent des més-intelligences (intelligence) entre amis. 2. Bacchus fut le premier qui, de la grappe de pourpre fit sortir le vin, doux poison dont nous avons abusé (user). 3. Les mésaventures (aventure) de don Quichotte sont fort amusantes.

(a) Voyage se rend en anglais par travel, voyage et journey. Travel est le terme générique applicable au deux ; voyage signifie voyage par mer, et journey, voyage par terre.

(b) People, peuple, est toujours considéré comme un pluriel, mais n'en prend jamais le signe. On emploie au pluriel nations.

(c) Mis est également anglo-saxon : mislœdan, anglais to mislead ; anglo-saxon, misdœd, ang. misdeed, méfait, et dérive probablement de l'anglo-saxon missian ; anglais to miss, manquer, se tromper.

Thème général sur les Particules inséparables.

1. La rime, dit Dryden, borne et circonscrit une imagination trop fertile (fertile). 2. Dans cette action il a surpassé (fait au delà) tout ce qui a précédé *. 3. Quelque grand malheur vient d'arriver (tomber) (*part. passé*) à cet homme modeste. 4. Il est plus grand de pardonner (donner) une injustice que de la venger. 5. Milton a chanté la première désobéissance (obéissance) de l'homme, et le fruit de l'arbre défendu. 6. La poésie et la peinture sont soutenues par la force de l'imagination. 7. L'effort peu judicieux de trop élever Virgile, dit Pope, dans sa préface de l'Iliade, ressemblerait à la tâche d'un homme qui croirait exhausser un édifice dont il minerait (en sous-minant) (miner) les fondements (*sing.*). 8. Les règles, les préceptes les plus exacts peuvent être mal entendus (entendre). 9. Ses préjugés sont tels, qu'il résiste *à* l'évidence de la démonstration, même à l'évidence des sens. 10. L'heure de la mort est incertaine (certain). 11. Le soleil était couché, le crépuscule, avant-coureur de la nuit, éclairait l'Occident. 12. Il est facile d'entasser les dettes sur les siècles à venir, mais il est passablement difficile d'assurer (sûr) la paix pour un certain nombre d'années. 13. Il était honteux de gâter leur teint en (avec) restant si tard au lit (lit); à leur âge, elle aurait déjà brodé un mouchoir. 14. Ce que je devrais dire, mes larmes *le* contredisent (dire). 15. Une vague énorme souleva (porter en haut) le chef, et le jeta sur la plage rocailleuse. 16. Nous savons à l'avance (savoir) le lever et le coucher du soleil; nous savons à l'avance que tous les hommes doivent mourir; qu'après l'hiver viendra le printemps, après le printemps l'été et l'automne : et cependant tout cela n'est pas l'effet de notre prescience (science).

17. Certains airs animent (courage) l'homme et le rendent martial, d'autres le rendent mou et efféminé. 18. On doit écouter attentivement la voix de la raison pour tout ce qui regarde la morale, en ce qu'elle ordonne, et surtout en ce qu'elle défend (ordonner). 19. Il m'a fait l'héritier d'immenses trésors, pour lesquels je pleurerais plus (pleurer) qu'une *véritable* veuve. 20. Des hommes sages doutent (se fier) *de* la véracité de l'histoire de ce jeune Spartiate qui se laissa déchirer les entrailles par un renard caché sous sa robe. 21. Échauffé (chauffé) par la chasse du matin, il fut content de la fraîcheur de l'endroit. 22. La reine, avec ses chevaliers et seigneurs, veut vous assiéger (siége) dans votre château. 23 Dans tous les polysyllabes, toutes les syllabes, moins une ou tout au plus deux, sont en anglais, non accentuées (accentu*er*). 24. Vous outre-passez agissez trop) ce que vous ne devriez faire qu'incomplétement (faire). 25. La vérité *qu'on nous* présente (2) hors de saison (1), paraît à *son* désavantage (avantage); elle court le risque de ne pas porter (porter) à cause de la maladresse de celui qui l'a dite. 26. Il est impossible que Dieu retire sa présence d'aucune chose, car sa substance même est infinie. 27. Un traducteur anglais a une fois traduit, Dieu défend l'adultère, par, Dieu prend la défense de l'adultère. 28. La solitude remplit de près (près) les promesses qu'elle a faites de loin (loin), lorsqu'on y porte une âme honnête et désabusée.

NOMS DES MOYENS DE VOYAGE

ou

DE TRANSPORT.

By sea, par mer; *by the packet*, par le paquebot; *by the sailing packet*, par le paquebot à voile; *by steam*, à la vapeur; *by the steam-boat* ou *by the steamer*, par le bateau à vapeur.

BY LAND, par terre; *on foot*, à pied; *on horseback*, à cheval; *in a carriage*, en voiture; *in a post-chaise*, en chaise de poste; *by mail*, par la malle-poste; *by coach* ou *stage-coach*, par la diligence; *in a hackney-coach*, ou en abrégé *in a hack*, en fiacre; *in a gig*, en cabriolet bourgeois; *in a cabriolet*, ou en abrégé *in a cab*, en cabriolet de place; *by fly wagon*, par le roulage accéléré; *by wagon*, par roulage ordinaire; *by the rail road*, par le chemin de fer; *by canal*, par le canal.

Thème général.

Comment vous proposez-vous de voyager? D'abord par mer ou par terre? — Si je voulais faire ce voyage par mer, comment pourrais-je l'accomplir? — Il faudrait prendre le paquebot à voile ou bien le bateau à vapeur, ou bien une nacelle. Et quels sont les moyens de transport par terre? Premièrement le chemin de fer, ou si vous avez des craintes pour votre respiration, et que vous ne vouliez pas voyager dans votre propre cabriolet, louez une voiture, ou même un fiacre ou un cabriolet, ou, si vous le préférez, prenez une place dans la malle-poste ou dans la diligence, et pour éviter des frais, vous pourriez envoyer vos effets par le canal ou par le roulage ordinaire; ou si vous ne pouviez attendre si long-temps, envoyez-les par le roulage accéléré. J'avais presque oublié d'ajouter que vous avez encore le choix d'aller à pied ou à cheval.

APPENDICE.

PERMUTATIONS DE LETTRES.

(* *Les mots qui peuvent être considérés comme douteux sont marqués d'un astérisque.*)

PERMUTATIONS DE VOYELLES (*a*).

Ces permutations s'opèrent quelquefois sans apporter de changement à la signification des mots qui en sont affectés; comme dans *kag* et *keg*, baril; *creak, crick,* bruit (d'une porte qui crie sur ses gonds); *knell, knoll*, glas : *rod, rood,* perche : *scallop, scollop,* bord retroussé; *shew, show,* montrer; *sleave, sleeve,* manche; *slabber, slobber,* baver; *spatter, sputter,* cracher (en parlant); *sponge, spunge,* éponge; *squall, squeal,* haut cri; *strew, strow,* joncher; *swap, swop,* troquer; mais le plus souvent, ce changement que l'on fait subir aux voyelles d'un

---

(*a*) Ces changements de voyelles sont beaucoup plus fréquents dans les autres langues du Nord. Comparons quelques exemples tirés de l'anglais et de l'allemand :

Mots dans lesquels la prononciation des voyelles est presque la même dans les deux langues :

Allem. *Haus, Maus, Buch,* *reiten,* *sheinen, Seite.*
Angl. *house, mouse, book,* *ride,* *shine, side.*
Franç. maison, souris, livre, monter à cheval, briller, côté.

Mots dans lesquels la prononciation des voyelles diffère; mais qui sont évidemment les mêmes, et ont la même signification :

Allem. *lang, Hut, reich, frei, Stock, Heim,* *halten, kalt,*
Angl. *long, hat, rich, free, stick, home,* *hold, cold,*
Franç. long, chapeau, riche, libre, bâton, à la maison, tenir, froid.
Traum, Theil.
dream, deal.
songe, part.

mot, modifie le sens de ce mot. 1º Lé verbe neutre est **changé en** verbe actif (a), bien que la plupart des verbes restent les mêmes. 2º Les noms deviennent verbes. 3º Et principalement, les verbes deviennent noms. 4º Les mots subissent enfin diverses modifications.

1º Les verbes neutres sont convertis en verbes actifs. Ex. *to fall*, tomber, *to fell* (b), faire tomber, c'est-à-dire, abattre; *to lie*, gésir, se coucher, *to lay* (c), faire gésir, faire coucher, c'est-à-dire, poser; *to rise*, se lever, *to raise* (d), faire se lever, c'est-à-dire, lever, élever; *to sit*, s'asseoir, *to set* (e), faire s'asseoir, c'est-à-dire, poser; *to bite*, mordre, *to bait* (f), faire mordre, c'est-à-dire, donner à manger (aux chevaux); *to drink*, boire, *to drench* (g), faire boire, c'est-à-dire, tremper.

2º Les noms sont convertis en verbes. Ex. *blood*, sang, *to bleed*, saigner; *food*, nourriture, *to feed*, nourrir; *gold*, or, *to gild*, dorer; *hand*, main, *to hend* (vieux), empoigner; *log*, bûche, *to lug*, traîner, *to lag*, se traîner; *snake*, serpent, *to sneak*, ramper, s'esquiver; *wrist*, poignet *to wrest*, arracher.

3º Les verbes se changent en noms; *i* devient *o*. Ex. *to abide*, résider, *abode*, résidence; *to bind*, lier, *bond*, lien, et *band*, bandeau, bande; *to sing*, chanter, *song*, chant, chanson; *to spit*, cracher, *spot*, tache, et *spout*, jaillir, gouttière; *to stick*, s'attacher, adhérer, *stock*, fonds, *stack*, meule (de foin), corps (de cheminée), *stake*, pieu, et *steak*, tranche (comme dans *beefsteak*); *to strike*, frapper, *stroke*, coup, et *streak*, raie; *to strip*, dépouiller, *strap*, courroie, *strop*, cuir (pour les rasoirs); *to thring* (vieux), pousser, affluer, *throng*, foule; *to wring*, tordre, *wrong*, tort, mal.

ea, *ee*, deviennent *oo*. Ex. *to breed*, engendrer, *brood*, couvée; *to deem*, juger, *doom*, sort; *to sweep*, balayer, *swoop*, rafle (faire rafle), *swap* et *swop*, troquer; *to weave*, tisser, *woof*, trame.

Mots tirés de différentes langues du nord dont le sens est le même :

Anglais.	Anglo-saxon.	Danois.	Suédois.	Allemand.	Hollandais.	
Stone,	stan,	steen,	sten,	Stein,	steen,	pierre.
Broad,	brad,	breed,	bred,	breit,	breed,	large.
Cow,	ku,	kœ,	ko,	Kuh,	koe,	vache.

(a) Les Allemands usent d'une bien plus grande latitude que les Anglais.
(b) En allemand *fallen, fällen*.
(c) En allemand *liegen, legen*.
(d) En gothique *ur-reisan, ur-raisyan*.
(e) En allemand *sitzen, setzen*. On trouve aussi *hangen, hængen*, etc.
(f) En anglo-saxon *bitan, bœtan*.
(g) En anglo-saxon *drincan, drencan*, et en allemand *trinken, tränken*.

Changements de différentes voyelles : *to din*, étourdir, *to dun*, importuner; *to hang*, pendre, suspendre, *hinge*, gond; *to hold*, tenir, garder, *hilt*, garde (d'une épée); *mill*, moulin, *to mill*, moudre, *meal*, farine; *to sell*, vendre, *sale*, vente; *to shine*, briller, *sheen*, brillant, éclat; *to shoot*, tirer, *shot*, coup (tiré); *to write*, écrire, *writ*, mandat.

4° Les mots subissent diverses modifications : les adjectifs deviennent noms. Ex. *broad*, large, *breadth*, largeur; *cool*, frais, *cold*, froid; *deep*, profond, *depth*, profondeur; *dull*, lourd, *dolt*, lourdaud; *high*, haut, *height*, hauteur; *long*, long, *length*, longueur; *merry*, gai, *mirth*, gaîté; *old*, vieux, *eld* (vieux) vieillesse; *proud*, orgueilleux, *pride*, orgueil.

Les verbes forment d'autres verbes ou des noms. Ex. *to bend*, plier, *to bind*, lier; *to blanch*, devenir blanc, faire pâlir, *to blench*, reculer d'effroi; *to crush*, écraser, *to crash*, tomber avec fracas; *to flash*, jeter un éclair, *to flush**, rougir; *to gleam*, rayonner, *to glimmer*, trembloter (comme la lumière), *to slip*, glisser, *to slop**, verser; *to snuff*, aspirer, *to sniff*, renifler; *to stint*, circonscrire, *to stunt*, arrêter la croissance; *to swell*, gonfler, *to swill*, se remplir (de vin); *to wend* (vieux), aller, *to wind*, tourner.

Modifications diverses. *To clack*, claquer (un fouet), *cluck*, glousser, *click*, tic-tac, *clock*, horloge, pendule; *to fill*, remplir, *full*, plein; *France*, France, *French*, Français; *glass*, verre, *gloss**, vernis; *to pin*, attacher avec une épingle, fermer au verrou, ou au loquet, *to pen*, parquer, *pound*, fourrière, *to pound*, mettre en fourrière; *rest*, repos, *to roost**, jucher; *ripe*, mur, *to reap*, récolter; *shade*, ombrage, *shed*, hangar; *to sip*, siroter, *to sop*, tremper, *to sup*, siroter; *still*, tranquille, *stall*, place d'un cheval dans l'écurie, *stool*, tabouret; *straw*, paille, *strew** ou *strow**, joncher; *thou*, tu, *thee*, toi; *three*, trois, *thrice*, trois fois; *top*, sommet, *tip*, pointe; *wane*, déclin (de la lune), *wan*, have.

PERMUTATION DE CONSONNES.

CONSONNES

QUI PARAISSENT ÊTRE DES MODIFICATIONS DES MÊMES SONS.

p,	*t* ou *th,*	*f,*	*k,*	*c* ou *s*	sons durs.
b,	*d,*	*v,*	*g,*	*j,*	sons doux.

P. — B.

Ces lettres s'emploient rarement l'une pour l'autre dans l'anglais moderne, mais elles se confondent fréquemment dans les vieux mots : *snip*, rogner, rognure, *snib*, brusquer, *snippet*, tantinet; *nip*, pincer le bout, *nib*, bec (d'une plume), *nibble*, grignoter, *nipple*, mamelon; *drip*, *drib*, dégoutter, *dribble*, *dripple*, tomber par petites gouttes; *quip*, *quib*, pointe (sarcasme), *quibble*, pointiller; *gab* (a), bouche, *gap*, trou, lacune, *gape*, bâiller, *gabble*, criailler (comme l'oie); *dip*, plonger, *dibble*, plantoir, *dab*, tache, *dapple*, pommelé, bigarré; *hop*, sautiller, *hobble*, boiter.

D. T — Th (b).

Changements de verbes en noms.

To ascend, monter, *ascent*, élévation; *to bend*, courber,

(a) *Gab* en danois signifie *bouche*, de là dérive la locution vulgaire *the gift of the gab*, le don de la parole.

(b) En passant d'une des langues du Nord à une autre, on trouve des exemples fréquents de cette permutation. Comparons entre eux l'allemand et l'anglais.

—t. Allem. *Gott, gut, Blut, hart, Bett, hatte, kalt, Wort, halten, leiten,*
—d. Angl. *God, good, blood, hard, bed, had, cold, word, to hold, to lead,*
  Franç. Dieu, bon, sang, dur, lit, eut, froid, mot, tenir, mener,

  Reite, Seite, Schatt, treten, weit.
  ride, side, shade, to tread, wide.
  course à cheval, côté, ombre, marcher, large.

d— Allem. *du, dein, danken, denken, ding, dick* (a), *dünn, Durst,*
th— Angl. *thou, thine, to thank, to think, thing, thick, thin, thirst,*
  Franç. tu, ton, remercier, penser, chose, épais, mince, soif,

  drei.
  three.
  trois.

—d. Allem. *beide, Herd, Nord, Bad, Erde, Leder, Feder, Bruder,*
—th. Angl. *both, hearth, north, bath, earth, leather, feather, brother,*
  Franç. tous deux, foyer, nord, bain, terre, cuir, plume, frère,

  Bürde, Heide, Mond (b), *Tod.*
  burden, burthen, heathen, month, death.
  fardeau, païen, mois, mort.

—t. Allem. *hat, Latte, fort, Wetter* (c), *Mutter, Vater.*

(a) Gros.
(b) Lune.
(c) Orage.

incliner, *bent*, penchant; *to descend*, descendre, *descent*, descente; *to distend*, détendre, *distent*, détente; *to extend*, étendre, *extent*, étendue; *to gild*, dorer, *gilt*, dorure; *to intend*, avoir l'intention, *intent*, intention; *joined*, joint, *joint*, articulation; *mild*, doux, *melt*, rate; *passed*, passé, *past*, le passé; *to portend*, présager, *portent*, présage ; *to rend*, déchirer, *rent*, déchirure.

Changement de l'infinitif au participe passé.

To build, bâtir, *built*, bâti; *to lend*, prêter, *lent*, prêté; *to send*, envoyer, *sent*, envoyé; *to spend*, dépenser, *spent*, dépensé.

· *Blessed*, béni, *blest*, bienheureux; *to hold*, tenir, *hilt*, garde (d'une épée); *wind*, vent, *winter*, hiver; *to gird*, ceindre, *girt*, ceint, *girth*, sangle; *to smite*, frapper, *smit*, frappé, *smith*, forgeron; *dead*, mort, *death*, la mort; *to seeth*, mitonner, *sod*, mitonna, *sodden*, mitonné; *to clothe*, habiller, *clad*, habillé; *swath*, coupe (d'herbe fauchée), lange, maillot, *to swathe* ou *swaddle*, emmailloter.

Changement du *th* dur en *th* doux (a).

Bath, bain, *to bathe*, se baigner; *breath*, haleine, *to breathe*, respirer; *cloth*, drap, *to clothe*, habiller; *loath*, répugnant, *to loathe*, abhorrer; *mouth*, bouche, *to mouthe*, gueuler; *sheath*, fourreau , *to sheathe*, rengainer ; *sooth*, doux , agréable , *to soothe*, adoucir; *swath*, maillot, *to swathe*, emmailloter; *wreath*, guirlande, *to wreathe*, ceindre (d'une guirlande).

· *th.* Angl.	*hath, lath, forth,*	*weather,*	*mother, father.*	
Franç.	a,	latte, en avant,	temps,	mère, père.
t. th. Allem.	*Tod , Thal, thun, Thor,*	*That, dritte,*		*roth.*
d. Angl.	*death, dale, to do, door ,*	*deed, third* (threeth),		*red,*
Franç.	mort, vallée, faire, porte,	fait, troisième,		rouge,
Fluth, Miethe (d),	*Blatter* (e).			
flood, meed,	*bladder.*			
déluge, récompense, vessie.				

(a) En anglo-saxon on se servait de lettres différentes pour représenter le *th* dur et le *th* doux.

(d) Loyer.
(e) Pustule.

F. — *V* (*a*).

F se change en *v* pour convertir les noms ou les adjectifs en verbes, et *v* devient *f* pour changer les verbes en noms.

F en *v.* *Calf*, veau, *to calve*, veler; *grief*, chagrin, *to grieve*, chagriner; *half*, moitié, *to halve*, partager en moitiés; *sheriff*, shérif, *shrieval*, appartenant au shérif, *shrievalty*, fonctions du shérif; *staff*, bâton, *stave*, douve, *to stave*, défoncer (un baril); *thief*, voleur, *to thieve*, voler, *theft* (*thieved*), vol; *wife*, femme mariée, *to wive* (vieux), prendre femme.

V en *f.* *To behove*, convenir, *behoof*, avantage; *to believe*, croire, *belief*, croyance; *to cleave*, fendre, *cleft* (*cleaved*), fente, *clift*, crevasse, fissure; *to drive*, pousser, *drift* (*drived*), tendance; *five*, cinq, *fifteen* (*five-ten*), quinze; *to give*, donner; *gift* (*gived*), don; *to have*, avoir, *haft*, poignée (d'une épée); *to leave*, laisser, *left* (*leaved*), laissé; *to live*, vivre, *life*, vie, *to prove*, prouver, *proof*, preuve; *to rive*, fendre, *rift* (*rived*)-fente; *to save*, sauver, *safe*, sauf; *scurf*, scorbut, *scurvy*, scor; butique; *to shrive*, se confesser, *shrift* (*shrived*), confession *sieve*, tamis, *to sieve*, passer au tamis, *to sift*, rechercher; *to thrive*, prospérer, *thrift* (*thrived*), économie, gain, prospérité; *wave*, vague, *to wave*, s'agiter, *to waft* (*waved*), flotter, et au figuré, porter; *to weave*, tisser, *weft* (*weaved*), tissu, *woof*, trame; *to shove*, pousser, *to shuffle*, mêler, confondre, battre (des cartes).

C ou *S*. — *Z*.

Changement de noms en verbes.

Brass, airain, *to braze*, braser (avec de l'airain); *glass*, verre, *to glaze*, vitrer; *gloss*, brillant, *to gloze*, flatter; *grass*, herbe, *to graze*, paître; *price*, prix, *to prize*, estimer, apprécier; *to freeze*, geler, *frost* (*frozed*), gelée. De *house*, maison, on a formé *to house*, héberger, abriter.

(*a*) *V* en allemand se prononce *f*; les mots allemands *Volk*, *Vater*, se rendent en anglais par *folk*, *father*, et de l'anglo-saxon *Heofon*, on a formé le mot anglais *heaven*. En anglo-saxon *f* entre deux voyelles ou à la fin d'une syllabe, se prononçait à peu près comme *v*.

K. — G.

Ces lettres, bien qu'elles soient certainement des modifications du même son, ne s'emploient guère cependant l'une pour l'autre, du moins dans la formation de mots anglais (a).

Tweag, *tweak* ou *twitch*, pincer; *hag*, vieille sorcière, *hack*, rosse; *to suck*, sucer, *sug*, sorte d'insecte; *to clang*, faire résonner (les armes), *to clank*, faire résonner (les chaînes), *to clink*, tinter; *shock* ou *shog* (vieux), choc.

K. — Ch (b).

Blank, blanc, *to blanch*, pâlir; *bleak*, pâle, *to bleach*, blanchir; *to break*, rompre, *breach*, rupture, atteinte; *to lurk* ou *lurch* (vieux), se tenir caché; *milk*, lait, *milch*, à lait; *stark*, roide, fort, *starch*, empois.

Bank, banc, *bench*, gradin; *to drink*, boire, *to drench*, tremper; *Frank*, Franc, *French*, Français; *to screak* ou *screech*, crier fort; *to speak*, parler, *speech*, parole, discours; *to stink*, puer, *stench*, puanteur; *to tweak* ou *twitch* (c), pincer; *to wake*, veiller, *watch* (d), montre.

(a) Les mots latins *aqua*, eau, *aquila* aigle, *ecclesia*, église, *amicus*, ami, etc., se rendent en espagnol par *agua*, *aguila*, *iglesia*, *amigo*, etc.

(b) Ceci nous paraîtra encore plus évident si nous comparons entre eux quelques mots allemands et anglais qui sont évidemment les mêmes.
Allem. *Buch*, *Birke*, *brechen*, *Kirche* (b), *machen*, *Milch*, *Schiff*, *suchen*,
Angl. *book*, *birch* (a), *to break*, *church*, *to make*, *milk*, *skiff*, *to seek*,
Franç. livre, bouleau, casser, église, faire, lait, esquif, chercher,
weich, *Woche*.
weak, *week*.
faible, semaine.

(c-d) Le *t* dans ces mots sert à empêcher le *ch* d'être prononcé comme *k*.

(a) Le mot anglais *birken*, qui ne s'emploie plus aujourd'hui, signifie battre avec des verges.

(b) L'écossais *kirk* est évidemment le même mot.

LISTE ALPHABÉTIQUE

DES PRINCIPAUX

ADVERBES, PRÉPOSITIONS, CONJONCTIONS,

ET AUTRES MOTS

les plus fréquémment employés en anglais.

A, *at* (non-mouvement vers), *to* (mouvement vers), *in, into.*

A cause de, *because of.*

A cause que, *because.*

D'abord, *first, at first.*

Afin de, *to, in order to.*

Ailleurs, *elsewhere.*

D'ailleurs, *besides.*

Ainsi, *so, thus, just so.*

Ainsi que, *as, even as, so as.*

Alors, *then, at that time.*

Approchant, *about.*

Après, *after, next to.*

D'après, *after, by, from.*

Après que, *after.*

Arrière, *away, avaunt.*

En arrière, *backward, behind-hand.*

Assez, *enough* (suit le nom ou l'adjectif), *sufficiently.*

Au, *to the* (voyez à, *to*), *at the* (voyez à, *at*).

Aucun, *none, not any, no.*

Au-deçà, *on this side.*

Au delà, *on the other side, beyond, above.*

Aujourd'hui, *to-day, this day, now, this age, at present.*

Auparavant, *before, first.*

Auprès, *near, nigh, by, next to.*

Aussi, *also, so, too, likewise.*

Aussi—que, *as—as;* précédant un adjectif ou un participe prés., *as much-as;* après une négation, *so—as.*

Autant que, *as much—as* (au sing.); *as many—as* (au plur.).

D'autant plus que, *the more so as, so much the more so as.*

Autour, *about, round, around.*

Autrefois, *formerly, in former times.*

Autrement, *otherwise.*

D'avance, *before hand, in advance.*

Avant (prép.), *before.*

Avant (adv.), *far, deep, forward.*

Avant que, *before.*

Avec, *with.*

Bas, *low, shallow.*

A bas, *down, down with.*

En bas, *downwards.*

Ici-bas, *here below.*

Beaucoup, *much* (au sing.); *many* (au plur.).

Bien, *well, right, very, hard, quite, full, indeed, truly.*

Eh bien, *well.*

Bien que, *though, although.*

Bientôt, *soon, ere long, shortly.*

Bon, *good ;* (de bonne humeur, commode à vivre) *good-natured, easy.*

Ça, *here; hither* (mouvement).

Ça, *now.*

Car, *for, because.*

En cas de, *in case of.*

Ce, *this* (rapproché); *that,* (éloigné).

Ceci, *this.*

Cela, *that.*

Celui, *he* (suj. masc.); *him* (rég. masc.); *that* (suj. ou rég. neutre).

Celle, *she* (suj. fém.); *her* (rég. fém.); *that* (suj. ou rég. neutre).

Cependant, *yet, and yet, still, nevertheless.*

Certainement, *certainly, to be sure.*

Chacun, *each, every, every one.*

Chaque, *every, each.*

Cher, *dear, costly.*

Chez, *at* ou *to one's house* (a), *among, amongst, with.*

Choquant, *offensive, shocking.*

Clair, *clear, plain.*

Coi, *quiet, still, snug.*

Combien, *how much* (au sing.); *how many* (au plur.).

Comme, *as, like, almost.*

Comment, *how, why.*

Communément, *commonly.*

A compte, *on account.*

(a) Avec le nom propre on emploie *at* ou *to,* et le nom propre avec l'apostrophe et *s : I am* AT Mr. JOHNSON's, je suis *chez* M. Johnson.

Contre, *against, by, near.*

A côté, *by, aside, near.*

De côté, *sideways* ou *sidewise.*

A ce coup, *now.*

Après coup, *too late.*

Coup sur coup, *one after another.*

Court, *short.*

A couvert, *under shelter.*

Crier, *to cry, to cry out.*

Dans, *in; into* (mouvement vers dans) ; *within, with.*

De, *of ; from* (éloignement, séparation); *by.*

Debout, *up* (levé); *standing, erect.*

Dedans, *within, in.*

Dedans (nom), *inside.*

A défaut, } *at a fault, at a*
En défaut, } *loss.*

Au défaut de, *for want of.*

Dehors, *out, without, abroad.*

Dehors (nom), *outside.*

Déjà, *already.*

Demain, *to-morrow.*

Demander, *to ask.*

Demi, *half* (suit l'article.)

Dernièrement, *lately, newly.*

Derrière, *behind, after.*

Dès, *from, since, at.*

Dès que, *as soon as, since.*

Dès-là, *when.*

Dès lors, *from that time, since then, ever since.*

Dessous (adv.), *underneath, beneath.*

Dessous (prép.), *under, below.*

De dessous, *from below.*

Par-dessous, *underneath.*

Dessus, *above, upon, over.*

Au-dessus de, *above, over.*

De dessus, *from above.*

Par-dessus, *above, over, beyond.*

En détail, *in detail; retail;* (pas en gros).

Devant, *before, against.*

Devers, *towards, about.*

Par devers lui, *by him.*

Dire, *to say.*

Dire à, *to tell.*

Dis donc, dites donc, *I say.*

Donc , *then, therefore, accordingly.*

Doux, *gentle, soft, mild, sweet.*

Droit (debout), *standing up, erect;* (pas courbé), *right direct, straight;* (équitable) , *right, upright.*

Droit (nom), *right* (prérogative), (impôt), *duty, tax;* (honoraire), *fee.*

Dru, *thick, brisk.*

Dur, *hard.*

Durant, *during.*

A l'écart, *aside, apart, by one's self.*

S'écrier, *to exclaim, to cry.*

En effet, *really, indeed, in reality.*

Pour cet effet, *therefore, to that purpose.*

A l'égard de, *with respect to, as for, as to.*

En, *in, to, at, like, through, by, for, according to.*

Encore, *yet, as yet, still, more, again, anew, once, more, also, even to, besides.*

Encore que, *though, although.*

Enfin, *in fine, at last, at length, in short.*

Ensemble, *together.*

En sorte que, *so that.*

Ensuite, *afterwards, then.*

En tant que, *as much as.*

Entier, *entire, whole, full.*

Entre, *between, among, amongst, in, into.*

Envers, *towards, to.*

A l'envers, *the wrong side outwards.*

A l'envi, *with emulation.*

Et, *and.*

Et—et , *both* (ne s'emploie que pour deux).

De façon que, *so that, in so much that.*

Faire, *to do; to make* (façonner, former).

Faire (suivi d'un infin.), *to have, to cause, to get;* (avec le part. passé).

Tout à fait, *quite, utterly.*

En faveur de, *in behalf of, for the sake of, on account of.*

A la faveur de, *by means of.*

Fini , *finished, past, over, all, over.*

A fleur de, *even with, close to, level with.*

Une fois, *once.*

Deux fois, *twice.*

Trois fois, *thrice* ou *three times.*

A la fois, *at a time, at once.*

A fond, *thoroughly, fully, to the bottom.*

Au fond, *in the main, at bottom.*

A force de, *by dint of, by strength of, perforce.*

Fort (adj.), *strong, stout, vigorous.*

Fort (adv.), *very, very much ;* (ferme) *hard, very hard, forcibly.*

Gare ! *make way !*

Guère, *but little, not much.*

En grand, *at full length, on a great scale, on a grand scale.*

En gros, *wholesale.*

En guise de, *like.*

Haut, *high, tall;* (à haute voix) *loud, aloud.*

Au haut, *at the top.*

En haut, *up, above, up stairs.*

Par haut, *upwards.*

Hélas, *alas.*

De bonne heure, *betimes, soon, early.*

Hier, *yesterday.*

Hier au soir, *yesternight, yesterday-evening*

Hormis, *except.*

Hors de, *out of;* (exempt de) *free from.*

Ici, *here; hither* (mouvement).

A l'improviste, *on a sudden, una-wares.*

Impromptu, *extempore.*

Jamais, *never;* (sans négation) *ever.*

Jusqu'à, *till, until, to, as far as.*

Jusqu'a ce que, *until, till.*

Jusque, *to, as far as, until, till, even to.*

Juste, *just, equitable, right.*

Au juste, *exactly, precisely.*

Là, *there, yonder; thither* (mouvement).

Le, la, les, *the.*

Lendemain, *next day, day after;* (en style noble) *morrow.*

Lequel, laquelle, etc., *which.*

Au lieu de, *instead of, in lieu of.*

Au lieu que, *whereas.*

Loin, *far, far off, a great way, at a distance, remotely, wide, distant.*

Loin de, *far from.*

Loin que, *far from, so far from.*

Longuement, *long, a long time, a great while, a long while, a length of time.*

Lors, alors, *at the time of, when.*

Pour lors, *then, at that time.*

Lorsque, *when, at the time.*

Dès lors, *from that time.*

Maintenant, *now, at this time.*

Mais, *but.*

Mal, *ill, not well, wrong, badly, amiss, unkindly.*

Malgré, *in spite of, notwithstanding.*

Mauvais, *bad.*

Même, *even, also, very, too.*

A même, *able, enabled, within reach.*

De même, *so, just so, even so.*

De même que, *as, even as, just as.*

A moins, *for less.*

A moins de, *for less than.*

A moins que, *unless, except.*

Au moins, *at least, however.*

Moitié, *half.*

A tout moment, *every moment.*

Ne, ne pas, ne point, *no, not.*

Ne—que, *only, but.*

Ni, *nor.*

Ni—ni, *neither* (quand il n'y a que deux)— *nor.*

Non, *no, not.*

Non plus, *nor, neither;* (s'il y a déjà négation) *either.*

De nouveau, *anew, again, once more.*

Nul, *no, none, null.*

Nulle part, *nowhere.*

On, *one, we, you, they, people.*

Or (conj.), *now, but.*

Ou, *or, either, or else.*

Ou—ou, *either—or.*

Où, *where; whither* (mouvement).

Oui, *yes.*

Outre, *farther, besides.*

Paix ! *peace! hush! be quiet!*

Par, *by, through, out of, for, at, with.*

Parmi, *among, amidst.*

Partout, *every where.*

Par-ci par-là, *here and there, now and then.*

Par conséquent, *therefore, then, consequently.*

Parce que, *because, in as much as.*

A part, *a part, aside, by, by one's self.*

Pas, *no, not.*

En passant, *going along, by the way.*

A peine, *hardly, scarcely.*

Pendant, *during.*

Pendant que, *whilst, while.*

Personne, *no one, no body;* (sans nég.) *any one, any body.*

Peu, *little* (sing.); *few* (plur.).

Peu à peu, *by little and little, by degrees.*

Dans peu, } *in a short time, shortly*
Sous peu, } *in a little while.*

Peut-être, *perhaps.*

A plat, *flat, flatly.*

Plein, à plein, *full, fully.*

Plus, *more;* (nég.) *no more.*

De plus, *besides, moreover.*

De plus en plus, *more and more.*

Le plus, *the most* (superlatif).

Plus tôt, *sooner, before.*

Plusieurs, *several.*

Plutôt, *rather, sooner, more.*

Point, *no, not.*

Pour, *for, in order to.*

Pour lors, *at that time, then.*

Pour peu que, *ever so little.*

Pour le moins, *at least.*

Pour cet effet, *therefore, with this view.*

Pour que, *to the end that, so that, that.*

Pourquoi, *why, for what.*

C'est pourquoi, *wherefore, therefore.*

Pourtant, *however, notwithstanding.*

Près, *by, near, nigh, close to, against, almost.*

A peu près, *nearly, within little.*

A cela près, *save that, nevertheless.*

Presque, *almost, very near.*

Proche de, *near, next to, close to, hard by.*

A propos, *fit, fitting, to the purpose, now.*

A tout propos, *at every turn.*

Puis, *then, afterwards, after that.*

Puisque, *since, seeing that.*

Quand, *when, what time.*

Quand même, *though, although.*

Quant à, *as to.*

Que, *how, how much* (sing.); *how many* (plur.); *than* (terme de comparaison); *but, less, unless, let, that.*

Ce que, *that which, what;* (après tout) *that.*

Quel, *what, which.*

Quelque, *some, several.*

Quelque chose, *some thing* (affirmativement); *any thing* (nég. interr. ou dubitativement).

Quelquefois, *sometimes.*

De quelque manière que ce soit, *any how.*

Quelqu'un, *some one* (affirm.); *any one* (nég. ou interr).

Quoi, *what, how now.*

Quoique, *though, although, however.*

Quoi qu'il en soit, *at all events.*

Rarement, *rarely, seldom.*

Répliquer, *to reply.*

Répondre, *to answer.*

En repos, *at rest, quite alone.*

Rien, *nothing;* (sans nég.) *any thing.*

Sans, *without, were it not for.*

Sauf, *save, under, but.*

Si, *if, so, as, yes, unless.*

Si ou non, *whether or not.*

Si bien que, *so that.*

Si ce n'est que, *unless, but.*

Soit, *be it so.*

Soit, *either, or, as.*

Soit que, *whether, or, as.*

De sorte que, *so that.*

Sous, *under.*

Souvent, *often.*

A la suite, *afterwards, in a row.*

De suite, *one after another, immediately.*

Suivant, *according to.*

Suivant que, *according as.*

Sur, *on, upon, over, about, in, by, near.*

Surtout, *above all, especially.*

Tant, *so much* (au sing.); *so many* (au plur.).

Tant que, *whilst, as long as, as far as, so much.*

Tant soit peu, *ever so little, but a little, the least bit* (morceau), *drop* (goutte) *ou piece.*

Tant mieux, *so much the better.*

Tant pis, *so much the worse.*

Tant s'en faut que, *so far from*

Tant y a que, *however.*

Tard, *late, too slow.*

Tandis que, *whilst, ere long.*

Tel, telle, etc., *such as.*

A temps, *in time.*

De temps en temps, *from time to time, now and then.*

A tort, *wrongfully, falsely,*

Tôt, *soon, quickly.*

Sitôt que, *as soon as.*

Toujours, *always, ever; still (encore); however.*

Tous deux, tous les deux, *both.*

Tout, *wholly, entirely, quite, all, all over.*

Tout le monde, *every one, every body.*

Toutefois, *still, yet, however, nevertheless.*

A travers, *through.*

De travers, *awry.*

En travers, *across.*

Très, *most, very.*

Trop, *too much* (au sing.); *too many* (au plur.), *too.*

Un, une, *a, an* (article); *one* (adj. numérique).

L'un et l'autre, *both.*

L'un ou l'autre, *either.*

Ni l'un ni l'autre, *neither;* (s'il y a déjà négation) *either.*

D'un bout à l'autre, *from one end to the other.*

Vers, *towards, about, to.*

Vis-à-vis, *opposite.*

Voici, *this is* (au sing.); *these are* (au plur.); *here is* (au sing.); *here are* (au plur.).

Voilà, *that is* (au sing.); *those are* (au plur.), *there is* (au sing.); *there are* (au plur.); *behold.*

Vraiment, *truly, indeed.*

NOTES EXPLICATIVES

OU

DICTIONNAIRE DES THÈMES

DANS L'ORDRE DES MATIÈRES.

———◦❈◦———

DE L'ARTICLE.

I. 1. A, *at*; honneur, *honor*; payait seul, *alone recompen-sed*; les, *the*; plus, *most*; couronne, *crown*; de, *of*; chêne, *oak*; ou, *or*; laurier, *laurel*; éloge, *eulogy*; était, *was*; récompense, *reward*; pour, *for*; bataille, *battle*; gagné, *won*; ville, *town*; prise, *taken*. 2. Le, *the*; monde, *world*; est, *is*; théâtre, *stage*; où, *where*; chacun, *every man*; doit, *must*; jouer, *play*; rôle, *part*. 3. Année, *year*: mois, *month*; semaine, *week*; jour, *day*; heure, *hour* (*a*); même, *even*; du temps, *of time*; aussi bien que, *as well as*; siècle, *century*. 4. De, *to*; titre, *title*; et, *and*; grand, *large*; propriété, *estate*; dit, *says*; a, *has*; faiblesse de vue, *weakness of sight*; délicatesse de tempérament, *delicacy of constitution*. 5. Dû, *due*; à, *to*; homme, *man*. 6. Se porte souvent, *is often worn*; dans, *in*. 7. Acte d'humanité, *humane act*; toujours, *always*.

II. 1. Etait, *was*; Irlandais, *Irishman*: mais, *but*; Anglais, *Englishman*. 2. On ignore si, *it is not known whether*; il, *he*; ou, *or*; catholique, *catholic*; on sait cependant, *it is however known*; que, *that*; chrétien, *christian*; jeunesse, *youth*; boucher, *butcher*; cardeur de laine, *wool-comb-er*; on sait, *it is known*; braconnier, *poacher*; dans la suite, *subsequently*. 3. Philanthrope, *philanthropist*. 5. Lexicographe, *lexicographer*; également, *likewise*; mari, *husband*; père, *father*. 6 Pair, *peer*; Angleterre, *England* 7. Romancier, *novelist*; biographe, *biographer*. 8. Enlèvement, *rape*;

(*a*) Pour les mots dont l'*h* est muette, voyez *h*, irrégularités des consonnes, page 14.

boucle, *lock;* héroï-comique, *mock-heroic;* de, *by.* 9. Conte, *tale.*

III. 1. Veau, *veal;* se vend, *is sold;* 18, *eighteen;* livre, *pound.* 2. Fil, *thread;* vaut, *is worth;* 4 sous à 20 sous, *from four to twenty sous;* once, *ounce.* 3. Cette, *this;* robe de soie, *silk gown;* coûte, *costs;* dix, *ten;* aune, *ell.* 4. Terrain, *ground;* a été vendu, *was sold;* 800, *eight hundred;* à, *at;* arpent, *acre.* 5. Crayons, *pencils;* coûtent, *cost;* 2, *two;* douzaine, *dozen;* plumes, *pens;* 4, *four;* cent, *hundred.* 6. Huit, *eight;* jour, *day;* font, *make;* presque, *almost;* 150, *a hundred and fifty.* 7. Avait, *had;* 25,000, *twenty five thousand;* comme, *as;* commissaire, *commissioner;* conseil du commerce, *bo ard of trade;* offrit sa démission, *tendered his resignation;* lorsque, *when;* pouvait, *could;* plus, *no longer;* en remplir les fonctions, *perform the duties of his office.*

IV. 1. Homme, *man;* femme, *woman;* enfant, *child.* 2. Cheval, *horse;* bœuf, *ox;* vache, *cow.* 3. Cygne, *swan;* oie, *goose;* canard, *duck;* poule, *hen.* 4. Loup, *wolf;* ours, *bear.* 5. Singe, *ape;* perroquet, *parrot;* serin, *canary-bird.*

V. 1. On demandait à Archidamus, *Archidamus was asked.* Qui était maître de Sparte, *who was master of Sparta;* lois, *laws;* répondit, *replied;* après, *after;* elles, *them;* magistrats, *magistrates.* 2. Arabes, *Arabians;* appellent, *call;* chameau, *camel;* navire, *ship.* 3. Propreté, *cleanliness;* netteté, *purity;* âme, *soul.*

VI. 1. Feu, *fire;* sublime, *sublimity.* 2. Il y a, *there is;* naturel, *natural;* dans, *in;* envers leurs enfants, *towards their children.* 3. Loue, *praises;* clarté, *clearness;* vigueur, *vigor.*

VII. 1. Reine, *queen;* fille, *daughter;* duc, *duke;* qui, *who;* frère, *brother;* quatre, *the fourth;* Guillaume Quatre, *William the fourth;* trois, *the third.* 2. Douze, *the twelfth;* roi, *king;* surnommé, *surnamed;* père, *father;* peuple, *people.* 3. Ami, *friend;* n'a pas ménagé, *did not spare;* dénaturée, *unnatural.*

VIII. 1. Honneur, *honor;* avancement, *preferment;* devraient être acquis, *should be acquired;* soutenu, *maintained;* par, *by.* 2. Sages, *wise;* vertueux, *virtuous.* 3. Sourds, *deaf;* muets, *dumb;* aveugles, *blind;* trouvent, *find;* asile, *asylum.* 4. Roi, *king;* mendiant, *beggar;* égaux, *equal;* après, *after;* mort, *death.* 5. Mensonge, *lying;* est, *is;* toujours, *always;* homme droit, *upright man;* en a horreur, *abhors it;* menteur, *liar;* ne peut s'empêcher d'en rougir, *cannot repress his blushes.* 6. Doute, *doubt;* école, *school;* vérité, *truth.* 7. Espérance, *hope;* songe, *dream;* homme éveillé, *waking man.*

IX. 1. Est, *is;* borné, *bounded;* au, *on the;* nord-est, *north-east;* par, *by;* Belgique, *Belgium;* états, *states;* à l'est, *on the east;* Allemagne, *Germany;* Suisse, *Switzerland;* la séparent de, *separate it from;* Espagne, *Spain.* 2. Royaume uni, *united kingdom;* se compose de, *is composed of;* Angleterre, *England;* compris, *including;* Galles, *Wales;* Ecosse, *Scotland.* 3. Fut, *was;* berceau, *cradle;* Grèce, *Greece;* y, *there;* prit, *took;* sa, *its.*

X. 1. Reine, *queen;* fut, *was;* jamais, *never;* mariée, *married;* mais, *but;* son père, *her father;* Henri Huit, *Henry the eighth;* eut, *had;* femmes, *wives.* 2. Héroïque, *heroic;* Marguerite, *Margaret;* femme, *wife;* malheureux, *infortunate;* roi, *king;* Henri Six, *Henry the sixth;* qui, *who;* assassiné, *assassinated;* duc, *duke;* depuis, *afterwards;* trois, *the third;* ce monstre, *this monster;* aussi, *likewise;* meurtrier, *murderer;* ses, *his;* deux, *two;* neveux, *nephews;* jeune, *young;* Edouard Cinq, *Edward the fifth;* fils, *sons;* son frère, *his brother;* Edouard Quatre, *Edward the fourth.* 3. Chancelier, *chancellor;* cite, *quotes;* aucun, *none;* ouvrages, *works;* contemporain, *contemporary.* 4. Pierre, *Peter;* fonda, *founded;* ville, *town;* Saint-Pétersbourg, *Saint-Petersburg.* 5. Czarine, *Czarina;* introduisit, *introduced;* en, *into;* Russie, *Russia;* assemblées, *assemblies;* c'est-à-dire, *that is;* hommes, *men;* femmes, *women.*

XI et XII. 1. J'ai, *I have;* argent blanc, *silver;* avez-vous, *have you;* or, *gold;* non, *no;* pas, *not;* argent, *money;* du tout, *at all.* 2. Je vous donnerais, *I would give you;* vous aviez, *you had;* sable, *sand;* si, *if;* encre, *ink.* 3. Epicier, *grocer;* vend, *sells;* sucre, *sugar;* café, *coffee;* sel, *salt;* poivre, *pepper;* moutarde, *mustard;* chandelles, *candles;* vinaigre, *vinegar;* huile, *oil;* riz, *rice;* ficelle, *twine.*

Thème général sur l'Article.

1. Maux, *evils;* jeu, *gaming;* sont, *are;* perte, *loss;* temps *time;* santé, *health;* familles, *families;* souvent, *often;* vie, *life.* 2. Fuyez, *shun;* ivresse, *drunkenness;* de crainte que, *lest;* hommes de bien, *good men;* vous, *you;* fuient, *shun;* où, *where;* règne, *reigns;* raison, *reason;* vertu, *virtue;* étrangère, *stranger;* Dieu, *God;* ennemi, *enemy;* blasphème, *blasphemy;* esprit, *wit;* jurement, *oath.* 3. Epingle, *pin;* jour, *day;* dit, *says;* fait, *makes;* an, *year.* 4. Locutions banales, *trite sayings;* fleurs, *flowers;* homme, *man.* 5. Juifs, *Jews;* appelaient, *called;* leurs, *their;* cimetières, *burial-grounds* ou *cemeteries;* vivants, *living.* 6. Quand on a dit à, *when it was observed to;* que, *that;* avait fait, *had made;* son, *his;* évêque, *bishop;* répondit, *answered;* a fait plus, *has done more;* pour, *for;* l'a fait, *has made him;* chrétien, *christian.* 7. Petits, *little;* souvent, *often;* grands, *great;* à, *in;* yeux,

eyes; leur, *their.* 8. Vertu, *virtue;* cœur, *heart;* diamant, *diamond;* sur, *on;* front, *brow.* 9. Autriche, *Austria;* bornée, *bounded ;* au nord, *on the north;* par *by;* Saxe, *Saxony;* Prusse, *Prussia;* au nord-est, *on the north-east;* Russie, *Russia;* à l'est, *on the east;* au sud-est, *on the south-east;* Turquie, *Turkey;* ouest, *west;* Sardaigne, *Sardinia;* Suisse, *Switzerland;* Bavière, *Bavaria;* sud, *south;* mer Adriatique, *Adriatic sea;* états, *states;* église, *church;* duchés, *duchies;* Modène, *Modena;* Parme, *Parma.* 10. Boulanger, *baker;* vend, *sells;* pain, *bread;* mais, *but;* quelquefois, *sometimes;* n'a pas, *has not ;* à vendre, *to sell.* 11. Avait, *had;* 92,500, *ninety two thousand five hundred.* 12. Esprit, *mind;* homme, *man;* sauvage. *wild;* seule, *alone;* peut, *can;* le rendre, *render it;* doux, *sweet.* 13. A dit, *said;* il était, *he was;* science, *learning ;* manières, *manners;* ours, *bear.* 14. Veuillez me donner, *please to give me;* pain, *bread;* beurre, *butter;* pas, *not;* café, *coffee;* je prendrai plutôt, *I will rather take;* thé, *tea.* 15. Concision, *brevity;* dit. *says;* âme, *soul;* esprit, *wit* 16 Ministre, *minister;* état, *state.* 17. Perse, *Persia;* guerrière, *warlike.* 18. Est d'avis, *is of opinion;* Paradis Perdu, *Paradise Lost;* épique, *epic;* peut réclamer, *may claim;* quant à, *as to;* dessein, *design ;* premier rang, *first rank;* sous le rapport de, *with respect to;* parmi, *among;* esprit, *mind.* 19. Poissons, *fish;* n'aiment pas, *do not love;* pêcheur, *fisherman.* 20. Quint, *the fifth;* Henri Huit, *Henry the eighth;* furent alliés, *were allied;* par, *by;* mariage, *marriage;* Philippe, *Philip;* son fils, *his son;* reine, *queen;* Angleterre, *England.* 21. Auteur, *author;* Paradis Perdu, *Paradise Lost ;* fut bien près de périr, *was very near perishing;* sur, *on;* échafaud, *scaffold;* on dit que, il *it is said that;* ami, *friend;* grand, *great;* le sauva, *saved him;* comme, *as;* lui, *he;* auparavant, *before ;* avait sauvé, *had saved;* les jours, *the life.* 22. Esprit, *wit;* sel, *salt;* mais, *but;* point, *not;* nourriture, *food.* 23. Terre, *earth;* tous, *all.* 24. Auteur, *author;* ouvrage, *work;* sur, *on;* Anglaise, *English;* admirateur, *admirer;* cette, *that;* était, *was;* Français, *Frenchman.* 25. Pauvres, *poor;* sont également heureux, *are equally happy.* 26. Excès, *excess;* dans, *of;* preuve, *proof;* de, *of;* manque, *want;* politesse, *politeness.* 27. A dit, *said;* que, *on;* nous le considérions, *we consider him;* comme, *as;* écrivain, *writer;* ou, *or;* il est du premier ordre, *he stands in the first class.* 28. Pains à cacheter, *wafers;* non, *no;* mais, *but;* cire, *sealing-wax.* 29. Etait, *was;* Ecossais, *Scotchman;* ecclésiastique, *clergyman.* 30. Quand on quitte, *when we leave;* sentier battu, *beaten track;* on doit s'attendre, *we must expect;* trouver, *to find;* épines, *thorns.* 31. Sied à. *becomes;* voile, *veil.* 32. Traducteur, *translator;* est presque devenu, *almost became.* 33. Ennemie, *enemy;* plus, *most;* redoutable, *formidable;* bonheur, *happiness.* 34. Catholique, *catholic;* laï-

que, *layman*; Irlandais, *Irishman*; biographe, *biographer*;
35. Fondé, *founded*; païen, *pagan*; aujourd'hui, *now*; états;
states; chef, *chief*; chrétienté, *christendom*; premier, *first*,
chrétien, *christian*; telle, *such*; destinée, *destiny*; œuvres,
works.

DU NOM.

NOMBRE.

XIV. 1. Arrêt éternel, *eternal decree*; divin, *divine*; remords, *remorse* (sing.); seront toujours, *will always be*; mille,
a thousand; fois, *time*; plus perçant, *more piercing*; que,
than; trait, *shaft*; plus, *most*; envenimés, *envenomed*; calomnie, *calumny*. 2. Vieillesse, *old age*; jeunesse, *youth*; manquent rarement, *rarely want*; l'une, *one*; voit, *sees*; que, *but*;
espérance, *hope*; autre, *other*; souvenir, *reminiscence*. 3. Montre, *watch*; ne vont pas, *do not go*; les unes comme les autres,
alike; encore moins, *still less*; hommes, *men*. 4. Discours,
speech; célèbre, *celebrated*; pour, *for*. 5. Nègre, *negro*; Afrique, *Africa*; transportés en, *transported to*; Amérique, *America*. 6. Volcan, *volcano*; montagne, *mountain*; brûlantes,
burning. 7. Recueil, *collection*; carte géographique, *map*.
8. Gaz, *gas*; espèces, *species*; atmosphérique, *atmospherical*.
9. Avait en horreur, *abhorred*; eau, *wash*; figure, *face*.
10. Souhait, *wish*; souvent, *often*; trahis, *betrayed*; rougeur
qui monte au visage, *blush* (pl.). 11. Remarquables, *remarkable*; par, *for*; rapidité, *speed*; vue perçante, *sharp sight*.
12. Constitutionnels, *constitutional*; impôt, *tax*; théoriquement, *theoretically*; volontaires, *voluntary*; peuple, *people*.

XV. 1. Ami, *friend*; voleur, *thief*; temps, *time*; disait,
said; chancelier, *lord chancellor*. 2. Comme, *like*; feuille,
leaf; passent, *pass away*; oubliées, *forgotten*.

XVI. 1. Génie, *genius*; fait, *makes*; découverte, *disco-
very*; les confirme, *confirms them*. 2. Voie, *way*; inconnues,
unknown; mortel, *mortal*. 3. Pygmée, *pygmy*. 4. Clef, *key*;
souvent, *often*; employées, *used*; toujours, *always*; brillantes,
bright. 5. Anglaises, *English*; élève, *pupil*; portent, *wear*;
robe, *gown*.

XVII. 1. Mal élevés, *badly brought up*; font, *make*; mauvais, *bad*; encore, *still*; plus mauvaises, *worse*. 2. Tous, *all*.
3. Fourchus, *cloven*. 4. C'est, *he is*; parmi, *among*. 5. Patte,
foot. 6. Fortes, *strong*; perçantes, *piercing*. 7. Se vendent,
are sold; quelques, *a few*; chacun, *each*. 8. Esprit céleste,
celestial spirit; lesquels, *which*; placés, *placed*; immédiatement, *immediately*; après, *after*. 9. Fut initié de bonne heure,
was early initiated; dans, *into*. 10. Un, *one*; meilleurs, *best*;

temps, *time*. 11. Terre, *earth*; se composer, *to be composed*; série, *series*. 12. Quelle, *what*; d'où il faut tirer, *from which we should draw*. 13. Voyageur, *traveller*; devraient faire, *ought to make*; lieu, *spot*. 14. Paradis Perdu, *Paradise Lost*; souvent, *often*. 15. Disséquer, *to dissect*; tête, *head*. 16. Paissaient, *grazed*; sur, *on*; penchant, *declivity*; colline, *hill*.

CAS.

XVIII. 1. Affaire, *business*; tout le monde, *every body* (a); personne, *nobody* (b). 2. Dictionnaire, *dictionary*. 3. Paradis Perdu, *Paradise Lost*; retrouvé, *regained* 5. Quint, *the fifth*. 6. Essai, *essay*. 7 Décadence, *decline*; chute, *fall*. 9 Ni, *not*; couronne, *crown*; bâton, *truncheon*; maréchal, *marshal*; ni, *nor*; juge, *judge*; leur conviennent comme la miséricorde, *become them as mercy does*. 10. Casquette, *cap*; garçon, *boy*. 11. Casque, *helmet*; soldat, *soldier*. 12 Génie, *genius*. 13. OEuvre, *work*. 14. Traduction, *translation*. 15 Ministre, *vicar*. 16. Tête, *head*; fat, *fop*; cœur, *heart*. 17. Vaut, *is*; infiniment mieux, *infinitely better*; toujours, *always*; estime, *esteem*; que, *than*; quelquefois, *sometimes*. 18. Beau, *excellent*; force, *strength*; géant, *giant*; tyrannique, *tyranical*; d'en user comme, *to use it like*.

XIX. 1. Marine, *navy*. 2. Règne, *reign*; grand, *great*. 3. Armée, *army*; Français, *French*. 4. Bonté héroïque, *heroic goodness*; Henri Quatre, *Henry the fourth*.

XX. 1. Ardoise, *slate*; frère, *brother*; clef, *key*; pupitre, *desk*. 2. Maison, *house*; mère, *mother*; grand'mère, *grand-mother*. 3. Croire, *to think*; plutôt, *rather*; grand-père, *grand-father*. 4. Manteau, *cloak*; Henri, *Henry*; chapeau, *bonnet* (c); Marie, *Mary*.

XXI. 1. Demeurer, *to reside*; parent, *relation*. 2. Passer chez, *to call at*. 3. Va, *goes*; tous les jours, *every day*; beau-père, *father-in-law*; madame, *Mrs*. 4. Vu, *seen*; gendre, *son-in-law* 5. Imité de, *imitated from*; saint Pierre, *saint Peter*. 6. Plus grands, *greatest*; libraire, *bookseller*; Londres, *London*; demeurent, *have resided*; de, *from*; temps, *time*; près, *near*.

XXII. 1. Habit, *coat*; drap, *cloth*. 2. Chemise, *shirt*; toile, *linen*. 3. Chapeau, *hat*; paille, *straw*. 4. Gilet, *waistcoat*; casimir, *kerseymere*. 5. Un pantalon, *a pair of trow-*

(a-b) *Every body* et *no body*, signifient littéralement *chaque corps* et *nul corps*, et le mot *body*, corps, doit être considéré comme un nom.
(c) On dit *bonnet* pour chapeau de femme, *hat* pour chapeau d'homme, et *cap*, bonnet, ou casquette.

sers; été, *summer*; 6. Robe, *gown*. 7. Bague, *ring*; or, *gold*. 8. Bonnet, *cap*; nuit, *night*; coton, *cotton*. 9. Chaussettes, *socks*. 10. Etui, *case*; crayon, *pencil*; argent, *silver*. 11. Pendant, *ring*; oreille, *ear*; diamant, *diamond*. 12. Bas, *stocking*; soie, *silk*; inconnus, *unknown*; jusqu'au, *until the*; seizième, *sixteenth*; siècle, *century*; présenter, *to present*; résolut alors, *then resolved*; ne plus, *no longer*; porter, *to wear*; drap, *cloth*. 13. Soupape, *valve*; sûreté, *safety*; amélioration, *improvement*; machine, *engine*; vapeur, *steam*; on appelait anciennement, *was anciently called*; pompe, *engine*; feu, *fire*. 14. Anciennes, *ancient*; manière, *mode*; écrire, *writing*; brique, *brick*; tuile, *tile*; écaille, *shell*; huitre, *oyster*. 15. Musée Britannique, *British Museum*; il y a, *there are*; exemplaire, *copy*; écrits, *written*; feuille, *leaf*; palmier, *palm-tree*. 16. Premier, *first*; moulin, *mill*; élever, *to erect*; 1588, *fifteen hundred and eighty eight*.

XXIII. 1. Vie, *life* (pl.); sage, *wise*; ne ressemble pas, *do not resemble*; sot, *foolish* (adj.). 2. Ame, *soul*; vertueux, *virtuous*; remords, *remorse* (sing.); méchant, *wicked*. 3. Français, *French*.

XXIV. 1. Fort, *strong*; presque toujours, *almost always*; même, *even*; parmi, *among*; le sont peut-être moins, *are perhaps less so*; que, *than*; pauvre, *poor*. 2. Souvent, *often*. 3. Sourd, *deaf*; muet, *dumb*; pourrait conduire, *could lead*; aveugle, *blind*; pourrait parler, *could speak*; pour, *for*; ainsi, *thus*; un, *one*; infortuné, *unfortunate*; peut être secouru, *may be succored*; autre, *other*; non moins, *not less*; que lui-même, *than himself*.

Thème général sur le Nom.

1. Quand, *when*; considérer, *to behold*; élégamment servie, *fashionable*; parée de, *set out in*; toute, *all*; je crois voir, *I fancy that I see*; goutte, *gout*; hydropisie, *dropsy*; fièvre, *fever*; avec, *with*; un nombre infini d'autres, *other innumerable*; maladie, *distemper*; en ambuscade, *lying in ambuscade*; parmi, *among*; plat, *dish*. 2. Famille, *family*; liées ensemble, *bound together*; vertu, *virtue*; amitié, *friendship*; divers, *different*; membre, *member*. 3. Qui, *which*; elles, *themselves*; pouvoir, *power*; mouvement, *motion*. 4. Faibles, *weak*; hurler, *to howl*; loup, *wolf*; braire, *to bray*; âne, *ass*; bêler, *to bleat*; mouton, *sheep*; tous, *all*; parti, *party*; trouver, *to find*; en eux, *in them*. 5. Presque toutes, *almost all*; maison, *house*; Londres, *London*; brique, *brick*. 6. Offre, *offer*; Christophe Colomb, *Christopher Columbus*; rejetées, *rejected*; sénat, *senate*; Gènes, *Genoa*. 7. Vie, *life*. 8. Poudre, *powder*; canon, *gun*; inventer, *to invent*; moine, *monk*;

à imprimer, *printing;* plutôt, *rather;* imprimerie, *printing;* militaire. *soldier.* 9. Autruche. *ostrich;* fourchus, *cloven.* 10. Poursuivit, *pursued;* Espagne, *Spain;* conseil, *council;* indiennes. *Indian;* soutenir, *to support;* prétention, *claim;* vice-royauté, *vice-royalty.* 11. Enterrer, *to inter;* abbaye, *abbey.* 12. Gâter, *to spoil.* 13. Monde, *world;* recherche avidement. *greedily seeks after;* crainte, *fear;* folie. *folly;* sage, *wise.* 14. Parmi, *among;* reste longtemps, *is long;* bientôt, *soon.* 15. Sourd, *deaf;* muet, *dumb;* a, *owes;* dont la tombe, *whose tomb;* négliger, *to neglect;* presque. *almost;* sans honneur, *unhonored.* 16. Plus grand, *greatest;* malheur, *misfortune;* compter. *to reckon;* vie, *life* (pl.); que, *but;* jeunesse, *youth.* 17. Enfermé, *confined;* pendant, *for;* onze, *eleven;* an, *year;* onze, *the eleventh;* fer. *iron;* dont on impute l'atroce invention, *the atrocious invention of which is imputed;* ministre, *minister.* 18. Jour, *day;* semaine, *week;* dimanche, *Sunday;* lundi, *Monday;* mardi, *Tuesday;* mercredi, *Wednesday;* jeudi, *Thursday;* vendredi, *Friday;* samedi, *Saturday.* 19. Vieillesse, *old age;* perdre. *to lose;* usage, *use.* 20. Edouard, *Edward;* noir, *black.* 21. Infortune. *misfortune;* noirs, *blacks;* provenir, *to proceed;* de, *from;* blancs, *whites.* 22. Gilet, *waistcoat;* Jean, *John.* 23. Dépeints. *described;* écriture, *scripture;* sous, *in;* forme, *shape;* aigle, *eagle;* plusieurs, *several.* 24. Cœur-de-Lion, *the Lion Hearted.* 25. Ce pantalon est, *these trowsers are;* Guillaume, *William.* 26. On croit, *it is believed;* cygne, *swan;* fournir, *to furnish;* idée, *idea;* rame, *oar.* 27. Courageux, *courageous;* lâche, *coward;* mourir. *to die;* qu'une fois, *but once.* 28. Boîte, *box;* ouvrage, *work.* 29. Sembler, *to seem;* surpasser, *to surpass;* géant, *giant;* terre, *earth;* maintenant, *now;* moindre que, *less than;* plus petits, *smallest.* 30. Boîte, *box;* tabac, *snuff;* argent, *silver.* 31. Arabie, *Arabia;* autruche, *ostrich;* se réunir, *to flock together;* troupe, *herd;* nombreuses, *numerous.* 32. Requin, *shark;* tranchantes, *sharp;* rasoir, *razor* 33. Denier, *mite;* veuve, *widow;* représenter. *to represent;* offrande, *offering;* pauvre, *poor.* 34 Sabot, *hoof;* cheval, *horse.* 35. Vallée, *valley;* creux, *hollow;* entre, *between;* montagne, *mountain.* 36. Edouard, *Edward.* 37. Nombre, *number;* avoué, *attorney;* limiter, *to limit.* 38. Vieux, *old;* peuvent instruire, *may inform;* jeune, *young;* peuvent animer, *may animate.* 39. Chaumière, *cottage;* peuvent renfermer, *may contain;* autant, *as much;* bonheur, *happiness;* que, *as;* palais, *palace.* 40. Arabe, *Arabian;* apprendre, *to learn;* figure, *face;* orphelin, *orphan.* 41. A, *in;* devint, *became;* célèbre, *celebrated;* médecin, *physician.* 42. Légua, *left;* par, *by;* testament, *will;* pommier sauvage, *crab-tree;* à, *with;* pomme, *head;* or, *gold;* artistement faite, *curiously wrought;* en forme, *in the form;* bonnet, *cap.* 43. Une, *one;* plus belles, *finest*; oraison funèbre, *funeral oration*; celle, *that*; sur, *over*; Henriette Marie, *Henrietta Maria*; femme, *wife*; premier, *the first*; fille, *daughter*; .quatre, *the fourth*; sœur, *sister*; treize, *the thirteenth*; ceux-ci, *the latter*; celui-là, *the former*. 44. Lieu commun, *common place*; disette, *dearth*; pensée, *thought*.

Terminaisons des Noms.

XXV. 1. Ferme, *firm*; unir à, *to unite with*; doux, *mild*; fer, *iron*; entourer de, *to cover with*; velours, *velvet*. 2. Aimait, *loved*; grand, *great*; pût exercer, *might exercise*; bon, *good*. 3. Craindre, *to fear*; mort, *death*; comme, *as*; obscur, *dark*.

XXVI. 1. Vie, *life*; faux, *false*; qui passe, *passing*; de, *from*; parole, *word*; chose, *thing*. 2. Jeunesse, *youth*; amène naturellement, *naturally brings forward*; instruite, *accomplished*. 3. Enfant, *child*; presque toujours, *almost always*; ingénue, *ingenuous*. 4. Vin, *wine*; groseille, *gooseberry*; madame, *Mrs.*; jouir, *to enjoy*; tout, *all*; voisin, *neighbor*.

XXVII. 1. Aveugle, *blind*; illustre, *illustrious*; mathématiques, *mathematics*. 2. Apprenti, *apprentice*; même, *even*; plus, *most*. 3. Rang, *rank*; emploi, *place*; s'appelle, *is called*.

XXVIII. 1. Difficile, *difficult*; lui refuser, *to refuse him*; honneur, *honor*. 2. Duc, *duke*; monsieur, *sir*; beau présent, *goodly gift*. 3. Sage, *wise*; connaître, *to know*; sa propre, *one's own*.

XXIX. 1. Juridiction, *jurisdiction*; bailly, *bailif* (a); s'appelle, *is termed*. 2. Charge, *office*; s'intitule, *is intitled*.

XXX. 1. Il y a, *there are*, que, *but*; deux, *two*; archevêque, *archbishop*; ceux, *those*; Cantorbéri, *Canterbury*.

XXXI. 1. Petits, *young*; s'appellent, *are called*; terminaison, *termination*; agneau, *lamb*. 2. Anglais, *English*; appliquer, *to apply*; mot, *word*; cidre, *cider*; en font, *make of them*; mot, *word*. 3. Dernier, *latter*; probablement, *probably*; Français, *French*.

XXXII. 1. Colline, *hill*; toujours, *always*; agréable, *agreeable*; soulagement, *relief*; pour, *to*; vue, *sight*.

XXXIII. 1. Trouvé, *found*; un, *one*; meilleurs, *best*; roman, *novel*; de, *in*; langue anglaise, *English language*. 2. Pourquoi, *why*; allez-vous, *do you go*; branlant la tête, *nodding*; vous tortillant, *waddling*; comme, *like*; imbécille, *fool*; dit, *said*; un jour, *one day*; oie, *goose* (b). 3. Tailleur, *tailor*; partager, *to share*; fat, *fop*.

(a) *Bailif* retranche l'f dans le composé.

(b) On retranche un des *o*, et l'*e* muet à la fin, en formant le composé de *goose*.

XXXIV. 1. François, *Francis;* tous deux, *both;* garder, *to keep;* sceau, *seal.* 2. Peut-être, *perhaps;* lire, *to read;* qui ait jamais existé, *that ever existed* 3. Inventer, *to invent;* poudre, *powder;* canon, *gun.* 4. Mourut, *died;* enterré, *buried;* frais, *expense;* geôle, *jail.*

XXXV. 1. Large, *wide;* ruban, *ribbon.* 2. Large, *broad* (a); Tamise, *Thames;* beaucoup plus grande que, *much greater than;* celle, *that.* 3. Jeune, *young* (b); présomptueuse, *presumptuous;* sans expérience, *inexperienced.* 4. Croître, *to grow;* fleur, *flower;* témoignage, *evidence.* 5. Recherche, *search;* vrai, *true;* connaissance, *knowledge;* croyance, *belief;* souverain, *sovereign;* bien, *good.*

XXXVI. 1. On s'est demandé, *people asked;* il y a quelques années, *some years since;* on, *they;* apparemment, *apparently;* oublié, *forgotten.* 2. Un, *one;* plus célèbres, *most celebrated;* Olympien, *Olympius;* chef-d'œuvre, *master-piece.* 3. L'état où, *when;* idée, *idea;* flotter, *to float;* esprit, *mind;* sans réflexion, *without any reflection;* et sans occuper, *or regard of;* intelligence, *understanding.* 4. Soumission, *submission;* seule, *sole;* manière, *manner;* de raisonner, *of reasoning;* entre, *between.*

Thème général sur les Terminaisons des Noms.

1. Temps, *time.* 2. Religieuse, *nun;* couvent, *convent;* former, *to form;* sœur, *sister.* 3. Pendant que, *while;* en république, *a republic;* elle, *she;* sous, *under.* 4. Bon, *good;* vertu, *virtue.* 5. Etude, *study.* 6. Faute, *fault;* à, *in;* destin, *stars;* si, *that;* sous, *under.* 7. Il y a, *there are;* vingt-quatre, *twenty-four;* évêque, *bishop.* 8. Dieu, *God;* ciel, *heaven;* terre, *earth;* renfermer, *to contain.* 9. Deux, *two;* plus, *most;* ami, *friend;* paix, *peace;* appui, *support;* jugement, *judgment.* 10. Il y a, *there is;* peu, *little;* probable, *likely* (c); un tel événement, *such an event.* 11. Première, *first;* troisième, *third;* chose, *thing;* hardi, *bold.* 12. Cerf, *stag;* qui verse des larmes, *weeping;* ruisseau, *stream;* faire, *to make;* testament, *will;* comme, *like;* monde, *world;* donnant davantage, *giving more;* celui qui, *that which;* déjà, *already;* trop, *too much.* 13. Aucun, *no;* écrire, *to write* (d); gloire, *glory;* de son vivant, *in his lifetime;* que, *than.* 14. Seule, *only;* manière, *manner;* dont, *in which;* puisse jouir, *can enjoy;* santé,

---

(a) *oa* se change en *ea* dans ce nom.
(b) *ng* se retranche dans ce nom.
(c) Le *y* se change en *i* dans le composé.
(d) Le *e* muet final se retranche dans le composé.

health; vivre, *to live;* comme, *as;* était, *were;* pauvre, *poor.*
15. Parler, *to speak;* borne, *limit;* large, *broad;* hauteur,
height; temps, *time;* espace, *place;* perdus, *lost.*

DE L'ADJECTIF.

XXXVII. 1. Trop faible, *too weak;* défendre, *to defend.*
2. Grand, *tall;* mince, *thin;* le, *of a;* teint, *complexion;*
brun, *dark;* c'est pour cela, *for which reason;* surnommé,
surnamed; quelques-uns, *some;* palmier, *palm-tree.* 3. D'hypocrisie, *hypocritical.* 4. Il faut capituler, *we must capitulate;* sottise, *folly;* ennemi, *enemy;* nombre, *number.* 5. Thé,
tea; café, *coffee;* boisson, *beverage;* agréable, *agreeable;*
goût, *taste;* inconnu; *unknown;* pays, *country;* chrétien,
christian; jusque, *until;* 17ᵉ., *seventeenth;* siècle, *century.*
6. Le ton, *a tone;* tranchant, *decisive;* raison, *proportion;*
de, *to;* sens, *sense.* 7. Pour, *to;* malheureux, *unhappy;* elle,
it; court, *short.* 8. Quel bel ouvrage que l'homme! *what a
piece of work is man!* s'écrier, *to exclaim;* raison, *reason;*
infini, *infinite;* ressemble, *like;* ange, *angel;* Dieu, *God.*

XXXVIII. 1. Arbre, *tree;* haut, *high;* 20, *twenty.* 2. Jardin, *garden;* toise, *fathom;* 10, *ten.* 3. Pièce, *room.* 4. Plus
élevé, *highest;* 1787, *one thousand seven hundred and
eighty seven;* au-dessus de, *above;* niveau, *level;* mer, *sea.*
4. Pendant, *during;* traite des noirs, *slave-trade;* on transportait ces malheureux, *these unhappy wretches were transported;* vaisseau, *ship;* où, *in which;* chacun, *each;* 5, *five;*
à peine, *scarcely;* ce qu'on accorde, *what is granted;* mort,
dead; cercueil, *coffin.*

XXXIX. 1. Facile à, *easy for;* expliquer, *to unriddle;*
profond, *deep;* mystère, *mystery;* enfiler, *to thread;* aiguille,
needle. 2. Parfait, *perfect.* 3. Rien, *nothing;* peu commun,
un common; sens, *sense;* commun, *common.* 4. Faire, *to do;*
bien, *good;* mal, *evil.* 5. Il n'y a rien, *nothing is.* 6. Pitié,
pity; presque toujours, *almost always;* dédaigneux, *disdain-
ful;* maladroit, *unskilful;* léger, *volatile;* il faut être, *one
must be;* malheureux, *wretched;* y avoir recours, *to have
recourse to it.*

XL. 1. Prendre, *to take;* parti, *resolution;* douteux,
doubtful; ne s'arrêter à aucun, *to stop at none.* 2. Disait,
used to say; jamais, *never;* seul, *alone;* tout, *quite.* 3. Naufrage, *shipwreck;* mort, *death;* funeste, *fatal;* plaisir, *pleasure;* qui, *that;* attaquer, *to attack;* vertu, *virtue.*

XLI. 1. Qu'y a-t-il, *what is;* dur, *hard;* pierre, *stone;*
doux, *soft;* eau, *water;* cependant, *still;* creuser, *to hollow.*
2. Agréable, *agreeable;* offrande, *offering.* 3. Il n'y a, *there is;*

glorieux, *glorious;* même, *even;* utile, *useful;* voir, *to see;* autres, *others;* conservation, *preservation.* 4. Orgueilleux, *proud;* orgueil, *pride.* 5. Bon naturel, *good-nature;* esprit, *wit.* 6. Expédier, *to despatch;* cinquante, *fifty;* vers, *verse;* traduction, *translation.* 7. Reçut, *received;* Paradis Perdu, *Paradise Lost;* 375, *three hundred and seventy-five.* 8. 500,000, *five hundred thousand;* de, *for;* droits de propriété, *copy-right*

XLII et XLIII. 1. Tendre les bras à son destin, *to hold out one's arms to one's destiny;* infaillible, *infallible;* pour l'adoucir, *of alleviating it.* 2. Cultiver, *to polish;* intelligence, *understanding;* négliger, *to neglect;* mœurs, *manners;* chose, *thing.* 3. Savant, *learned;* temps, *time.* 4. Souvenir, *recollection;* doux, *sweet;* celui, *that;* bien, *good;* fait, *done.*

XLIV. 1. Rue, *street;* Londres, *London;* beaucoup, *much;* large, *wide;* celles, *those;* tout, *all;* rue du Régent, *Regent's street.* 2. Délibérer, *to deliberate;* sur, *on;* chose, *thing;* utile, *useful;* délai, *delay;* sûr, *safe.* 3. Circonstance, *circumstance;* étrange, *strange.* 4. Il ne peut y avoir de déshonneur, *there can be no dishonor;* à n'être pas, *in not being;* fort, *strong;* on, *one.* 5. Difficile, *difficult;* lequel, *which;* vil, *vile;* suborné, *suborned.*

XLV. 1. Agité, *troubled;* pour, *to;* qui, *who;* y naviguer, *to sail in it;* grand (gros), *big;* objet, *object;* puisse voir, *can see;* mouvement, *motion.* 2. Grand, *tall (a);* mince, *thin;* frère, *brother.* 3. Grand, *great (b);* auteur, *author;* saison, *season.* 4. Poulet, *chicken;* gras, *fat;* autre, *other.* 5. Cette eau, *this water;* propre, *clean.*

XLVI. 1. Facile, *easy.* 2. Gai, *gay.* 3. S'est montré, *has shown himself;* spirituel, *witty;* enlèvement, *rape;* boucle, *lock.*

XLVII. 1. Ami, *friend;* ennemi, *enemy;* folie, *folly.* 2. Voulait qu'on ne s'affligeât de rien, *wished people not to afflict themselves about any thing;* vaut, *is;* se pendre, *to hang one's self.* 3. Règle, *rule;* controverse, *controversy;* employer, *to use;* parole, *word;* doux, *soft;* dur, *hard.* 4. Ramener, *to reconcile;* le vaincre, *to conquer him;* en faire un ami, *to make a friend of him.* 5. Joueur, *gamester;* ivrogne, *drunkard.* 6. Dette, *debt;* pauvreté, *poverty.* 8. Se conduire, *to conduct one's self;* même, *even;* en, *and.* 9. Jeunesse, *youth;* apprendre, *to learn.* 10. Contenir, *to contain;* joli, *pretty;* fleur, *flower;* répandre, *to give out.* 11. Gens, *peo-*

(a-b) *Tall* s'emploie au propre et ne s'applique qu'à la stature; *great* s'emploie au figuré et ne s'applique qu'à la *grandeur* morale : *a tall man,* un homme *grand : a great man,* un *grand* homme.

ple (*a*) ; savoir, *to know;* valeur, *value;* on, *we;* cependant, *still.* 12. Tout le monde, *every body;* faire, *to do;* bien, *good.* 13. Contenter de, *to content with;* mode, *fashion;* pays, *country;* sans regarder, *without looking.* 14. A dit, *said;* de, *from.* 15. Désordre, *want of order;* fantaisie, *fancy;* faire, *to make;* pauvre, *poor;* vrai besoin, *real want.* 16. Avocat général, *attorney general.* 17. On attrape, *we catch;* mouche, *fly;* miel, *honey;* vinaigre, *vinegar;* Henri Quatre, *Henry the fourth.* 18. Langue, *language;* savoir, *to know;* quint, *the fifth;* fois, *time.*

§ XLVIII. 1. On, *we;* profondément, *deeply;* on y découvre, *we discover in him;* faiblesse, *weakness;* grandeur, *greatness.* 2. Avancer, *to advance;* étude, *study;* langue, *language;* trouver, *to find;* agréable, *agreeable.* 3 Joueur, *gamester;* maître, *master.* 4. Convive, *guest;* content, *pleased;* d'être régalé, *with being treated.* 5. Richesse, *wealth;* énorme, *enormous;* grand, *extensive.* 6. Propre, *own;* y, *of it;* penser, *to think;* jactance, *boasts;* avocat général, *attorney general.* 7. Joie, *joy;* elle, *it.*

NOMBRES CARDINAUX.

XLIX. 3. Moyen, *mean;* au, *from the;* Mercure, *Mercury;* soleil, *sun;* lieue, *league;* terre, *earth.* 4. D'environ, *about;* carré, *square;* comprendre, *to comprise;* âme, *soul;* Asie, *Asia;* habitant, *inhabitant;* Afrique, *Africa;* Amérique, *America;* Océanie, *Oceania.* 5. Etendue, *extent;* sa, *its;* Londres, *London.* 6. Ecosse, *Scotland;* Edimbourg, *Edinburgh.* 7. Irlande, *Ireland;* par conséquent, *consequently;* île, *isle;* Britannique, *British.* 8. Totale, *whole;* s'élever, *to amount;* environ, *about;* individu, *individual.* 9. Danemark, *Denmark;* Copenhague, *Copenhagen.* 10. Suède, *Sweden.* 11. Russie d'Europe, *Russia in Europe;* Saint-Pétersbourg, *Saint-Petersburgh.* 12. Pologne, *Poland;* Varsovie, *Warsaw;* 13. Cracovie, *Cracow.* 15. Belgique, *Belgium;* Bruxelles, *Brussels.* 16. La Haye, *The Hague.* 17. Suisse, *Switzerland.* 18. Allemagne, *Germany;* Francfort-sur-le-Mein, *Frankfort-on-the-Maine.* 19. Etat, *state.* 20. Autriche, *Austria;* Vienne, *Vienna.* 21. Espagne, *Spain.* 24. Turquie d'Europe, *Turkey in Europe.* 25. Grèce, *Greece;* Nauplie de Romanie, *Nauplia di Romania.* 26. Ile, *isle;* Ionien, *Ionian.*

L et LI. 1. Bibliothèque, *library;* se composait, *was*

(*a*) *People*, comme nom de multitude, s'emploie généralement au pluriel. Si l'on disait ici : *little people*, ce serait dire, non pas *peu* de gens, mais de *petites* gens.

composed; sous, *under*; François, *Francis*; Louis, *Lewis*; posséder, *to possess*, près, *near*; environ, *about*; contenir, *to contain*; aujourd'hui, *at present*; imprimé, *printed*; manuscrit, *manuscript*. 2. Imprimé, *printed volume*. 3. Dont, *of which*. 4. Compris, *included*. 5. Colomb, *Columbus*; découvrir, *to discover*; Amérique, *America*; Vendredi, *Friday*; Octobre, *October*; juste, *exactly*; semaine, *week*; départ, *departure*; Espagne, *Spain*; Août, *August*. 6. La grande charte, *Magna Charta*; fondement, *foundation*; boulevard, *bulwark*; sceller, *to seal*; Jean, *John*; surnommé *surnamed*; Sans-Terre, *Lackland*; près, *near*; Juin, *June*; on ajouta, *there was added*; article, *clause*; assurer, *to secure*, à jamais, *for ever*; contre tout impôt et taxe, *against all impositions and taxes*; sans, *without*; parlement, *parliament*. 7. Preuve, *proof*; bassesse, *baseness*; âme, *soul*. 8. Réunir, *to unite*; royaume, *kingdom*; règne, *reign*; reine, *queen*. 9. Pair, *peer*; député, *commoner*. 10. Grande-Bretagne, *Great-Britain*; uni, *united*; compris, *including*; Galles, *Wales*; élever, *to raise*; chambre des communes, *House of Commons*. 11. Faites, *made*; paraître, *to appear*. 12. Degré, *degree*; jouer de, *to play on*; violon, *violin*; célèbre, *celebrated*; se ranger, *to be ranged*; ne savent pas, *do not know how*; du tout, *at all*; Majesté, *Majesty*; atteindre, *to attain*. 13. Définir, *to define*; bonheur, *happiness*; ouvrage, *work*; entendement, *understanding*; chapitre, *chapter*; traiter, *to treat*; abus, *abuse*: mot, *word*. 14. Allemagne, *Germany*; fois, *time*; deux fois, *twice*; fit, *made*; sur mer, *by sea*; se contenter de, *to be satisfied with*; retraite, *retirement*; chambre, *room*; en guise de, *in the form of*; moine, *friar*; chacune, *each*. 15. Illustre, *illustrious*, naquit, *was born*; Avril, *April*; mourut, *died*; le jour de l'anniversaire de sa naissance, *on his birth-day*; accomplir, *to complete*; vivre, *to live*; sous, *in*; règne, *reign*; Jacques, *James*. 16. Jean, *John*; à, *in*; Londres, *London*; perdit, *lost*; vue, *sight*; œil, *eye*; gauche, *left*; publier, *to publish*; Paradis Perdu, *Paradise Lost*; retrouvé, *regained*; atteindre, *to attain*. 17. Alexandre, *Alexander*; né, *born*; Mai, *May*; écrivit, *wrote*; essai, *essay*; critique, *criticism*; traduction, *translation*; paraître, *to appear*; mourir, *to expire*; âgé, *aged*; Guillaume, *William*; Marie, *Mary*. 18. Douvres, *Dover*; Janvier, *January*; faire imprimer, *to print*: ouvrage, *work*; Heures Oisives, *Hours of Idleness*; époque, *period*; n'avoir que 19 ans, *to be but 19 years of age*; se rendre, *to repair*; en Grèce, *to Greece*; avança généreusement, *generously advanced*; livre, *pound*; pour secourir, *for the relief of*; rendre son dernier soupir, *to breathe one's last*.

FRACTIONS.

LII. 1. Il y a au degré, *there are to a degree;* commun, *common;* myriamètre, *myriameter;* kilomètre, *chiliometer;* mille, *mile;* géographique, *geographical;* marin, *marine;* Allemand, *German;* Suédois, *Swedish;* Danois, *Danish;* de Russie, *Russian;* Polonais, *Polish;* d'Espagne, *Spanish;* de Portugal, *Portuguese;* d'Italie, *Italian;* Grec, *Greek;* Arabique, *Arabian.*

NOMBRES MULTIPLES.

LIII. 1. Celui dont, *he whose;* veuve, *widow;* devoir, *duty;* remplir, *to fulfil;* accomplir, *to perform;* et...et, *both... and.* 2. Menacer de, *to threaten with;* tuer, *to kill.* 3. Grain, *seed;* selon, *according to;* rendre, *to yield;* encore, *again.* 4. Décrire, *to describe;* porte, *gate;* enfer, *hell.*

Thème général sur l'Adjectif.

1. Peine, *pains;* autre, *other;* heureux, *happy;* pour tâcher, *in endeavoring;* le croire nous-mêmes, *to think so ourselves.* 2. On devrait réfléchir, *we should reflect;* parler, *to speak.* 3. Pythagore, *Pythagoras;* divisait, *divided;* en, *into;* égal, *equal.* 4. Jusqu'à, *till;* jeune homme, *youth;* vieillard, *old man;* plus, *no longer;* compter, *to be reckoned;* parmi, *among;* vivant, *living.* 5. Aveu de l'ignorance, *avowal of one's ignorance;* faux, *false;* prétention, *pretension;* savoir, *learning.* 6. Personnes, *people;* fondé, *founded.* 7. Faire grand bruit de, *to make a great noise about;* succès, *success;* avouer, *owning;* faiblesse, *weakness.* 8 Particulier, *private;* contenir, *to contain;* confier, *to entrust;* soin, *care;* célèbre, *celebrated.* 9. Henri, *Henry.* 10. Hiver, *winter;* agréable, *agreeable;* été, *summer;* chaleur, *heat;* en, *of it;* incommode, *inconvenient;* froid, *cold.* 11. Faire naître, *to bring on;* maladie, *disease;* terrible, *dire.* 12. Imprimerie, *printing;* découvrir, *to discover;* associé, *associate;* apportèrent, *brought;* protéger, *to protect;* Louis, *Lewis;* il y avait, *there were;* imprimerie, *printing-press.* 13. Lâche, *coward;* faute, *fault;* quand, *that;* force, *strength;* éviter, *to prevent.* 14. Année, *year;* se composer, *to be composed;* mois, *month:* semaine, *week.* 15. Commode, *chest of drawers.* 16. A, *of;* estime, *esteem;* amitié, *friendship.* 17. Vérité, *truth;* abstrait, *abstract;* précieux, *precious;* bien, *good* (sing.); aveu-

gle, *blind*; œil, *eye;* raison, *reason.* 18. Lèvre, *lip*; généralement, *generally*; joue, *cheek.* 19. Nom, *name*; transmis, *transmitted*; reculé, *late.* 20. Faute, *fault;* celle qui, *that which*; volontaire, *voluntary.* 21. Août, *August*; vivre, *to live*; sous, *in.* 22. On a, *it is*; peine, *trouble;* se venger de, *to avenge*; injure, *injury*; oublier, *to forget.* 23. Cultivé, *cultivated;* celui-ci, *the latter*; cheval, *horse.* 24. Ancien, *ancient*; espèce, *kind*; culte, *worship*; soleil, *sun.* 25. Raisonner, *to reason*; tous veulent décider, *all will decide.* 26. Rien, *nothing*; tranchant, *decisive.* 27. Facile, *easy (a)*; construire, *to build*; cheminée, *chimney*; d'en alimenter une, *to keep one in fuel.* 28. Traiter, *to treat*; emploi, *use*; vieilli, *obsolete*; chapitre, *chapter.* 29. Puits, *well*; profond, *deep.* 30. Abus de confiance, *breach of trust.* 31. Athénien, *Athenian*; ceux qui, *those who*; ignorer, *to be ignorant of;* Pisistrate, *Pisistratus*; connaître, *to be acquainted with*; par crainte, *from fear*; n'osent, *dare not*; hasarder, *to venture*; combattre, *to oppose.* 32. Il vaut certainement, *it is indeed*; le cours de notre vie, *our passage through life*; sujet, *dependent*; reconnaissant, *grateful*; amour, *love*; étant, *is*; tribut, *tribute*; volontaire, *willing*; durer, *to last*; longtemps, *long*; forcé, *extorted.* 33. Soin, *care*; de conserver, *of preserving*; faire, *to make*; désir, *desire*; acquérir, *acquiring.* 34. Lit, *bedstead*; Basan, *Bashan*; coudée, *cubit.* 35. On pense, *it is thought*; poésie, *poetry*; année, *year*; ainsi il avait vécu, *he had thus lived;* sous, *in*; Edouard; *Edward*; Henri, *Henry.* 36. Agir, *to act*; de, *in*; manière, *manner*; fin, *sly.* 37. Récompense, *reward*; légitime, *legitimate*; travail, *labor* (sing); heureux, *happy.* 38. Il n'y a pas, *there is no*; piége, *snare*; joli, *pretty*; tête, *head*; cœur, *heart.* 39. Remarquable, *remarkable*; ordre, *order*; temps, *time*; vers, *about*; chagrin, *grief*; Janvier, *January*; vu, *seen*; trône, *throne*; Elisabeth, *Elizabeth.* 40. Donner, *to give*; disait, *said*; guinée, *guinea*; un, *one.* 41. Pape, *pope*; porter, *to wear*; qu'on appelle, *which is called*; tiare, *tiara.* 42. Eau, *water*; bouillant, *boiling*; chaud, *hot*; sang, *blood.* 43. Les chats sont-ils, *are cats*; gris, *grey*; la nuit, *at night*; le jour, *by day.* 44. Mortifiant, *mortfying*; se tromper, *to be deceived*; il faut être, *we must be*; perpétuellement, *perpetually*; en garde, *on our guard*; jugement, *judgment*; précipité, *precipitate.* 45. Délicatesse, *delicacy*; goût, *taste*; génie, *genius.* 46. Faire, *to do*; bien, *good.* 47. Célèbre, *celebrated*; se trouve, *is*; mort, *death*; Ophélie, *Ophelia.* 48. Digne, *worthy*; mépris, *contempt*; haine, *hatred.* 49. D'Espagne, *Spanish*; occasionner, *to occasion*; guerre, *war*; sanglant, *bloody.*

(a) Formez la comparaison par *er.*

50. Il y a, *there is;* décadence, *decline;* chute, *fall;* Romain, *Roman.* 51. On, *we;* aimer, *to like;* entendre, *to hear;* intérêt, *interest;* savoir, *to know.* 52. Il y a, *there is;* droiture, *uprightness;* habileté, *skill.* 53. Faire, *to make;* Rodeur, *Rambler.* 54. Sot, *fool* (nom). 55. Bâti, *built;* avant Jésus-Christ, **B. C.** (a). 56. On dînait, *they dined;* cour, *court;* heures, *o'clock;* tard, *late;* coutume, *custom;* qui prévalait encore, *still prevalent;* à, *in;* commencement, *early part.* 57. Agir, *to act;* avec faiblesse, *weakly;* faible, *weak;* avec sagesse, *wisely.* 58. Jeunes gens, *young men;* sujet, *apt;* se croire, *to think one's self;* ivre, *drunken;* sobre, *sober.*

Des terminaisons des Adjectifs.

LIV. 2. Puisque, *since;* connaissance, *knowledge;* faire plaisir, *to give pleasure;* vie, *life* (b); poésie, *poetry;* peinture, *painting;* doit produire, *must produce;* encore, *still.* 3. Dans, *there.* A paraître, *with a mien;* malade, *sick;* montrer, *to show;* sur, *in;* joue, *cheek.*

LV. 1. Cacher, *to disguise;* tous ses membres, *each limb;* pli, *fold;* soie, *silk.* 2. Laboureur, *husbandman;* revenir, *to return;* champ, *field;* fort, *strong;* santé, *health;* parce que, *because.* 3. Voie, *way;* lait, *milk;* être composé, *to consist;* innombrable, *innumerable;* étoile, *star;* fixe, *fixed;* grandeur, *magnitude.* 4. Effréné, *intemperate;* fait souvent naître, *often begins;* mot, *word.*

LVI. 1. Ce sont là, *those are;* esprit, *mind;* esclave, *slave* (c). 2. Idée, *idea;* enfant, *child.* 3. Dessein, *design;* loup, *wolf;* peau, *clothing;* brebis, *sheep.*

LVII. 1. Peinture, *painting;* savoir, *to know;* ce qui, *what;* propre à, *proper for.* 2. Printemps, *spring;* automne, *autumn;* saison, *season;* délices, *delight.* 3. Doux, *gentle;* sans être, *without being;* crainte, *fear.* 4. Agréable, *agreeable;* lettre, *letter;* recherché, *elaborate.*

LVIII. 1. Taupe, *mole;* trouver, *to find;* demeure, *habitation;* obscurité, *dark;* clair, *light.* 2. Chanter, *to sing;* ciel, *heaven;* aise, *glad;* retour, *return;* lumière, *day.* 3. Gens, *people;* emporté, *choleric;* querelle, *quarrel;* engager, *to engage;* autres, *others*

LIX. 1. Raide, *stiff;* mouvement, *motion.* 2. Etrange, *strange;* folie, *folly;* poursuivre ainsi, *thus to pursue;* tout à fait, *utterly;* profit, *gain.* 3. Maladie, *disease;* néanmoins,

---

(a) *Before Christ.*
(b) En formant le composé le *f* se change en *v.*
(c) Le *e* muet se retranche dans le composé.

notwithstanding; douleur, *pain.* 4. Bornes, *bound;* fin, *end;* monde, *world;* saison, *season;* plante, *herb;* arbre, *tree.*

LX. 1. Devint, *became.* 2. Conseils, *counsel* (sing.). 3. Chose, *thing;* manger, *to eat;* à manger, *to be eaten.*

LXI. 1. Siècle, *century;* or, *gold.* 2. Voleur, *thief;* déroba à, *stole from;* Epictète, *Épictetus;* trompé, *deceived;* dit, *said;* revenir, *to return;* demain, *to-morrow;* trouver, *to find;* terre, *earth.* 3. Marchand, *vender;* objets, *goods;* laine, *wool;* s'appelle, *is called;* marchand, *draper.*

LXII. 1. Etude, *study;* jeunesse, *youth.* 2. Fonctions, *functions,* 3. Discours, *speech;* plus, *no longer.* 4. Négliger, *to neglect;* valeur, *value;* en, *of them;* est cachée, *lies concealed.*

Thème général sur les Terminaisons des Adjectifs.

1. Or, *gold;* argent, *silver;* utilité, *use;* en comparaison de, *in proportion to;* nourriture, *food;* vêtement, *raiment;* tirer, *to have;* valeur, *value;* seulement, *only.* 2. Ecriture, *scripture;* querelle, *quarrel;* pluie, *rain.* 3. Que le guerrier s'écrie, *let the warrior exclaim;* à nous, *ours;* gazon, *turf;* frais, *fresh;* lit, *bed;* fièvre, *fever.* 4 Devin, *soothsayer;* fit croire à Antoine, *made Antonius believe;* génie, *genius;* naturellement, *naturally;* courageux, *brave;* confiant, *confident;* lâche, *coward* (nom); en, *in the;* Octave, *Octavius.* 5. Chaldéen, *Chaldean;* prédire, *to predict;* César, *Cæsar;* Pompée, *Pompey;* mort, *death;* heureux, *happy;* paix, *peace.* 6. Ouvrage, *work;* critique, *critic;* écrire, *to write;* de, *in;* manière, *manner;* dogmatique, *dogmatic.* 7. Seul, *only;* ange, *angel;* foi, *faith.* 8. Il lui est resté, *he had left;* épée, *sword;* rouille, *rust;* bourse, *purse;* vide, *empty.* 10. Conduit, *conveyed;* tuyau, *pipe;* plomb, *lead;* étage, *story;* maison, *house.* 11. Légume, *vegetable;* prendre, *to assume;* dessécher, *to wither;* couleur, *color;* jaune, *yellow;* vert, *green.* 12. Force morale, *fortitude;* chrétien, *christian;* consister, *to consist;* non pas, *not;* entreprise, *enterprize;* appeler, *to call;* héroïque, *heroic;* communément, *commonly;* effet, *effect;* intérêt, *interest;* orgueil, *pride;* honneur, *honor;* monde, *world.* 13. Peuple, *people;* écouter, *to listen* (pl.); joie, *joy;* crainte, *fear.* 14. Il y a, *there are;* ne veulent pas même sourire, *will not even smile;* quoique, *though;* jurer, *to swear;* plaisanterie, *jest;* rire, *to laugh.* 15. Vérité, *truth;* pour, *on.* 16. Lieu, *seat;* seul, *alone* (a); paraître, *to appear;* horrible, *horrid.* 17. Mot, *word;* comme, *like;* cyprès, *cypress-tree;*

(a) Le a se retranche dans le composé de ce mot.

feuille, *leaf;* grandeur, *height;* ne porte pas, *bears no.*
18. Obéissance, *obedience;* 19. Dent, *tooth;* mal, *hurt;* autre,
other; utilité, *use.* 20. Larme, *tear.* 21. Poëme, *poem.* 22. Indien, *Indian;* sauvage, *wild;* ne connaissaient en armes hostiles que , *were acquainted with no other hostile weapons
than;* flèche, *arrow ;* roseau, *weed;* bois, *wood;* javelot, *ja-
velin;* durcir, *to harden;* à, *in;* feu, *fire.*

DU PRONOM.

PERSONNEL.

LXIII. 1. Devant, *before ;* que, *whom;* aimer, *to love.*
2. Aimait, *loved;* invitait, *invited;* aller voir, *to go and see.*
3. Jugeaient, *judged;* mort, *dead;* apostropher, *to address ;*
ainsi, *thus;* soit, *mayst be;* rendre compte, *to render an account;* patrie, *country;* que, *what;* fait, *done;* de, *in;* temps de
la vie, *life-time;* interroger, *to question;* écouter, *to listen to.*
4. Dicter, *to dictate;* écrire, *to write.* 5. Ne crois pas, *do not
think;* soit, *is.* 6. Devint, *became;* conduisait, *led;* mendiait,
begged; sauvait de , *saved from;* désespoir, *despair.* 7. Grand,
tall; doux, *mild* (a). 9. Jouer, *to play.* 10. Livre, *book;* pupitre, *desk;* encore, *yet;* trouvé, *found.* 11. Suffire, *to be sufficient;* la tête, *one's head;* plein, *full;* morale, *morality;*
descendre, *to descend;* cœur, *heart* 12. Espoir, *hope;* déjeuner, *breakfast;* souper, *supper.* 13. Pouvons, *can;* savant,
learned; de, *by;* science, *learning;* autrui, *others;* ne que,
only; notre, *our own.* 14. Loué, *praised;* nous en repentons,
repent it; aujourd'hui, *now.* 15. Qui, *which;* défendre, *to
forbid;* d'admirer, *from admiring;* priver, *to deprive;* jouissance, *enjoyment.* 16. Donner, *to give;* plaisir, *pleasure;* ne
pas connaître, *to be unacquainted with;* avant d'avoir perdu,
before we have lost. 17. Bois, *wood;* pierre, *stone;* que vous
sachiez, *you should know.* 19. Attentif, *attentive;* reconnaissant, *grateful;* jouir, *to enjoy;* même, *same;* avantage, *advantage.* 20. Mensonge, *falsehood;* mêler, *to mix;* faire suspecter, *to make suspected.* 21. Chef-d'œuvre, *master-piece;*
parlé, *spoken;* consacrer, *to devote.* 22. Voilà, *those are;* singulier, *singular;* faire attention, *to pay attention.* 23. Événement, *event;* prévoir, *to foresee;* suite, *consequence.*
24. Retraite, *retirement;* fixer, *to go;* choix, *choice;* tout,

---

(a) *Mild* , doux (pas sévère); *sweet*, doux (pas aigre , pas amer); *soft* ,
doux (pas dur) ; *meek*, doux (pas fier ou hautain); *gentle*, doux (pas rude) .

every-thing, doux, *soft*; paix, *peace*; repos, *repose*. 25. Vaisseau, *ship*; apercevoir, *to perceive*; mât, *mast*; voile, *sail*. 27. Gomme élastique, *India rubber*. 28. Avoir besoin, *to need*.

POSSESSIF.

LXIV. 1. Testament, *will*; nom, *name*; mémoire, *memory*; laisser, *to leave*; étranger, *foreign*; propre, *own*; compatriote, *countryman*; après que, *after*; se sera écoulé, *be passed over*. 2. Penser, *to think*; fille, *daughter*; ingénuité, *ingenuousness*; goût, *taste*; même, *even*; puissent, *can*; mettre à l'abri, *to shelter*. 3. Capituler, *to capitulate*; trahir, *betraying*. 4. Comte, *earl*; considérer, *to consider*; domestique, *servant*; dans le malheur, *unfortunate*; égal, *equal*. 5 Pas, *step*; ciel, *heaven*; œil, *eye*; geste, *gesture*; amour, *love*. 6. Paon, *peacock*; oiseau, *bird*; queue, *tail*; beau, *beautiful*; laid, *ugly*; voix, *voice*. 7. Bien, *good* (sing.); découler de, *to flow from*; principe, *principle*. 8. Doit, *ought*; méfiance, *distrust*; jugement, *judgment*; débat, *debate*; assemblée, *assembly*; délibérant, *deliberating*. 9. Chambre, *apartment*; tapissée de, *hung round with*; en laine, *worsted*; propre, *own*; façon, *working*; il vous faut, *you must have*; équipage, *carriage*; laquais, *footman*; poudré, *powdered*; chaise à porteur, *sedan-chair*. 10. Assurer, *to secure*. 11. Coupé, *cut*; main, *hand*. 12. Fouler, *to sprain*. 13. Cassé, *broken*; bras, *arm*.

LXV. 1. Sorti, *gone out*; ensemble, *together*. 2. S'accorder, *to agree*; j'ignore, *I am not aware*; si, *if*; faute, *fault*; on dit, *it is said*; aimable, *amiable*; humeur, *temper*; plutôt, *rather*; empêcher, *to prevent*; de vivre, *from living*; devrait régner, *ought to reign*; famille, *family*. 3. Tableau, *picture*; état, *condition*; endommagé, *damaged*. 5. De feu, *all fire*; de glace, *all ice*. 6. Confiance, *confidence*; mériter, *to deserve*. 7. Plume, *pen*. 8. Bas, *stocking*; oncle, *uncle*. 9. Soulier, *shoe*. 10. Chapeau, *hat*.

PERSONNEL RÉFLÉCHI.

LXVI. 1. Fait, *done*. 2. Parler, *to speak*; continuellement, *continually*. 3. Croire, *to think*; tromper, *to deceive*. 4. Lasser, *to tire*. 5. Peine, *trouble*. 6. Mode, *fashion*; sous, *before*; œil, *eye*. 7. Moyen, *means*; pour se faire aimer de, *of making one's self beloved by*. 8. Plaisir, *pleasure*; mesurer, *to measure*; sur, *by*; dépense, *expense*; plus amie, *a greater friend*; liard, *farthing*; louis, *pound*. 9. On, *people*; parlé, *spoken*; perte, *loss*. 10. Véritablement, *really*; indépendant, *independent*; de, *with*; actuel, *present*; assez grand caractère, *sufficient*

firmness; craindre, *to fear*; quand il le faut, *if necessary.*
11. Le, *so;* dit, *told.* 12. Croire, *to believe.* 13. Faire, *to do*; à,
in. 14. Gens, *people*; malheureux, *unhappy*; débarrasser,
to rid; bien, *good*; pensée, *thought*; argent, *money.* 15. Y,
thither. 17. Doit rarement parler, *should rarely speak.*
18. Aimable, *amiable.*

DÉMONSTRATIF.

LXVII. 1. Nourriture, *diet*; plaît à la nature, *nature
delights in*; tous les animaux, *every animal*; se contenter de,
to keep to; seul, *single*; mets, *dish*; herbe, *grass*; celui, *the
fruit*; espèce, *species*; poisson, *fish*; chair, *flesh*; au contraire,
on the contrary; tomber sur, *to fall on*; tout ce qu'il rencontre,
every thing that comes in his way; le plus petit, *not the
smallest*; tout ce qui paraît à la surface de la terre, *excres-
cence of the earth*; un grain de fruit, *scarce a berry*; mousseron, *mushroom*; lui échappe, *can escape him.* 2. Machine,
engine; vapeur, *steam*; trouver, *to find*; aujourd'hui, *at
present*; partout, *every where.* 3. Qui dure, *durable*; perte,
loss; propre, *own*; estime, *esteem.* 4 Chemin de fer, *rail-way*
ou *rail-road*; extrêmement, *extremely*; ville, *city.* 5. Aimer,
to like; instruire, *to instruct*; oisif, *idle.* 6. Peuvent, *may*;
diviser en, *to divide into*; être relatif, *to relate*; nombre,
number; avoir rapport, *to relate*; matière, *matter*; concerner,
to relate to; esprit, *mind.* 7 Il faut appeler, *we should call*;
méchant, *wicked*; que, *alone.* 8. Ingrat, *ungrateful*; seul,
one; défaut, *fault.* 9. Canif, *penknife*; perdu, *lost.* 10. Gant,
glove; prêter, *to lend*; sœur, *sister.* 11. Recommander, *to
recommend*; secret, *secrecy*; confier, *to confide.* 12. Élève,
pupil. 13. Richesse, *wealth*; pauvreté, *poverty*; tentation,
temptation; mécontentement, *discontent*; bonheur, *happiness.*
14. Vacances, *vacation* (sing.); campagne, *country-seat*;
oncle, *uncle.* 15. Semer, *to sow*; garder le silence, *to be silent*;
faire la récolte, *to reap.*

RELATIF.

LXVIII. 1. Il n'y a que, *there are but*; guerre, *war*;
les unes, *those*; se font, *are made*; repousser, *to repel*; attaquer, *to attack*; secourir, *to succor*; allié, *ally.* 2. Folie,
folly; plaire, *to please.* 3. Ce, *he.* 4. Soupirer, *to sigh*;
perdu, *lost.* 5. Tout le monde, *every body*; louer, *to praise.*
6. Politesse, *politeness*; monnaie, *money*; recevoir, *to receive*; dépenser, *to expend.* 7. Arbre, *tree*; défendu, *for-
bidden*; goût, *taste*; amena, *brought*; dans, *into*; monde,
world

LXIX et LXX. 1. Ce sont, *it is;* défaire, *to undo.* 2 Blesser, *to offend;* manière, *manner;* dire, *saying.* 3. Devrait, rougir, *should blush;* entendre, *to hear;* louer, *praised;* posséder, *to possess.* 4. Ce, *that;* élever, *to raise;* esprit, *mind;* devrait élever, *should elevate;* âme, *soul.* 5. Avoir besoin, *to require;* garder, *to guard;* vaut à peine, *is scarcely worth.* 6. Rôdeur, *Rambler;* beau, *fine;* cours, *course;* morale, *ethics;* on puisse lire, *one can read.* 7. Vu, *seen.* 8. Du monde, *in the world.*

LXXI. 1. Médecin, *physician;* appeler, *to call in.* 4. Se porter, *to incline;* donner, *giving;* conseil, *advice.* 5. Banquier, *banker;* avoir affaire à, *to have to deal with.* 6. Transiger sur, *to compound for;* péché, *sin;* en condamnant, *by damning;* pour, *to;* aucun, *no;* penchant, *mind.*

LXXII. 1. Morale, *morals* (pl.); comme, *like;* sûr, *sure;* prévenir, *to prevent;* maux, *evil;* tenter, *to attempt;* guérir, *to remedy.* 2. Perdre, *to ruin;* plupart des, *most.* 3. Acheter, *to buy;* superflu, *superfluous;* vendre, *to sell.*

LXXIII. 1. Hommes, *mankind;* apprendre, *to learn;* s'en défier, *to distrust them.* 2. Amener, *to bring.* 3. De l'obligation, *beholden;* montrer, *to shew.* 4. Voudrez, *please.*

LXXIV. 1. Lu, *read;* de, *from.* 2. Ecrire, *to write;* quelque, *any;* thème, *exercise.*

INDÉFINI.

LXXV. 1. Digne, *worthy;* que, *as;* peut avouer, *may own.* 2. Luire, *to shine;* or, *gold.* 4. Ménager, *to husband;* santé, *health;* vieillesse, *old age;* assez, *sufficient;* appui, *prop.* 5. Délicatesse, *delicacy;* apercevoir, *to perceive;* un clin d'œil, *the twinkling of an eye;* lumière, *light;* âme, *soul.* 6. Préjugé, *prejudice;* défaut, *fault.* 7. Goût, *taste;* cependant, *still;* trouver à redire à, *to find fault with;* voisin, *neighbor.* 8. Dame, *lady;* parente, *relation;* plutôt, *rather.* 9. Saluer, *to salute.* 10. Fait, *done;* même, *even;* ensemble, *together.* 11. Nommer, *to appoint.* 12. Venu, *come.* 13. Débarquer, *to land;* source, *spring;* eau, *water.* 14. Porte, *gate;* entrer, *to come in;* sortir, *to go out.* 15. Vu, *seen.*

LXXVI. 1. On, *we;* dur, *hard;* pour, *towards;* pour, *to.* 2. Voudriez, *would;* fissent, *should do.* 3. Bien, *property.* 4. Sot, *fool* (nom); sot, *foolish* (adj.). 5. Puissance, *power;* reconnaître, *to confess;* malheureux, *unhappy;* heureux, *happy;* attribuer, *to ascribe;* succès, *success.* 6. Elève, *pupil.* 7. Mensonge, *lie;* jambe, *leg;* court, *short;* désagréable, *disagreeable;* terriblement, *terribly.* 8. Soudain, *sudden.*

LXXVII et LXXVIII. I. Ame, *mind;* peut, *may;* tout au plus, *at most;* garantir, *to guard against;* c'est, *we*

must ; téméraire, *rash* ; oser, *to dare.* 2. Obtenir, *to obtain* ;
considération, *regard* ; monde, *world* ; débuter, *to commence* ;
par acquérir, *by gaining* ; estime, *esteem.* 3. Aimer, *to like* ;
conseiller, *to advise* ; louer, *to praise.* 4. Rire de, *to laugh
at* ; bagatelle, *trifle* ; s'agiter, *to be induced to action.* 5. Sous,
in ; règne, *reign* ; Edouard, *Edward* ; instituer, *to institute* ;
ordre, *order* ; jarretière, *garter* ; chevalier, *knight.* 6. Heureux, *fortunate.* 7. Peut, *may* ; écouter, *to listen to* ; voix,
voice ; raison, *reason* ; tromper, *to deceive.* 8. Par faiblesse,
by weakness ; conserver, *to preserve* ; penchant, *inclination* ;
déraisonnable, *unreasonable* ; appliquer, *to apply* ; folie,
folly. 9. Dépendance de, *dependence on* ; mépriser, *to despise.*

Thème général sur les Pronoms.

1. Quelque, *any* ; content, *pleased* ; nouveau, *new* ; éveil-
ler, *to awaken* ; le, *about it* ; davantage, *more* ; quelconque,
of any kind ; désirer, *to wish* ; faite, *made* ; opérer, *to work* ;
à quoi elle sert, *of what use it is* ; d'où, *whence* ; vivre, *to
live* ; caractère, *dispositions* ; sentir, *to feel* ; désir, *desire* ;
sans considérer nullement, *without at all considering* ; si,
that ; usage, *use* ; revoir, *to see again* ; plus, *never* ; être curieux, *to have a curiosity* ; inconnu, *unknown.* 2. Opposé,
opposite ; véritable, *true* ; fonction, *office* ; ennoblir, *to en-
noble* ; emploi, *use* ; fin, *refined* ; recherche, *hunting after* ;
idée, *idea* ; léger, *light* ; délié, *airy* ; sans consistance, *unso-
lid* ; comme, *like* ; feuille, *leaf* ; battu, *beaten* ; prendre, *to
acquire* ; éclat, *brightness* ; en perdant, *by losing part* ; la,
their. 3. Avancé, *advanced* ; apprendre, *to learn* ; se défier
de, *to distrust* ; sentiment, *opinion.* 4. Ce sont, *those are* ;
ouvrage, *work.* 5. Peut juger, *may judge* ; cas, *value* ; faire
de, *to set on* ; gens, *people* ; à, *on* ; donner, *to bestow.* 6. Ridicule, *ridiculous* ; s'éloigner de, *to avoid.* 7. Bête, *beast* ;
gite, *shelter* ; oiseau, *bird* ; s'envole, *flies* ; nid, *nest* ; faible,
helpless ; peut trouver, *can find* ; auprès de, *from* ; semblable, *fellow-creature* ; étranger, *stranger* ; monde, *world* ;
vint, *came* ; sauver, *to save.* 8. Couteau, *knife* ; camarade, *companion.* 9 Retraite, *retirement* ; cultiver, *to cultivate* ; jardin, *garden.* 10. Ensuite, *then.* 11. Sonner, *to
ring.* 13. Posséder, *to possess* ; jouir, *to enjoy* ; à l'aide de,
by the aid of ; témoin, *witness.* 14. Sortir, *to go out.* 15. Dire,
to tell ; tout, *whole* ; coupable, *guilty* ; mensonge, *untruth* ;
dire, *to say.* 16. Ne pouvez, *cannot.* 17. Allons, *come* ; peindre, *to paint* ; mal, *ill* ; terminer, *to finish* ; figure, *face* ; joindre, *to join on* (a) ; cou, *neck* ; avoir l'air de, *to look like* ;

(a) Si le verbe se compose de plus d'un mot comme ici, le régime direct

restauré, *mended*; peut voir, *may see*; de suite, *at once*; tête, *head*; tronc, *trunk*; soit, *is*. 18. Grand, *large*. 19. Contemporain, *contemporary*; de, *of a*; chancelier, *lord chancellor*; garde, *keeper*; sceau, *seal*. 20. Pour, *to*. 21. Croître, *to grow greater*; prêt, *ready*; décroître, *to grow less*. 22. Montrer, *to show*; instruit, *well informed*; sujet, *subject*; traiter, *to treat*. 23. Véritable, *real*; redouter, *to dread*. 24. Fit observer, *observed*; flotte, *fleet*; nombreux, *large*; navire, *ship*; compter, *to reckon*. 25. Soustraire, *to steal*; bourse, *purse*; voler, *to steal*; une chose insignifiante, *trash*; esclave, *slave*; me, *from me*; prendre, *to filch*; renommée, *name*; enlever, *to rob of*; rendre, *to make*; en réalité, *indeed*. 26. Passé, *past*; ne l'est plus, *is so no more*; futur, *future*; Dieu, *God*. 27. Aller, *to be going*; vers, *towards*; écrivit, *wrote*; revenir, *to be returning*. 28. Avenir, *future*. 29. Facile, *easy*; prendre, *to take*; savoir, *to know how to*; esprit, *sense*; se tromper, *to be mistaken*. 30. Parvenir, *to attain*; infailliblement, *infallibly*. 31. Sourd, *deaf*; ne veut pas entendre, *will not hear*. 32. Diamant, *diamond*; communiquer, *to communicate*; dureté, *hardness*; porter, *to wear*. 33. Amour-propre, *self-love*; tirer parti, *to take advantage*; prendre, *to take*; suivant, *according to*; état, *state*; où, *in which*. 34. Vrai, *true*; seulement, *only*. 35. A la lettre, *to the letter*. 38. Devoir, *duty*; remplir, *to perform*; envers, *towards*; semblable, *fellow-creature*. 39. Remettre, *to defer*; à demain, *till to-morrow*; bien, *good*; pouvez faire, *can do*; aujourd'hui, *to-day*; 40. Voudra, *will*; faire, *to do*; lui plaira, *she pleases*. 41. Disiez, *may say*; dites, *tell*. 44. Décorer de, *to dignify with*; égoïsme, *selfishness*; beau, *fine*; nom, *name*; force d'âme, *fortitude*. 45. Siècle, *age*; pour, *to*; misère, *misery*; pour, *to*; heureux, *happy*. 46. Arbre, *tree*; racine, *root*; de, *with*; calme, *tranquillity*; paix, *peace*. 47. Aimer, *to love*; prochain, *neighbor*; comme, *like*. 49. Portefeuille, *pocket-book*. 50. Compagnon, *companion*; amené, *brought*; Alger, *Algiers*; promit, *promised*; tentative d'évasion, *attempt at escape*; sauver, *to save*; faire mourir, *to put to death*; rendit, *restored*; maître, *master*; voulut, *would*; faire périr, *allow to perish*. 51. Peste, *plague*; ciel, *heaven*; affliger de, *to afflict with*. 52. Injustice, *injury*. 53. Comparait, *compared*; parler, *to speak*; monnaie, *coin*; Alexandrie, *Alexandria*; beau, *handsome*; faux, *base*. 54. Pendule, *clock*. 55. Prosateur, *prose writer*; encore, *yet*. 56. Lecture, *reading*; exercice, *exercise*. 57. Principe, *prin-*

---

pronom *suit toujours* le premier mot et assez généralement quand le régime est un nom : *bring* it *down*, descendez-le; *bring* the book *down*, ou *bring* down the book, descendez le livre.

ciple; travail, *labor;* ouvrier, *workman;* concourir, *to concur;* à la confection de, *in making;* épingle, *pin;* couper,
to cut; fil de fer, *wire;* corps, *body;* faire, *to make;* tête,
head; limer, *to file;* poli, *polish.* 58. Louer, *to commend;*
applaudissements, *applause* (sing.); se plaindre, *to bewail;*
obtenir, *to obtain;* pitié, *pity.* 59. Diplomate, *diplomatist;*
plaire, *to please;* cour, *court;* envoyé, *sent.* 60. Conserver,
to preserve; principe, *principle;* éviter, *to avoid;* mettre, *to
set;* devoir, *duty;* montrer, *to show.*

DU VERBE.

DES VERBES AUXILIAIRES *SHALL* ET *WILL*, ET *TO HAVE* ET *TO BE.*

Thème général.

LXXIX, LXXX, LXXXI et LXXXII. 1. Mentir, *to lie;*
propre, *own;* avantage, *advantage;* pour nuire, *for the purpose
of injuring;* calomnie, *calumny.* 2. Etrange, *strange;* désir,
desire; chercher, *to seek for;* pouvoir, *power;* perdre, *to lose.*
3. Savoir, *knowing;* ignorer, *to be ignorant.* 4. Apprendre,
to learn; éviter, *to avoid;* mal, *evil;* avis, *opinion.* 5. Monarque, *monarch.* 7. Tirer, *obtaining;* être monté, *to have
risen;* connaissance, *acquaintance.* 8. Sot, *fool;* coquin, *knave.*
9. Génie, *genius;* pays, *country;* barbare, *barbarous;* palmier,
palm-tree. 10. Reprocher de, *to reproach with;* fabriquer, *to
coin;* autrefois, *formerly;* faux, *base;* monnaie, *money.* 11. Faire
beau, *to be fine.* 12. Manquer, *to want;* argent, *money;* besoin,
need; accomplir, *to accomplish.* 13. Essayer, *to try;* mettre,
to lay; de côté, *aside.* 14. Sénèque, *Seneca;* fait, *makes;* dire,
say; avare, *covetous;* appeler, *to call* (impératif); vil, *vile;*
pourvu que, *so;* sois, *am;* demander, *to enquire;* d'où, *whence;*
richesses, *wealth* (sing.); pour moi, *for my part;* mourir, *to
die.* 15. Bouche, *mouth;* langue, *tongue.* 16. Sacré, *sacred;*
vers, *about;* ère, *era;* chrétien, *christian.* 17. Excès, *excess;*
en, *in them.* 18. Aristote, *Aristotle;* je voudrais être, *I wish
I were;* croire, *to think.* 19. Devrions, *ought;* et, *nor;* pas, *no,*
non plus, *in it either.* 20. Travail, *labor;* fatigant, *toilsome;*
cependant, *still;* doux, *sweet.* 21. Semaine, *week;* prochain,
next; inquiet, *uneasy.* 22. Inconvénient, *inconvenience;* plaisir, *pleasure;* de, *from;* intérieur, *domestic.* 23. Reprocher à,
to reproach; d'être, *with being;* Scythe, *Scythian;* peut, *may;*
déshonorant, *a dishonor;* pour, *to;* fois, *time;* langue, *tongue.*
24. De la, *its;* dit, *spoken;* la moindre bagatelle, *an insigni-
ficant trifle;* du prix, *its weight;* offrir, *to offer;* respectueux,

dutiful. 25. Evénement, *event;* naître, *to be born;* souffrir, *to suffer;* mourir, *to die.* 26. Quelque, *however;* faire nombre, *to reckon;* mettre à profit, *to turn to account.* 27. Citoyen, *citizen.* 28. Rapporter, *to relate;* après avoir parcouru, *after having perused;* vers, *verse;* jugement, *denunciation.* 30. Diamant, *diamond;* prix, *value;* conseil, *advice.* 31. Etude, *study;* délices, *delight.* 32. Pas, *no.* 33. A dit, *said;* sot, *foolish;* de plume, *a pen;* à la main, *in hand.* 34. Écouté, *heard.* 35. A dédaigner, *to be disdained;* tant que, *so long as;* l'exemple, *the sake of example.* 36. Favoriser, *to befriend;* vrai, *true.* 37. Cœur, *heart;* esprit, *mind;* délicatesse, *delicacy;* soupçonner, *to suspect;* même, *even.* 39. Conseiller, *to advise;* particulier, *private person;* veiller à, *to take care of;* fonctionnaire, *character;* consacrer, *to devote.* 40. Eh bien, *well;* s'était fait dire sa bonne aventure, *had had her fortune told;* mari, *husband;* monsieur, *sir;* seigneur, *lord;* immédiatement, *immediately;* après que, *after;* épousé, *married;* écuyer, *squire;* est-ce là, *is that.* 41. Espérance, *hope;* vif, *lively;* événement, *event;* tromper, *to deceive;* pour résultat, *as the result;* triste, *sad.* 42. Inquiétude, *anxiety.* 43. Pour lui même, *for his own sake;* propre, *clean.* 44. Miroir, *mirror;* joli, *pretty;* aimable, *amiable.*

VERBES AUXILIAIRES DÉFECTUEUX.

LXXXIII. 2. Que, *what.* 3. Désapprouver, *to disapprove* assurément, *assuredly;* cordonnier, *shoemaker;* lire, *to read;* pourvu que, *provided that;* empêcher, *to prevent;* de faire, *from making;* soulier, *shoe.* 4. Madame, *Mrs.;* se donner de la peine, *to take pains;* réparer, *to repair.* 5. Dire, *to speak.* 7. Flétrir, *to tarnish;* déraciner, *to root up.* 8. Mauvaise foi, *bad faith;* aimer, *to like;* définir, *to define.*
LXXXIV. 1. Bon lui semble, *he thinks proper.* 2. Conserver, *to preserve.* 3. Jouir du repos, *to enjoy the repose;* gagner à, *to earn by;* sueur, *sweat;* front, *brow.* 4. Fait, *done;* d'ici à quelques heures, *within a few hours.* 5. Soumettre, *to submit.*
LXXXV. 1. Convaincre, *to convince;* suffire, *to be sufficient;* cœur, *heart.* 2. Son, *sound;* de, *to;* sens, *sense.* 3. Perdre, *to lose;* à se désespérer, *in despairing;* remédier à, *to remedy.* 4. Falloir, *to be necessary.* 5. Falloir, *to be obliged;* partir, *to set out.* 6. Falloir, *to want.* 7. Falloir, *to be requisite.* 8. Falloir, *to need;* demander, *to ask.* 9. Sorcier, *conjurer;* deviner, *to guess.* 10. Eau, *water;* clair, *clear.*
LXXXVI. 1. Juge, *judge;* se rappeler, *to remember;* ils sont chargés, *their office is;* faire, *to make;* loi, *law.* 2. Comme, *like;* membre, *member;* famille, *family.* 3. Faire, *to make.*
LXXXVII. 1. Plainte, *complaint;* injure, *injury;* diffa-

mation, *defamation*. 2. Impôt, *tax*; borne, *mile-stone*; in-constitutionnel, *unconstitutional*; se réunir, *to meet*; faire des remontrances, *to remonstrate*. 3. Éviter, *to avoid*; allégé, *alleviated*. 4. Se passer de, *to do without*. 5. Peinture, *painting*; exprimer, *to express*. 6. Subitement, *suddenly*; exercer, *to exercise*; coin, *corner*; gens, *people*; remède, *remedy*; contre, *for*; maladie, *disease*.

LXXXVIII. 1. Soumettre, *to submit*. 2. Faire beau, *to be fine*. 3. Croire, *to believe*. 4. Avis, *opinion*; incertain, *uncertain*. 5. Conseiller, *to counsel*. 6. Santé, *health*; maladie, *illness*.

LXXXIX. 1. Mettre en jugement, *to bring to trial*; délit, *offence*. 2. Sûr, *safe*; mépriser, *to despise*; zélé, *zealous*. 3. Réfléchir, *to reflect*.

XC. 1. Principe, *principle*. 3. Réfléchir, *to reflect*; brièveté, *shortness*; grandeur, *magnitude*.

XCI. 1. Regarder, *to look at*. 2. Montrer, *to display*; dans, *on*; caractériser, *to characterize*; recueillir, *to reap*; travail, *labor*. 3. Pour, *in order*. 4. Mettre, *to put*; à, *in*; recevoir, *to receive*. 5. Ange, *angel*. 8. Monde, *world*; fantaisie, *fancy*.

XCII. 1. À la maison, *home*; semaine, *week*; prochain, *next*. 2. Compagnon de voyage, *traveling companion*. 3. Dîner en ville, *to dine out*. 4. Finir, *to finish*; d'ici à, *within*.

XCIII. 1. Le croyiez, *thought so*; à moins que, *unless*; moyen, *means*; tirer d'affaire, *to extricate*. 2. Transporté dans, *rapt into*; siècle, *time*; à venir, *future*; prophète, *bard*; commence, *begun*; vierge, *virgin*; concevoir, *to conceive*; mettre au monde, *to bear*; fils, *son*; muet, *dumb*; chanter, *to sing*; boiteux, *lame*; dédaigner, *to forego*; béquille, *crutch*; enchaîné, *bound*; tyran, *tyrant*; de, *in*; diamant, *adamantine*; cruel, *grim*; enfer, *hell*; blessure, *wound*.

XCIV. 1. A dit, *said*; être utile à, *to be of service to*. 2. Pensait, *thought*; prédisait, *foretold*; aliéné, *lunatic* (nom). 3. Espérer, *to hope*; perdre, *to lose*; procès, *law-suit*; gagner, *to gain*. 5. Aimer, *to like*; s'essayer, *to try one's hand*; à la chambre, *in the house*.

XCV. 1. Etranger, *foreigner*; Londres, *London*; étant tombé, *having fallen*; Tamise, *Thames*; s'écrier, *to exclaim*; noyer, *to drown*; secourir, *to help*; voulait, *meant*; sans doute, *doubtless*; dire, *to say*. 2. A la maison, *at home*; partager, *to partake of*; repas, *meal*. 3. Récompenser, *to reward*; punir, *to punish*; méchant, *wicked*. 4. Prochain, *next*. 6. Tuer, *to kill*. 7. Dérober, *to steal*. 8. Porter, *to bear*; faux témoignage, *false witness*; prochain, *neighbor*. 9. Soumettre, *to submit*.

XCVI. 1. Songer, *to think*; un jour, *one day*; monsieur, *Mr.*; femme, *wife*; à mettre, *of putting*; enfant, *boy*; en culotte, *into breeches*; nous tardons trop à le faire, *we defer it too long*; être, *to look*; veste, *vests*; dommage, *a pity*; ôter, *to change*; devenir, *to be growing*; grand, *tall*; garçon, *boy*; s'imaginer, *to conceive*; ressembler, *to take after*; pas, *either*; petit, *short*.

XCVII. 1. Fait, *done*. 5. Partir, *to leave*. 6. Se conduire, *to behave*; de la sorte, *in that way*. 7. Aimer, *to like*; défaut, *fault*. 8. Concevoir, *to conceive*; projet, *project*. 10. Remplir, *to perform*; sûr de vivre, *sure of living till*. 11. Cacher, *to conceal*.

XCVIII. 5. Connu, *known*. 6. Raconter, *to relate*. 7. Remettre, *to set*; jambe, *leg*; bras, *arm*; être inexpert, *to have no skill*; chirurgie, *surgery*. 8. Expier, *to expiate*; encore, *even*. 9 Puissant, *mighty*; conquête, *conquest*; triomphe, *triumph*; réduire, *to reduce*; étroit, *narrow*; mesure, *measure*.

XCIX. 1. Conseil, *counsel*; marcher, *to go*; pour, *in order*; suivre, *to follow*; de, *by*; repentir, *repentance*. 2. But, *object*; étude, *study*; selon, *according to*. 3. Le, *so*. 4. Avoir honte, *to be ashamed*. 5. éviter, *to avoid*; commerce, *intercourse*. 7. Pareil, *such*. 9. D'ici, *from here*. 10. Faire, *to make*; faire, *to do*; vouloir, *to please*. 11. En face, *in the face*. 12. Annoncer, *to announce*. 13. acquérir de la fortune, *to make money*.

C. 1. Agir, *to act*. 2. Prévenir, *to apprize*; arrivée, *arrival*. 3. Seigneur, *lord*; écuyer, *squire*; sot (nom), *fool*; nabab, *nabob*. 4. Écouter, *to listen to*. 5. Mortifiant, *mortifying*.

CI. 1. Etre utile, *to be of service*. 3. Satisfaisant, *satisfactory*. 4. Coopérer, *to cooperate*. 5. Se venger, *to take revenge*. 6. Pierre, *stone*; mer, *sea*; retirer, *to draw out*.

Thème général sur les Verbes Auxiliaires défectueux.

2. Avertir, *to warn*. 3. Plaisir, *sake*; bien faire, *doing it*. 4. Connétable, *constable*; état, *state*. 5. Lecteur, *reader*; entendre, *to understand*; même, *even*. 6. Travailler, *to study*; toute la journée, *all day long*. 7. Jeunes gens, *young people*; cultiver avec soin, *carefully cultivate*. 8. Découvrir maintenant, *now to find out*. 9. Avantage, *advantage*; retirer de, *to derive from*; librement, *freely*. 10. Bien, *good*; aimer mieux, *to prefer*; éviter, *to avoid*; faire, *to effect*. 11. De bonne foi, *sincerely*; en manquer, *to want for it*. 12. Un jour, *one day*; venir, *coming*; paraître, *to appear*; très-affligé, *very much afflicted*; être arrivé, *to have befallen*; malheur, *misfortune*; bonheur, *good fortune*. 13. Succès, *success*; la, *one's*; entier, *whole*. 15. Se flatter, *to flatter one's self*; pendant que, *while*; former, *to be forming*; loi, *law*; réprimer, *to repress*; injonction, *injunction*; écrit, *written*. 18. Reconnaissant, *grateful*.

19. Récompense, *reward;* pain, *bread.* 20. Obtenir, *to obtain.* 22. Enseigner, *to teach.* 23. Homme de bien, *good man;* content, *contented;* se reprocher, *to reproach one's self with.* 25. Voyageur, *traveler.* 26. Croyais, *thought.* 27. Vieillesse, *old age.* 29. Retour, *return;* Messie, *Messiah;* palais, *palace;* s'élever, *to rise;* heureux, *joyful;* achever, *to finish;* père, *sire;* dont la vie fut trop courte, *short-lived;* offrir, *to yield;* ombre, *shade;* semer, *to sow;* récolter, *to reap;* champ, *field.* 30. Jouir de, *to enjoy;* reconnaissance, *gratitude;* nouveau, *other;* content, *pleased;* heureux, *happy.* 32. Annoncer, *to announce;* à son égard, *with respect to him.* 35. Par la simple raison, *for this plain reason;* mouche, *fly.* 36. Dire, *to utter.* 38. Faire, *to make;* progrès, *progress.* 39. Ne m'avez-vous pas dit, *did you not tell me;* accompagner, *to accompany.* 41. Prendre part à, *to be concerned in;* affaire, *transaction;* avec impartialité, *fairly.* 42. Répéter, *to repeat;* pauvreté, *poverty.* 43. Aisé, *easy.* 44. Tromper, *to cheat;* suffire, *to be sufficient.*

VERBE RÉGULIER.

Thème général.

CII. 1. Philosophe, *philosopher;* Chinois, *Chinese;* fit, *made;* tête, *head;* munir de, *to furnish with;* cerveau, *brains;* insuffisant, *insufficient;* calculer, *to compute;* nombre, *number;* vache, *cow;* cochon, *pig;* dindon, *turkey;* mourir, *to die;* patrie, *country.* 2. Journal, *newspaper;* publier, *to publish;* sous, *in;* dissiper, *to dispel;* peuple, *people;* menacer de, *to threaten with;* armée espagnole, *Spanish armada;* dire, *to call.* 3. Séparer, *to part;* rire de, *to laugh at;* jeter, *to cast;* voile, *veil;* noir, *dark;* sur, *over.* 5. Adresser, *to address;* renseignements, *information;* prendre, *to obtain.* 6. Ancien, *former;* magnifique, *magnificent.* 7. Arrivée, *arrival.* 8. Appliquer, *to apply.* 9. Parent, *relation;* accorder, *to grant;* demander à, *to ask of.* 11. Attirer, *to attract;* éclair, *lightning* (sing). 12. Un compagnon de voyage, *some companion in my journey;* pour lui dire, *to remark to;* ombre, *shadow;* s'allonger, *to lengthen;* à mesure que, *as;* soleil, *sun;* descendre, *to go down;* quelle fraîcheur dans, *how fresh is the face of;* fleur, *flower;* champ, *field;* sentir bon, *to be sweet.* 13. Voir de loin, *to view from afar;* comme, *like;* riant, *smiling;* perspective, *prospect;* disparaître, *to disappear;* pénétrer, *to penetrate.* 14. Petitesse, *littleness;* faire, *to cause;* opiniâtreté, *obstinacy.* 15. Déceler, *to discover.* 16. Avare, *miser;* dérober à, *to steal from;* besoin, *want.* 17. Guillaume, *William;* témoigner, *to manifest;* bienveillance, *kindness*; en, *by*; offrir, *to offer*; nommer, *to make*; cavalerie, *horse*. 18. Guerrier, *warrior*; cueillir, *to gather*; laurier, *laurel*; répandre, *to scatter*; cyprès, *cypress*; caporal, *corporal*; oncle, *uncle*. 19. Si ce n'est, *but*; tombeau, *grave*; y tenir, *stand it*; soutenir, *to support*; tomber, *to drop*; à la fin, *at last*; que, *what*; devenir, *to become of*; fils, *boy*; homme, *soul*; mourir, *to die*. 20. Faible, *weak*; fou, *madman*; juger, *to judge*; habile, *skilful*; diriger, *to direct*. 21. Revivre, *to live again*. 22. Verser, *to shed*; sang, *blood*; patrie, *country*. 24. Élever, *to raise*; offense, *offence*; parvenir, *to reach*; jusqu'à elle, *so far*. 25. Personne, *no man*; tirer, *to pull*; mort, *dead*; barbe, *beard*. 26. Examiner, *to examine*; d'abord, *first*. 27. Espérer, *to hope*; désespérer, *to despair*. 28. Viser à, *to aim at*; atteindre, *to attain to*. 29. Lire, *to read*; œuvres, *works*; le jour, *by day*; méditer, *to meditate*; la nuit, *by night*. 30. Craindre, *to fear*; rendre, *to return*; à, *in*. 31. Dispenser d'être, *to dispense with being*; homme de bien, *good man*; pourvu, *provided*; agréable, *agreeable*. 32. Habiter, *to inhabit*; briller, *to shine*; front, *brow*; douceur, *sweetness*; découler de, *to flow from*; lèvre, *lip*; travail, *work*; occuper, *to occupy*; main, *hand*. 33. Croire, *to believe*. 34. Permettre, *to allow*. 36. Guerre, *war*; conseil, *counsel*. 37. Entendre, *to hear*; d'abord, *first*; après, *afterwards*. 38. Désirer, *to wish*; tous deux, *both*; aider, *to assist*; vieux, *old*; se reposer, *to rest*; y reposer, *to rest in*.

CIII. 1. Supprimer, *to suppress*; défaut, *fault*; en, *by him*; offenser, *to offend*; taire, *to conceal*. 2. Sentir, *to feel*; si, *yes*. 3. Déboucher, *to open*; bouteille, *bottle*; vin, *wine*; tire-bouchon, *corkscrew*; courtisan, *courtier*; jetèrent, *threw*; à terre, *on the ground*; ramasser, *to pick up*; éclata de rire, *burst out laughing*; sot, *fool*; s'imaginer, *to fancy*; chercher, *to seek*; Seigneur, *Lord*; temps, *time*. 4. Sommeiller, *to slumber*; un jour, *once*; pendant que, *while*; Galles, *Wales*; héritier de, *heir to*; couronne, *crown*; poésie, *poetry*. 5. Famille, *family*. 6. Comprendre, *to understand*; douter de, *to doubt*; fort, *much*. 7. Sentir, *to feel*; avoir tort, *to be wrong*. 9. Fils, *boy*; Londres, *London*; à pied, *on foot*; de la manière, *in the manner*; ancêtre, *ancestor*; aller, *to travel*. 10. Accomplir, *to perform*; promesse, *promise*; oui, *yes*. 11. Se plaindre, *to complain*; brièveté, *shortness*; agir, *to act*; durer toujours, *to last for ever*.

CIV. 1. Monarque, *monarch*; Sarrazin, *Saracen*; apprendre, *to hear*; surnommé, *surnamed*; Cœur-de-Lion, *the Lion-hearted*; chef de, *who commanded*; armée, *army*; ennemi, *hostile*; malade, *ill*; maladie, *disorder*; exiger, *to require*; frais, *fresh*; neige, *snow*; assez...pour, *so... as*; envoyer, *to send*; à profusion, *in profusion*; sauver, *to save*; ennemi, *foe*; redouter, *to dread.* 2. Défiance, *distrust;* fait payer, *makes us pay;* cher, *dearly;* avantage, *advantage;* d'être, *of being;* tromper, *to deceive.* 3. Enfer, *hell.* 4. Assourdir, *to stun.* 7. Adorer, *to wor'ship.* 8. Projeter, *to plan.* 9. Réjouir, *to glad'den;* veuve, *widow;* orphelin, *orphan.* 10. Différer, *to defer'.* 11. Différer, *to dif'fer;* être d'accord, *to be agreed;* en, *on.* 12. Jouer, *to play.* 13. Guerre, *war;* César, *Cæsar;* Pompée, *Pompey;* se joindre à, *to join;* bien-venu, *welcome;* gendre, *son-in-law;* parti, *party;* beau-père, *father-in-law;* répondre, *to reply.* 14. Poignard, *dagger;* frapper, *to stab.* 15. Avoir besoin, *to need;* secours, *assistance.* 16. Il a été, *there was;* où, *when;* hauteur, *height;* coiffure, *head-dress;* mettre, *to place;* visage, *face;* au milieu, *in the middle;* dans un autre, *at another time;* c'étaient, *it was;* occuper, *to occupy;* talon, *heel;* faire, *to form;* tenait, *kept.* 18. Vilain, *bad;* vient d'être, *has just been;* faire, *to commit'*; se rappeler, *to remem'ber;* souvenir, *recollection;* éteindre, *to obliterate.*

CV. 1. Résoudre, *to resolve;* ne plus apprendre, *to learn no more;* d'abord, *first;* langue, *language;* moyen, *means;* acquérir, *to acquire;* connaissance, *knowledge;* exact, *accurate;* Grec, *Greek;* Espagnol, *Spanish;* Portuguais, *Portuguese;* Hébreu, *Hebrew;* Arabe, *Arabic;* Perse, *Persian;* Turc, *Turkish;* Allemand, *German.* 2. Remédier, *to remedy;* mal, *disease;* médecin, *physician;* tuer, *to kill;* malade, *patient.* 3. Pharmacien, *apothecary;* continuellement, *constantly;* occuper à, *to occupy in;* contre-miner, *to counter-mine;* cuisinier, *cook;* cabaretier, *vintner.* 4. Ensevelir, *to bury;* oubli, *oblivion;* passé, *past.* 5. En, *by;* différer, *to delay;* augmenter, *to increase.* 6. Galilée, *Galileo;* se relever, *to rise from on his knees;* abjurer, *to abjure;* Juin, *June;* dire à l'oreille, *to whisper in the ear;* cependant, *though;* terre, *earth;* tourner, *to move.* 7. Misérable, *wicked;* impie, *wretch;* traîner, *to drag;* le long d'un mur, *along a wall;* prier, *to beg;* qu'à un certain endroit, *farther than such a place;* plus loin, *beyond.* 8. Aspirer, *to aspire;* ange, *angel;* être rebelle, *to rebel.*

CVI. 1. Longin, *Longinus;* nourrice, *nurse;* vrai, *true;* animer, *to animate;* esprit, *spirit;* fortifier, *to invigorate;* tous les arts, *every art;* qualité, *qualification;* priver, *to deprive;* esclave, *slave;* devenir, *to become;* flatteur, *flatterer.* 2. Garder, *to keep;* jouir de, *to enjoy;* ressembler à, *to be like;* âne, *ass;* porter, *to carry;* chardon, *thistle.* 3. Sortir, *to go out;* tous les matins, *every morning.* 4 Finir, *to finish;* excès, *excess.* 5 Congédier, *to dismiss;* domestique, *servant.* 6. Exiger, *to exact;* de la reconnaissance, *a grateful acknowledgment;* se faire payer, *demanding;* dette, *debt;* créancier, *creditor;* avantager, *to benefit;* débiteur, *debtor;* payer, *to pay;* répugnance, *reluctance.* 7. Moucher, *to snuff;* chandelle, *candle.* 8. Corrompre, *to corrupt;* médisance, *slander;* décrier, *to decry.* 9. Faire tort à, *to injure;* menacer, *to threaten.* 10. Etudier, *to study;* vengeance. *revenge;* tenir, *to keep;* blessure, *wound;* ouvert, *green.* 11. Eteindre, *to extinguish.* 12. Mer, *sea;* engloutir, *to ingulf;* aujourd'hui, *this day;* tout, *whole;* armée, *army.*

CVII. 1. Tromper, *to deceive;* homme de bien, *good man;* mentir, *to lie;* se fier à, *to confide in.* 2. Faiblesse, *weakness;* emploi, *use;* ruse, *artifice;* preuve, *proof;* confiance, *confidence.* 3. Demi-dieu, *semi-god.* 4. En fait de, *with regard to;* espérance, *hope;* seul, *alone;* avantage, *advantage;* réel, *real;* parer, *to dress;* vieillir. *to grow old;* rebuter, *to dishearten.* 5. Savoir, *to know how;* se taire, *to be silent.* 6. Sûr, *sure;* prodiguer, *to squander.* 8. Sénèque, *Seneca;* regarder, *to look.* 10. Convenir à, *to become;* venger, *to avenge;* querelle, *quarrel.* 11. Avenir, *futurity.* 12. Mûr, *ripe;* bouche, *mouth.* 13. A la fois, *at a time.*

CVIII. 1. Ridicule, *ridiculous;* perruque, *wig;* Monsieur, *Mr.;* avocat, *barrister;* Irlandais, *Irish;* rien que, *nothing but;* réponse, *reply.* 3. Faire, *to make.* 4. Penser à, *to think of.* 5. Etre arrivé, *to have happened.* 6. Joueur, *gamester;* satisfaire, *to satisfy;* gagner, *to win;* perdre, *to lose;* reculer, *to recoil.* 7. Pour être capable de*, that he should;* mentir, *to lie;* ni, *neither;* pour être sujet au changement, *that he should repent;* accomplir, *to make it good.* 8. Porter, *to carry;* César, *Cæsar.* 10. Amener, *to take;* à la campagne, *into the country.*

CIX. 1. Avoir, *to be;* soixante ans, *three score;* hélas, *alas;* faire, *to make.* 2. Dissimuler, *to dissemble;* tergiverser, *to tergiversate;* cacher, *to conceal.* 3. Jouer, *to play;* tour, *trick;* aucun mortel, *mortal man.* 4. Conserver, *to preserve;* ascendant, *ascendency.* 5. Prodigue, *prodigal;* se moquer de, *to mock at;* avare, *miser;* appartenir, *to belong;* économe, *economist;* rire de, *to laugh at;* tous les deux, *both.*

§ CX. 1. Vrai, *real;* science, *knowledge.* 2. Dédaigner, *to disdain;* condamner, *to condemn.* 3. Terminer, *to terminate;* amer, *bitter.* 4. Ténèbres, *dark.* 5. Envelopper de, *to wrap up in;* manteau, *cloak;* afin, *in order;* dire, *to call.* 6. Faire, *to make;* plutôt, *rather.*

CXI et CXII. 1. Septentrional, *North;* fortement, *highly;* interrompre, *to interrupt;* ordinaire, *common.* 2. Tard, *late.* 3. Tôt ou tard, *sooner or later.* 4. Pleuvoir, *to rain.* 8. Croire sur parole, *to believe on one's word.* 9. Volontiers, *freely.* 10. Sot (nom), *fool.* 11. Se laisser persuader, *to allow one's self to be persuaded.* 13. Maudire, *to curse;* criminel, *villain;* qu'il est, *as he is;* je ne l'ai pas maudit, *I did not curse him;* vraiment, *indeed;* deux fois, *twice;* ainsi, *and.*

CXIII. 1. Pourvoir, *to provide;* longtemps. *long;* à l'avance, *before-hand;* vieillesse, *old age.* 2. Trop, *too highly;* ·

de, *by;* estime, *esteem.* 3. Voix, *voice;* mode, *fashion:* jaloux, *jealous.* 6. Déshonorer, *to dishonor.* 7. Méchant, *wicked;* nuire à, *to hurt;* avant de nuire à, *before he hurts.* 8. Enerver, *to enervate.* 9. Abstenir de, *to abstain from.* 10. Offenser, *to offend.* 11. Se plaindre, *to complain;* amèrement, *bitterly.* 12. Miel, *honey;* dévorer, *to devour.*

CXIV. 2. Secourir, *to succor.* Curé, *vicar;* tendrement, *tenderly.* 3. Estimer, *to esteem.* 4. Regarder, *to look at.*

CXV. 1. Faire courir après, *to send after;* esclave, *slave;* s'enfuir, *to flee;* se passer de, *to do without.* 2. Embrasser, *to embrace.* 3. Deux fois, *twice;* fréquemment, *frequently;* l'occasion, *any opportunity.*

Thème général sur les Verbes réguliers.

1. Diviser, *to divide;* Gépides, *Gepidæ;* oriental, *eastern;* occidental, *western;* recevoir, *to obtain;* premier, *original;* établissement, *seats;* Scandinavie, *Scandinavia;* course, *march;* conserver, *to preserve;* la première fois qu'ils partirent de, *when they first departed from;* vaisseau, *ship;* contenir, *to contain;* naissant, *infant;* mauvais, *heavy;* voilier, *sailer;* rester en arrière, *to lay behind;* équipage, *crew;* devenu ensuite, *which afterwards swelled into;* à cause de, *from;* circonstance, *circumstance;* nom, *name;* paresseux, *loiterer.* **2.** Apprendre à, *to teach;* élève, *pupil.* **3.** Boutique, *shop;* négresse, *negro-girl;* quelques plumes, *a bunch of feathers;* attacher, *to tie;* bout, *end;* chasser, *to flap away;* mouche, *fly;* tuer, *to kill;* tableau, *picture;* apprendre, *to learn;* compassion, *mercy.* **5.** Joueur, *gamester;* finir, *to end;* échafaud, *scaffold.* **6.** Evêque, *bishop;* administrer, *to administer.* **7.** Expliquer, *explaining;* règle, *rule;* raison, *reason;* reprocher de, *to reproach with;* trop fort, *too bad;* dans ce moment, *at the present moment.* **8.** Aveugle, *blind;* foule, *crowd;* à craindre, *to be feared;* aller l'y démêler, *to go and find him out.* **9.** Employer, *to use;* paraître, *to appear;* feindre, *to feign;* posséder, *to possess;* employer, *to exert;* acquérir, *to acquire.* **10.** Comme, *like;* marché, *market;* attendre, *to wait.* **11.** Réfléchir à, *to reflect on;* annoncer, *to announce;* arrivée, *arrival.* **12.** Plutarque, *Plutarch;* appeler, *to call;* mensonge, *lying.* **13.** imprimeur, *printer;* Philadelphie, *Philadelphia;* montrer, *to show;* au-dessus de, *above;* porter, *to convey;* à la maison, *home;* brouette, *wheel-barrow;* papier, *paper;* acheter, *to purchase.* **14.** Vilipender, *to vilify;* autorité, *authority;* établi, *established;* sûr, *sure.* **15.** S'en aller, *to pass away;* demeurer, *to remain.* **16.** Revenir, *to return;* rendre, *to render.* **17.** Entreprendre, *to undertake;* finir, *to finish.* **18.** Paresseux, *lazy;* vouloir, *to like;* bien, *very well;* amande, *almond;* jusqu'à,

even; peine, *trouble*; de casser, *of cracking*; noyàu, *shell.*
19. Défaut, *defect.* 20. Etonnant, *astonishing*; penser à, *to think of*; auparavant, *before.* 21. Misère, *misery*; dépouiller, *to strip*; vêtements, *raiment*; blesser, *to wound*; coucher, *to lie*; terre, *ground*; expirer, *to expire.* 22. En être de, *to be with*; jugement, *judgment*; montre, *watch*; comme une autre, *alike*; sienne, *own.* 24. Veuillez, *please*; passer, *to hand*; grand, *large*; encrier, *ink-stand.* 25. Demander, *to desire.* 27. Oter, *to take away*; immobile, *motionless*; déchaîner, *to let loose*; bouleverser, *to overturn*; régler, *to regulate*; marcher, *to march on.* 28. Plaindre, *to pity*; accabler de, *to overwhelm with*; poids, *weight*; loisir, *leisure.* 29. Chérir, *to cherish.* 30. Dire, *to tell.* 31. Se souvenir, *to remember*; latin, *Roman*; mort, *leaving life*; sortie de, *departure from*; festin, *feast*; présenter, *to occur'*; à mon esprit, *to me*; en voyant, *when I have seen*; s'efforcer, *to struggle*; repas, *entertainment*; de plus, *longer*; hélas, *alas*; court, *short*; ces, *such*; jouissance, *enjoyment*; prolongé, *to protract*; petit, *immaterial*; tôt, *soon*; rester, *to stay*; tard, *late.* 32. Pardon, *pardon me.* 34. Prêter, *to lend*; approprier, *to appropriate*; travail, *labor*; assidu, *assiduous.* 35. Regarder, *to look*; à, *at*; effet, *effect*; tuile, *tile*; tomber de, *to fall from*; toit, *roof*; blesser, *to hurt*; davantage, *more*; navrer, *to afflict*; lancé, *thrown*; à dessein, *intentionally*; une main malveillante, *the hand of a malevolent person.* 36. Oublier, *to forget*; mot, *sentence*; relever, *to get up.* 37. Naturel, *natural*; faire, *to make.* 38. Admettre, *to admit*; étranger, *foreigner.* 39. Pline, *Pliny*; assurer, *to assert*; faire sa prière, *to say one's prayer.* 40. Douter de, *to doubt*; pendant que, *while*; raconter, *to relate.* 41. Ne point descendre jusqu'à, *to scorn*; s'offenser de, *to take offense at*; bagatelle, *trifle*; esprit, *sense.* 42. Suivant, *according to*; témoignage, *testimony*; Aristote, *Aristotle*; tenir, *to preserve*; juste milieu, *proper medium*; poésie, *poetry*; hésiter, *to hesitate*; mortel, *mortal*; seservir, *to use.* 43. Assez... pour, *so...as.* 44. Venir, *to strike.* 45. Plaisanter, *to jest.* 46. Ordonner, *to direct*; testament, *will*; filleul, *godson*; tenir, *to keep*; course, *race*; meute, *pack*; chien, *hound*; perdre, *to lose*; pari, *wager*; carte, *card*; à, *by*; jeu, *game*; somme, *sum*; payer, *to forfeit*; délit, *offense*; genre, *description*; doyen, *dean*; chapitre, *chapter.* 47. Grade, *degree*; universitaire, *university*; bachelier, *bachelor*; docteur, *doctor*; instituer, *to institute.* 49. Dû, *due.* 50. Vendre, *to sell.* 51. Produire, *to beget.* 52. Doucement, *slowly.* 53. Bien, *estate.* 54. Apprendre, *to inform*; ici-bas, *below*; vide, *void.* 55. A la hâte, *in haste*; à loisir, *at leisure.* 56. Parole, *sentence*; juger, *to judge.*

VERBES IRRÉGULIERS.

CXVI. 1. D'Orient, *Eastern*; injuste, *iniquitous*. 2. Bien au-dessus de, *far above*; instruction, *learning*; mettre, *to set*; en avoir besoin, *to want*. 3. Offre, *offer*; de la part de, *from*; détruire, *to cut off*; récompense, *reward*; à venir, *future*. 4. Souffrir, *to be concerned*; gens, *gentlemen*; assez, *so wholly*; se livrer à, *to set upon*; pour négliger l'étude de, *that they neglect improvements in*; science, *knowledge*.

CXVII. 1. Dette, *debt*; soldat, *soldier*. 3. Ecouter, *to listen to*. 4. Faire une visite, *to pay a visit*; Madame, *Mrs.*; apprendre, *to hear*; être parti pour la campagne, *to have gone out of town*; veille, *day before*. 5. Parfait, *perfect*; de la terre, *on earth*.

CXVIII. 1. A s'acheter, *in the purchase of*; repentir, *repentance*. 2. Peinture, *painting*; tellement ressemblant, *so much alike*; nom, *name*; fonctions, *office* (sing.); muet, *dumb*; tableau, *picture*. 3. Estafette, *express*; par le retour du courrier, *by return of post*.

CXIX. 1. Conduire, *to convey*; dans, *into*; vaste, *wide*; incommensurable, *boundless*; étendue, *extent*. 2. Fonctions, *functions*; destiner à, *to mean for*; être tombé sur, *to have fallen on*.

CXX. 2. Sur, *over*; armée, *army*; songer, *to think*; dans, *within*; siècle, *age*; rester, *to be left alive*; innombrable, *innumerable*. 3. Pleurer, *to weep for*; péché, *sin*; de manière à ce que, *so that*; âme, *spirit*; contristé, *sorrowful*.

CXXI. 1. Aider, *to help*. 2. Degré, *degree*; élevé, *higher*. 3. Occupation, *employment*; jeu, *sport*; frivole, *idle*; de la mode, *in fashion*; à les goûter, *to delight in them*.

CXXII. 1. Renverser, *to pull down*; pilier, *pillar*; Philistin, *Philistine*; se réunir, *to meet*; de, *from*; célébrer, *to solemnize*; solennité, *feast*. 2. Retraite, *retreat*. 3. Enée, *Æneas*; Troie, *Troy*; emmener, *to lead*; Ascagne, *Ascanius*; porter, *to carry away*; épaule, *shoulder*.

CXXIII. 1. Couler bas, *to sink*; richesses, *gains*; mal acquis, *ill-gotten*. 2. Creuser, *to dig into*; terre, *lands*; désigner, *to describe*; auteur, *author*; remarquable, *remarkable*; obélisque, *obelisk*; rarement, *seldom*.

CXXIV. 1. S'informer de, *to inquire*; endroit, *place*.

CXXV. 1. Vivre de, *to live on*; aumône, *alms*; se faire, *to get*; cercle, *set*; admirateur, *admirer*; se réjouir, *to delight*.

CXXVI. 1. Disait, *used to say*; soupir, *sigh*; larme, *tear*; droite, *right hand*; gauche, *left*. 2. Esprit, *spirit*; genre humain, *mankind*; titre, *right*; rendre, *to restore*. 3. Priver, *to bereave*. 4. Conseils, *counsel* (sing.); offenser, *to offend*; amour-propre, *self-love*. 5. Fat, *coxcomb*; former, *to make*. 6. S'égarer, *to lose one's self*.

CXXVII. 1. Profondément, *profoundly*. 2. Barbe, *beard*.

CXXVIII. 1. Lien, *bond*; compatriote, *fellow-country-man*. 3. Dire, *to speak*.

CXXIX. 1. Mauvais, *evil*; mœurs, *manners*; airain, *brass*. 2. Prix, *price*; hausser, *to rise*; sou, *half-penny*; diminuer, *to fall*. 4. Essai, *essay*.

CXXX. 1. Juger à propos, *to think fit*; de me reprendre, *to take again from me*; objet, *thing*; comtesse, *countess*. 2. Peintre, *painter*; au pied de la lettre, *in a literal sense*; par là, *thus*; dans, *into*; inconvénient, *inconvenience*. 3. Rendre compte, *to give an account*. 4. Prédire, *to foretell*; d'abord, *first*; destin, *fate*; plaindre, *to pity*; avec, *in*. 5. A lire, *in reading*; recopier, *to recopy*; fois, *time*.

CXXXI. 1. Dans, *on*. 3. Digne, *worthy*.

CXXXII. 1. Veuve, *widow*; jeter, *to throw in*; denier, *mite*; offrande, *offering*; agréable, *acceptable*. 2. Mettre dans, *to bring into*; ramener, *to draw over*. 3. Homme d'esprit, *wit*; avoir commerce, *to enter into commerce*; puiser chez, *to draw from*; élément, *rudiment*. 4. Marin, *seaman*; côte, *coast*; oser, *to venture*; goûter, *to taste*; être becqueté de, *to be pecked by*.

CXXXIII. 1. Découdre, *to unsow*; liaison, *connexion*. 2. Nuire, *to injure*; esprit, *opinion*; seul, *single*; individu, *individual*; couronne, *crown*; porter, *to wear*; fier, *proud*; monarque, *monarch*. 3. Haut, *remote*; attribut, *attribute*; Pline, *Pliny*.

CXXXIV. 1. Lendemain, *next day*; zèle, *zeal*; auparavant, *before*. 2. Finir par, *to end in*.

CXXXV. 1. Humanité, *mankind*; point, *no*. 2. Malade au lit, *ill in bed*. 3. Conduire, *to drive*; charrue, *plough*. 4. Salut, *hail*.

Thème général sur les Verbes irréguliers.

CXXXVI. 1. Vue, *sight*; perçant, *sharp*; les deux, *both*; rayon, *spirit*; se réunir, *to unite*; devenir, *to become*. 2. S'élever, *to spring up*; aussi, *again*. 3. Jusque, *even*. 4. Triste pour, *heavy on*; de, *to*. 5. Moine, *monk*; salut, *bow*. 7. Bureau, *desk*; bourse, *purse*; poche, *pocket*; se coucher, *to go to bed*; s'endormir, *to fall asleep*. 8. Elever, *to bring up*; désirer, *to wish*; égorger, *to slay*; semblable, *fellow-creature*; esclave, *slave*; chasser, *to drive*; encore, *more*; de, *from*; paisible, *peaceful*; demeure, *habitation*. 9. Qui a du sang dans les veines, *whose blood is warm within*;

rester, *to sit*; comme, *like*; sculpter, *to cut*; albâtre, *alabaster*. 10. Tellement, *so much*; livrer à, *to set on*; valeur, *value*; bienfait, *benefit*; bienfaiteur, *benefactor*. 11. Poser dans sa fronde, *to sling*. 12. Libre, *free*; que l'homme lorsqu'il sortit jadis des mains de la nature, *as nature first made man*; avant que, *ere*; dégradant, *base*; noble sauvage, *the noble savage*; errer, *to run*. 13. A, *at*; grand, *large*; tailler dans, *to cut out of*; cep, *stock*. 14. Injustice, *wrong*, 15. Raconter, *to relate*; fondateur, *founder*; Pensylvanie. *Pensylvania*; se rendre, *to go*; garder, *to keep on*; chapeau, *hat*; monarque, *monarch*; s'apercevoir de, *to perceive*; ôter, *to take off*; sur quoi, *upon which*; usage, *custom*; plus de, *above*; à la fois, *at a time*; tutoyer, *to say thou and thee to*. 16. Pays, *country*; s'acquérir, *to get*; en consommant, *by consuming*; denrée, *commodity*; étranger, *foreign*; que, *than what*; payer en, *to pay for by*; travail, *labor*. 17. Terminer, *to terminate*; manuscrit, *manuscript*; écrit de sa propre main, *in his own hand-writing*; étincelle, *spark*; mettre le feu, *to set fire*; détruire, *to destroy*; entièrement, *utterly*; tout consterné, *in the greatest consternation*; malheur, *misfortune*; avec calme, *calmly*; récrire, *to write over again*. 18. Dispute, *contention*; rendre, *to make*; aussi, *so*. 19. Coiffure, *head-dress*; élever, *to build up*; flèche, *spire*; être, *to stand*; côté, *side*; d'une taille, *of the size*; pygmée, *pygmy*; colosse, *colossus*; dès que, *as soon as*; mettre, *to put on*. 20. Manteau, *mantle* (a); se rappeler, *to remember*; porter, *to put on*; vaincre, *to overcome*; Nerviens, *Nervii*; ici, *in this place*; percer, *to run*; fer, *dagger*; trou, *a rent*. 21. Amiral, *admiral*; enlever à, *to take from*; verser dans, *to throw into*; trésor, *treasury*; livre, *pound*. 22. Épicure, *Epicurus*; nourriture, *nourishment*; légume, *vegetable*; venir, *to grow*; serviteur, *attendant*; se régaler, *to have a treat*; Laërte, *Laertius*; voluptueux, *voluptuary*. 23. Venise, *Venice*; sortir, *to go out*; affamé, *famished*; nu, *naked*; monsieur, *gentleman*; café, *coffee-house*; voisin, *neighboring*; étranger, *stranger*; guinée, *guinea*; petit pain, *roll*; suffoquer, *to choke*; au premier morceau, *with the first bit*. 24. Juge, *judge*; sénat, *senate*; à prix de, *for*; estime, *esteem*; amitié, *love*. 25. Combattre, *to fight*; épuiser, *to wear out*; jeter au loin, *to throw down*; croire, *to think*; le cœur brisé, *broken-hearted*. 26. Marc-Antoine, *Mark-Antony*. 27. Bienfait, *benefit*. 28. Jeu, *game*; échecs, *chess*; imprimer, *to print*; publier, *to publish*; exemplaire, *copy*; prix, *price*; quatre sous, *two pence*. 29. Feu d'artifice, *fire-works* (pl.); de, *to*.

(a) *Mantle*, manteau, est poétique; on dit familièrement *cloak*.

30. Epaule, *shoulder;* au travers de, *through;* mont, *mount.*
31. Ecossais, *Scotchman;* original, *eccentric;* du nom de, *by the name of;* Jean, *John;* être, *to lie;* genre, *way;* renoncer, *to renounce;* se mettre à écrire, *to set about writing;* moins bien, *more exceptionable;* tragique, *tragedy;* non plus, *either;* la comédie être votre affaire, *it to lie in comedy;* se trouver, *to lie;* répliquer, *to retort;* dramaturge, *dramatist.*
32. S'enfuir de, *to flee from;* ville, *town;* natal, *native;* s'être rendu coupable, *to have been guilty;* braconnage, *poaching.*
33. Présenter, *to propose.* 34. Esprit, *spirit;* parti, *party;* funeste, *fatal;* permettre ce travers, *to allow it;* courir, *to be in;* gâter, *of spoiling;* figure, *face;* faire, *to gain.* 35. Caporal, *corporal;* aller, *to go over;* domestique, *servant;* épouser, *to marry;* veuve, *widow;* juif, *jew;* petit, *small;* boutique, *shop;* saucisson, *sausage;* enlever, *to take away;* milieu, *middle;* emmener, *to carry;* sur-le-champ, *immediately;* assister, *to help;* pousser un soupir, *to fetch a sigh;* brave garçon, *honest lad;* être, *to lie;* enfermer, *to confine;* à, *at.*
36. Tiens, *here;* à travers, *across;* chambre, *room;* à genoux, *on his knee;* bague, *ring;* baiser, *to kiss;* ensuite, *then;* lit, *bed.* 37. Epée, *sword;* de, *out of;* dire, *to speak.* 38. Avocat, *barrister;* Irlandais, *Irish;* ses débuts dans sa carrière, *the commencement of his career;* famille, *family;* dîner, *dinner;* hôtesse, *landlady;* argent, *rent;* être sorti, *to have gone out;* abattu, *in despondence;* rentrer, *to return home;* désespéré, *in desperation;* porte, *door;* cabinet, *study;* seul, *alone;* bibliothèque, *library;* objet, *object;* dossier, *brief;* guinée, *guinea;* en or, *golden;* partie, *share.*

OBSERVATIONS.

CXXXVII. 1 Se procurer, *to obtain;* pour étudier, *for the purpose of studying;* langue, *language;* progrès, *progress;* arrêter, *to stop;* comme, *like.* 3. Vacances, *vacation* (sing.). 5. Bataille, *battle;* employer, *to make use of;* canon, *cannon.* 6. Le jour de l'anniversaire de sa naissance, *on his birth-day.* 7. Fourrure, *fur;* chauffer, *to warm;* ours, *bear.* 8. Vaincre, *to conquer.*
CXXXVIII. 1. Combien, *how long;* puisque, *since.* 2. Rendre, *to make;* depuis ce moment, *ever since;* être, *dog;* au monde, *in the world;* se chamailler, *to tiff;* se rendre, *to go;* église, *church;* querelle, *quarrel;* avant que, *before;* cloche, *bell;* cesser, *to do;* de sonner, *ringing.* 3. Avoir, *to be.* 4. Grèce, *Greece.* 5. Voyager, *to travel.* 7. Etre parvenu, *to have attained.* 8. Par conséquent, *consequently;* y, *here.* 9. Au moins, *at least.*
CXXXIX. 1. Trouver bien, *to like;* joli, *neat;* petit

ruisseau, *rivulet;* à travers, *through;* prairie, *meadow;* marge, *margin.* 4. Remporter, *to gain;* encore un, *another;* pour toujours, *for ever.* 5. Parti, *party;* ramener, *to reconcile;* autres, *rest.*

. CXL. 1. Pur, *mere;* satisfaction, *gratification;* sembler, *to seem;* embarrassant, *puzzling;* contempler, *to contemplate;* entre elles, *together;* former, *to be;* pour, *of;* jouissance, *enjoyment;* du moment, *present;* élever, *to elevate;* au-dessus de, *above;* petit, *low;* soin, *pursuit;* raffiner, *to refine;* purifier, *to purify;* aider, *to help;* calmer, *to assuage.* 2. Consacrer, *to devote;* travail, *study.* 3. Augmenter en nombre, *to grow to number;* adonner, *to give;* nous disent les livres, *we read;* cultiver, *to cultivate;* paître, *to feed;* troupeau, *cattle.* 4. De, *from;* avancement, *promotion.* 5. Pas, *step;* faire, *to make.* 6. Aimer, *to like;* selon, *according to;* échanger contre, *to exchange for;* ennui, *weariness.* 7. Oser, *to venture;* répondre, *to reply;* raison, *reason;* pour, *for.*

CXLI. 2. Demeurer, *to reside.* 3. Etre blessé de, *to be offended at* (*a*); être offensé de, *to be hurt at.* 4. Etre affligé de, *to be concerned at;* nouvelle, *account;* blesser, *to hurt* (*b*): content, *glad;* mort, *killed;* de frayeur, *by the fright;* fâché, *sorry.*

CXLII, CXLIII, CXLIV et CXLV. 2. Poser, *to set;* croix, *cross.* 3. Tirer, *to pull;* botte, *boot;* comme bon me semble, *as I think proper.* 5. Mettre, *to put.* 8. Fardeau, *burden.* 9. Etat, *trade;* carder la laine, *wool-combing.* 10. Nous, *from us.* 11. Citerne, *pit;* Ismaélite. *Ishmaelite.* 12. S'évanouir, *to vanish;* éclair, *flash of lightning;* nuage, *cloud;* se dissiper, *to dissolve.* 13. Retraite, *retirement;* à, *in;* cueillir, *to pick;* coquille, *shell;* rivage, *sea-shore.* 14. Saluer, *to salute.* 17. Teinturier, *dyer;* justice, *judicature;* tenir, *to hold;* toute, *all over;* lunettes, *spectacles;* Monseigneur, *my lord.*

Thème général sur les Observations sur les Verbes.

1. Chasse, *hunting.* 2. Parler, *to talk;* n'est autre chose que, *is nothing but;* tout haut, *aloud.* 3. Campagne, *country;* s'y trouver réuni, *to be assembled there.* 6. Délicieux, *so delightful;* dire, *to speak.* 8. Attribuer, *to attribute.* 9. Reconnaître, *to acknowledge;* convaincre, *to convince.* 12. Frapper, *to strike.* 17. Veuillez, *please;* canif, *pen-knife;* encrier, *inkstand.* 18. Par conséquent, *consequently.* 19. Pleurer, *to*

(*a-b*) Blesser, au propre (faire mal à), *to hurt:* au figuré (offenser), *to hurt* ou *to offend.*

lament; dans toute, *all over.* 20. Sans se faire annoncer , *without having one's self announced.* 21. Mœurs, *manners;* beau, *fair;* mauvais, *foul;* confondre, *to confound;* affaiblir, *to weaken;* pour, *of.* 25. Se plaindre, *to complain.* 26. En même temps, *at the same time;* essayer, *to attempt;* à la fois, *at once;* indice, *sign;* immanquable, *never-failing;* frivole, *frivolous.* 27. Douleur, *pain;* forcé, *unnatural;* degré, *degree;* feinte, *disguise.* 28. Eventail, *fan;* donner l'occasion, *to afford an opportunity.* 29. Au lieu que, *instead of which.* 30. Près de, *near.*

DE L'ADVERBE.

CXLVI et CXLVII. 2. Ganache, *block-head;* avoir l'air, *to look;* plaider, *to plead.* 4. Spirituel, *witty;* plaisant, *pleasant.* 11. Toujours, *still.* 19. Douvres, *Dover.* 20. A mesure que, *as.* 21. Coutume, *custom;* affaire. *thing ;* c'est-à-dire, *that is;* ivre, *drunk;* sobre, *sober;* manquer, *to want;* vigueur, *vigor;* prudence, *discretion.*

DES PRÉPOSITIONS.

Thème général.

CXLVIII — CLIII. 1. Autres, *rest of the;* Mégare. *Megara;* se rendre, *to repair;* passer, *to proceed;* Tarente, *Tarentum;* pythagoricien, *Pythagorian;* aller, *to travel;* profiter de, *to avail one's self of;* science, *instruction;* prêtre, *priest;* se proposer, *to intend;* jusqu'aux Indes, *as far as India;* se faire, *to rage.* 2. S'assembler, *to use to come;* regarder, *to stare at;* misérable, *unhappy wretch;* être étonné de, *to be amazed at;* s'occuper, *to be employed;* de la sorte, *thus;* de, *in;* à mal gouverner, *in your faulty administration of the affairs of.* 3. Etre revenu, *to have accrued;* par goût, *from inclination;* force, *compulsion.* 4. Triompher de, *to triumph over.* 5. Exagérer, *to exaggerate;* naître, *to arise.* 6. Etre sorti , *to have gone out ;* pour affaire, *on business.* 8. Jeu, *gaming;* repaire, *den;* courir le danger, *to be in danger.* 10. Tomber, *to sink;* amasser, *to get;* bien, *wealth;* se délasser dans la vieillesse par, *to lull one's age with;* doux soin, *milder business ;* épargner, *to save.* 11. Venir, *to proceed;* pureté, *purity.* 12. Augmenter, *to enlarge;* diminuer, *to contract.* 13. Homme d'état, *statesman;* tout, *whole;* expédier, *despatch.* 14. Chercher, *to strive ;* élever, *to raise;* abaisser, *to depress.* 15. Véritable, *sure;* preuve, *sign;* être né, *to be born.* 16. Ressembler aux, *resembling the;* entier, *whole.* 17. Décharger, *to free;* travail, *labor;* accabler de, *to overwhelm with.* 18. Discuter, *to discuss.* 19. Secourir, *to assist.* 21. Mal, *harm;* irriter, *to irritate;* amour-propre, *self-love.* 22. Oter, *to take;* altérer, *to injure;* caractère, *character;* repos, *repose.* 23. Envie, *desire.*

DES CONJONCTIONS.

CONJONCTIONS CORRÉLATIVES.

CLIV. 2. Science, *knowledge;* faire naître, *to give rise to.* 3. Etoile, *star;* race, *seed.* 4. Colombe, *dove;* amollir, *to soften;* grain, *seed;* nourrir de, *to nourish with;* petits, *young;* adoucir, *to soften;* faire goûter, *to impart.*
CLV. 1. Aliments, *food.* 2. Hibou, *owl;* méchant, *wicked.* 3. Cire, *wax;* mou, *soft;* toute sorte, *all kinds;* empreinte, *impression;* figure, *form.*
CLVI. 1. Venise, *Venice;* terre, *land.* 2. Travail, *study* 3. Probe, *honest;* par, *from.* 4. Jurer, *to swear;* ciel, *heaven;* terre, *earth.* 5. Maîtriser, *to govern.*
CLVII. 1. Coupable, *guilty.* 2. Volonté, *will.* 3. Encourir, *to come into.*
CLVIII.
CLIX. 1. Jouir de, *to enjoy;* luxe, *luxury.* 2. Ignorer, *to be ignorant of;* défaut, *fault.* 3. Abus, *abuse.*
CLX. 1. Monde, *company;* vous n'en aurez pas moins, *you will not the less have;* ministre, *vicar.* 2. Pour, *on.* 3. Travail, *labor;* père, *parent;* merveille, *wonder;* durable, *lasting;* vers, *verse.*
CLXI. 1. Attendre, *to wait for.* 4. Conserver, *to preserve;* créer, *to create.* 5. Arriver à, *to come to.* 6. Nul et non avenu, *null and void.* 7. Amour, *sake;* se faire, *to become.*

Thème général sur les Conjonctions corrélatives.

1. Discret, *discreet;* réussir, *to succeed.* 3. Gens, *people;* siècle, *age.* 4. Esprit, *sense;* dissimuler, *to conceal;* absence, *want.* 5. S'affectionner à, *to become attached to;* de plus en plus, *more and more;* haïr, *to hate.* 7. Chasser, *to dispel;* ténèbres, *darkness.* 8. Artifice, *art.* 9. Menteur, *liar;* plus, *no longer.* 10. Nullement, *by no means.* 12. Sottise, *dulness.* 13. Arriver à, *to befall;* forces, *strength* (sing.); à mesure que, *as;* accoutumer, *to accustom.* 14. Beau, *worthy;* naître, *to spring;* suite, *consequence.*

PARTICULES INSÉPARABLES.

CLXII. Au-dessus, *above*; ciel, *sky*; tour, *round*. 2. Courtiser, *to pay court to*; habit, *dress*; lors même que, *although*; chemin, *way*. 3. Gésir, *to lie*; cadavre, *corpse*; étrangler, *to strangle*; sembler, *to seem*; haut, *loud*; avertir, *to warn*; puissant, *mighty*; instruire, *to instruct*; superbe, *proud*. 4. Isoler, *to isolate*; toucher, *to be*; proche, *kin*.

CLXIII. 1. La louange, *his praise*; ne venir qu'après celle du public, *to stay till all commend*. 2. Changement, *new faces*. 3. Traîner, *to have*; foule, *crowd*; sur leurs pas, *after them*; journal, *newspaper*; revue, *magazine*; tomber dans, *to sink into*. 4. Arrière, *out of my sight thou*; seoir, *to fit*; l'allié de, *leagued with*; perfide, *false*. 5. Sorcier, *witch*; désir d'écrire, *curse of writing*; démangeaison, *itch*.

CLXIV. 1. Porter, *to bear*; de paraître devant lui, *his presence*; calmer, *to qualify*; ardeur, *heat*; colère, *displeasure*. 2. Écriture, *scripture*; défense, *prohibition*; direct, *clear*. 3. Aller, *to get*; âme, *mind*; riche, *in thy riches*; se souvenir de, *not to be unmindful of*. 4. Lente à s'irriter, *slowly provoked*. 5. Faire le vœu, *to vow*; jurer, *to swear*; commerce, *intercourse*.

CLXV. 1. Degré, *step*; destiner, *to design*. 2. Fauteuil, *arm-chair*; se complaire à, *to indulge in*. 3. Sien, *his own*; ainsi que, *as*; à l'abri de, *not liable to*; injustice, *injury*; gage, *earnest*. 4. Boisson, *beverage*; dessein, *drawing*.

CLXVI. 1. Discours, *speech*; nécessairement, *of necessity*; un seul et même, *one and the same*. 2. Lutter, *to strive*. 3. Courageux, *valiant*; épée, *sword*; ne pas craindre, *to dare*; se tenir debout, *to stand*; forcené, *enraged*.

CLXVII. 1. Entacher, *to blemish*; agir, *to act*; pratiques religieuses, *things in religion*; qui n'ont pas rapport à la religion, *in which religion is not concerned*. 2. Un, *any*; s'éloigner de, *to be from*; objet du théâtre, *purpose of playing*; pour ainsi dire, *as it were*; tenir, *to hold up*; miroir, *mirror*. 3. Jeter, *to cast*; rester, *to abide*.

CLXVIII. 1. Ici-bas, *in this world*; finesse, *wit*; fripon, *knave*. 2. Pousser, *to raise*. 3. Célérité, *swiftness*; notre but, *that which we run at*.

CLXIX. 1. Pays, *land*; vallon, *valley*. 2. Droit, *right*; mortel, *mortal man*. 3. Conduire, *to lead*; racine, *root*; pour suivre, *sequacious of*.

CLXX. 1. Louer, *to let*. 2. Fournir, *to furnish with*; donner, *to afford*; atteindre, *to pursue*. 3. Travailler, *to work*. Viande, *meat*; plutôt, *rather*; cuire, *to do*.

CLXXI. 1. Qui ne fût pas, *short of*. 2. Midi, *noon*; plaisir, *entertainment*; excusable, *pardonable*; époque, *stage of our being*. 3. Foule, *number*; avoir pour cause, *to be caused by*; injurieux, *abusive*; soufflet, *box on the ear*; mal, *ill effect*; de leur prêter une valeur, *from estimating them*; passer, *to pass off*; causer, *to do*.

CLXXII. 1. Résoudre, *to resolve*; mettre à exécution, *to carry into execution*; projet, *project*. 2. Reculer devant, *to shrink from*; garder, *to have*; arrière-pensée, *secret reserve*. 3. Larme, *tear*.

CLXXIII. 1. Dais, *arch*; cercle, *circle*; pair, *peer*. 2. Dérober à, *to steal from*. 3. Abaisser, *to subject*; esclave, *slave*. 4. Rester, *to be left*.

CLXXIV. 1. Voyage, *travel*; rendre, *to make*; complétement, *altogether*; méconnaissable, *unknown*. 2. Peuple, *nation*; barbare, *barbarous*; ordre, *order*. 4. Goût, *gust* (a). 5. Aujourd'hui, *at present*.

CLXXV. 1. Domestique, *servant*; intelligence, *understanding*. 2. Pourpre, *purple*; faire sortir, *to crush*; dont, *which*. 3. Aventure, *adventure*; Quichotte, *Quixotte*.

Thème général sur les Particules inséparables.

1. Rime, *rhyme*; borner, *to bound*; circonscrire, *to circumscribe*; fertile, *fruitful*. 3. Venir de, *to have just*; modeste, *meek*. 4. Donner, *to give*; injustice, *injury*; venger, *to avenge*. 5 Obéissance, *obedience*. 7. Elever, *to exalt*; ressembler à la tâche d'un homme qui, *to be much the same as if one*; exhausser, *to raise*; édifice, *superstructure*; miner, *to mine*; fondement, *foundation*. 8. Entendre, *to understand*. 9. Préjugé, *prejudice*; sens, *sense*. 11. Crépuscule, *twilight*; coureur, *runner*. 12. A venir, *succeeding*; passablement, *enough*; un certain nombre, *any term*. 13. Gâter, *to mar*; teint, *complexion*; rester, *to lie*; lit, *bed*; broder, *to work*; mouchoir, *handkerchief*. 14. Larme, *tear*. 15. Vague, *wave*; énorme, *monstrous*; porter, *to bear*; chef, *chief*; plage, *shore*; rocailleux, *craggy*. 16. Science, *knowledge*. 17. Rendre, *to make*; martial, *warlike*; mou, *soft*; efféminé, *effeminate*. 18. Ecouter attentivement, *to attend carefully to*; pour tout ce qui regarde, *in the dictates of*; morale, *morality*; ordonner, *to command*; ordonner, *to bid*. 19. Pleurer, *to weep*. 20. Se fier, *to trust*; se laisser déchirer les entrailles, *to suffer one's bowels to be torn out*. 21. Chauffer, *to heat*; content de, *pleased with*; endroit,

---

(a) *Gust* est très rarement employé, si ce n'est dans les composés du mot.

place. 22. Chevalier, *knight*; seigneur, *lord*; château, *castle·*
23. Polysyllabe, *polysyllable*; moins, *but*; tout au plus, *at most*.
24. Agir, *to act*. 25. Présenter, *to propose*; hors de saison,
unseasonably; avantage, *advantage*; porter, *to carry*; à cause
de, *through*; maladresse, *unskilfulness*; celui qui l'a dite, *the
proposer*. 26. Même, *very*; infini, *infinite*. 27. Traducteur,
translator; prendre la défense de, *to defend*. 28. Remplir, *to
fulfil*.

FIN DES NOTES EXPLICATIVES.

EXPLICATION

DES

SIGNES EMPLOYÉS DANS LES THÈMES.

---

* Un astérisque après le mot (opinion *) montre que c'est le même mot en anglais, c'est-à-dire que le mot anglais est le même que le nom français au singulier, ou l'adjectif français au singulier et au masculin : ainsi (généraux *) signifie qu'on dit en anglais *general* (a).

** Deux astérisques après un mot montrent que le mot en anglais diffère du français seulement par la terminaison, qui se forme ainsi :

aire	fait	*ary* :	militaire, *military*.
ce .	. .	*cy* :	constance, *constancy*.
e d'un nom grec.	. .	*es* :	Socrate, *Socrates*.
e (m.). . latin.	. .	*us* :	Tacite, *Tacitus*.
e (f.).	. .	*a* :	Diane, *Diana*.
el . . .	. .	*al* :	éternel, *eternal*.
eur. .	. .	*or* :	erreur, *error*.
eux (m.), euse (f.).	. .	*ous* :	envieux, *envious*.
ique	. .	*ic* :	rhétorique, *rhetoric*.
ie. .	. .	*y* :	mélodie, *melody*.
ien.	. .	*ian* :	comédien, *comedian*.
if . .	. .	*ive* :	actif, *active*.
on (d'un nom propre latin).	. .	*o* :	Cicéron, *Cicero*.
oire.	. .	*ory* :	gloire, *glory*.
té .	. .	*ty* :	beauté, *beauty* (b).

* Pour le *verbe*, l'astérisque montre que le mot ainsi marqué forme l'*infinitif* en anglais. Si le verbe a des lettres en italique, il faut les retrancher pour former l'infinitif anglais : ainsi, (expose *) doit se traduire en anglais pas *to expose*, exposer; tourmentez, par *to torment*, tourmenter. Il faut, dans les deux cas, y suppléer le *to* de l'infinitif.

Les mots ou les lettres en italique ne doivent pas être rendus en anglais.

(1), (2), (3), etc. Les chiffres entre parenthèses servent à marquer l'ordre des mots dans la construction de la phrase.

REMARQUE IMPORTANTE.

(a-b) En transcrivant des mots français pour en former des mots anglais, il faut avoir soin d'omettre les accents car il n'existe en anglais aucun accent écrit.

TABLE DES MATIÈRES.

FIN DE LA GRAMMAIRE RAISONNÉE.

www.ingramcontent.com/pod-product-compliance
Lightning Source LLC
Chambersburg PA
CBHW070801270326
41927CB00010B/2242